本书配套资源

📁 **读者学习资源**

1. 书中"真题自测"的参考答案及解析
2. 与课程相关的法律、法规、纲要等
3. 课程学习视频
4. 国家教师资格考试真题试卷及答案解析

读者扫描右侧二维码,即可获取上述资源。
一书一码,相关资源仅供一人使用。

📁 **教师教学资源**

  本书配有教学课件,如任课老师需要,可扫描右边二维码,关注微信公众号"北大出版社创新大学堂"(zyjy-pku)索取。

· 课件申请
· 样书申请
· 教学服务
· 编读往来

"十二五"国家重点图书出版规划项目
新视野教师教育丛书·基础理论系列

普通高等教育"十四五"规划教材
教师教育"课证融合"系列教材

教师道德与教育法律法规
（第二版）

主　编　杜德栎　任永泽

图书在版编目（CIP）数据

教师道德与教育法律法规/杜德栎，任永泽主编. -- 2版. -- 北京：北京大学出版社，2025.1. -- (教师教育"课证融合"系列教材). -- ISBN 978-7-301-35684-5

Ⅰ.G451.6；D922.16

中国国家版本馆CIP数据核字第2024BW1450号

书　　　名	教师道德与教育法律法规（第二版） JIAOSHI DAODE YU JIAOYU FALÜ FAGUI（DI-ER BAN）
著作责任者	杜德栎　任永泽　主编
责任编辑	李　玥
标准书号	ISBN 978-7-301-35684-5
出版发行	北京大学出版社
地　　　址	北京市海淀区成府路205号　100871
网　　　址	http://www.pup.cn　新浪微博：@北京大学出版社
电子邮箱	编辑部 zyjy@pup.cn　总编室 zpup@pup.cn
电　　　话	邮购部 010－62752015　发行部 010－62750672　编辑部 010－62704142
印　刷　者	北京飞达印刷有限责任公司
经　销　者	新华书店

787毫米×1092毫米　16开本　15.25印张　375千字
2016年7月第1版
2025年1月第2版　2025年2月第2次印刷　总第24次印刷

定　　价　49.00元

未经许可，不得以任何方式复制或抄袭本书之部分或全部内容。
版权所有，侵权必究
举报电话：010-62752024　电子邮箱：fd@pup.cn
图书如有印装质量问题，请与出版部联系，电话：010-62756370

第二版前言

德者，本也。国无德不兴，人无德不立。师德是为师之根本要求，是教师在从事教育活动过程中形成的比较稳定的道德观念和行为准则。人们常把教师誉为"人类灵魂的工程师"，把教师的职业赞为"太阳底下高尚、神圣的职业"，这实质上是对教师道德品质的高度赞美。人们之所以对教师有如此高的评价和称赞，是因为教师具有高尚的职业道德。师德集中体现了教师职业的基本特点，更直接反映了当代社会的教育目的。在当代中国，随着教育改革的不断深入及法治建设进程的扎实推进，人们逐渐认识到，教师是立教之本、兴教之源，强国必先强教，强教必先强师。教师是落实立德树人根本任务、培养德智体美劳全面发展的社会主义建设者和接班人的关键。好的教师不仅应具有崇高的职业道德，而且应具备一定的教育法律法规意识。换言之，教师的职业行为不单要由道德来调节，同时也处于教育法律法规的调节之下；不仅要合情合理，而且要合法守法。党的二十大明确提出"全面依法治国是国家治理的一场深刻革命"，具有极其重要的战略意义。建设社会主义的法治文化，要靠法律保障。只有增强教师的法治观念与法治思维，增强依法治校的意识，提高依法执教的水平，才能推进现代学校治理的法治化。

《中共中央 国务院关于弘扬教育家精神加强新时代高素质专业化教师队伍建设的意见》于2024年8月6日发布。该意见提出，经过3—5年努力，教育家精神得到大力弘扬，高素质专业化教师队伍建设取得积极成效，教师立德修身、敬业立学、教书育人呈现新风貌，尊师重教社会氛围更加浓厚。到2035年，教育家精神成为广大教师的自觉追求，实现教师队伍治理体系和治理能力现代化，数字化赋能教师发展成为常态，教师地位巩固提高，教师成为最受社会尊重和令人羡慕的职业之一，形成优秀人才争相从教、优秀教师不断涌现的良好局面。为积极顺应当前基础教育对教师综合素质要求不断提升的新形势，承载教师教育与立德树人课程改革的新使命，进一步加快推进教师教育工作的新变革与新转型，全面落实教师教育培养方案与目标，实施教育家精神铸魂强师行动，加强师德师风建设，培养"四有"好教师，我们在多年教师教育实践的基础上，编写了《教师道德与教育法律法规》这本书。

"教师道德与教育法律法规"是以全面提升师范生的职业道德与教育法律素质为指

导思想，依据《教师教育课程标准（试行）》精神，贴近基础教育改革要求，注重理论知识和教学实践能力的整合，旨在提高教师教育教学水平和人才培养质量而在师范院校开设的公共基础课。本书分为上、下编。上编侧重"教师道德"这个主题，主要是对《中小学教师职业道德规范》所提出的爱国守法、爱岗敬业、关爱学生、教书育人、为人师表、终身学习六大道德规范进行深入解读，为教师严格自我约束、规范职业行为、加强自我修养提供基本遵循，同时讨论了新时代中小学教师职业行为常见的一些道德问题。在此基础上，还探讨了新时代师德修炼的目标、途径等。下编关注"教育法律法规"这个主题，系统介绍了教育法律法规的基础知识，即以教育法律法规方面的基本概念、原理与范畴为知识基础，建立了以教育法律法规为主线的理论体系。在此基础上，分别从国家、学校、教师、学生四个不同而又相关联的主体角度，重点探讨了国家——依法治教、学校——依法治校、教师——依法执教、学生——权益保护等问题。这也是教育法律法规部分的重点内容。

本书在策划与编写过程中，力求突出体现三个特点。

（1）实用性。本书符合国家教师资格考试、教师教育发展与变革的需要，满足师范生参加国家教师资格考试、教师入职考试及在职教师的专业发展需要，紧贴教师教育工作实际，选择与教师教育密切相关的重要问题加以讨论。

（2）学术性。本书符合教师发展规律和我国教育法律法规发展规律，具有一定理论高度与深度，反映学科发展前沿动态，彰显教师道德和教育法律法规的学术性。

（3）精品性。我们致力于培育精品教材，强化编写质量，力求理论与实践的有机结合，充分体现学科与课程特色。

我们在编写时，着重坚持三个统一：一是将学科的理论体系相对完整与适应国家教师资格考试的基本需要及学科的最新发展动向结合起来（内容的完整性与时代性）。二是师德修养与教育法律法规理论水平的不断提高与促进师范生的专业发展相统一（知识与能力）。突出以学生为本，重在反思与批判，试图在介绍相关基础理论的基础上，使学生反思与批判现实教育中的诸多问题，从而提高从教者的道德水平并增强其法律意识，形成良好的职业道德以及依法治校与执教的思想观念和法治智慧。三是内容的系统性与实用性的统一。遵循认知规律，增强了内容的系统性；坚持理论联系实际，增强了内容的实用性。

本书自2016年出版以来，重印20余次，被全国多所师范院校选用，在社会上产生了一定的影响。为应对教育部师范专业认证新标准和新要求，及时掌握党和国家对教师职业道德与教师行为的新规定、有关教育法规的新内容，在教育改革与发展新思维、新愿景、新变革、新形势的催动下，我们对本书进行了修订。修订后的教材主要有四个变化：

（1）以习近平新时代中国特色社会主义思想和党的二十大精神为指导，统摄全书，删除了部分过时的观点与内容；

（2）突出、强调了各章教学目标、重点内容、学习方法等，增加了知识导图，体系、结构、思路更加完整，便于师生教学；

（3）在章后增加了一些与本章知识点相关的国家教师资格考试真题，且学且思，且思且行，利于课证融合；

（4）更新了书中涉及的《中华人民共和国宪法》《中华人民共和国未成年人保护法》《中华人民共和国预防未成年人犯罪法》《中华人民共和国民法典》等相关内容，补充了《新时代中小学教师职业行为十项准则》及相关解读，顺应变革，与时俱进，立足于时代发展。

本书是长期从事教师道德与教育法律法规研究与教学实践的专家、学者集体劳动的智慧结晶。全书章节体系由主编杜德栎教授、任永泽博士策划设计，在征求和论证其他编写人员意见与建议的基础上确定。本次修订工作是在原书基础上，各位作者对全书进行了全面、认真的修改。前言、第一章由华南师范大学杜德栎教授修订；第二章、第三章由嘉应学院庄可教授修订；第四章、第五章第一、三节由嘉应学院罗九平副教授修订，第五章第二节由嘉应学院胡梅讲师修订；第六章至第八章由嘉应学院任永泽博士修订；第九章、第十章由嘉应学院张登山副教授修订。杜德栎、任永泽负责全书的统稿工作。

本书既可以供师范院校教师教育专业学生使用，也可作为教师职后培训、教育行政管理人员及一般读者了解教师道德与教育法律法规的读物。

本书在编写时参考了国内一些学者的研究成果，在此表示衷心感谢！本书的编写和出版，得到了北京大学出版社的大力支持，谨此谢忱！

由于编者水平有限，书中不足之处在所难免，敬请广大读者、同行和专家批评指正。

杜德栎
2024年10月于华南师范大学

目录

上编　教师道德

第一章　教师职业道德概论 3
- 第一节　道德和教师职业道德 5
- 第二节　教师职业道德的基本原则和范畴 19

第二章　教师职业道德规范（上） 31
- 第一节　爱国守法：教师职业的基本要求 33
- 第二节　爱岗敬业：教师职业的本质要求 40
- 第三节　关爱学生：师德的灵魂 44

第三章　教师职业道德规范（下） 53
- 第一节　教书育人：教师的基本职责 55
- 第二节　为人师表：教师职业的内在要求 64
- 第三节　终身学习：教师专业发展的动力 69

第四章　教师职业道德问题 79
- 第一节　中小学教师常见的道德问题 81
- 第二节　教师职业倦怠与师德困惑 91

第五章　教师职业道德修炼 97
- 第一节　教师职业道德修炼的意义、目标与内容 99
- 第二节　教师职业道德修炼的途径和方法 107
- 第三节　教师职业道德修炼的原则与境界 113

下编 教育法律法规

第六章 教育法基础	**125**
第一节 教育法概述	127
第二节 教育法的制定、实施和监督	131
第三节 教育法律关系	134
第四节 教育法律责任与法律救济	139
第七章 国家——依法治教	**145**
第一节 依法治教概述	147
第二节 国家的权利与义务	153
第三节 教育行政管理	158
第四节 教育行政机关的法律责任	162
第八章 学校——依法治校	**166**
第一节 依法治校概述	168
第二节 学校的法律地位概述	170
第三节 学校的权利与义务	173
第四节 学校的管理	179
第九章 教师——依法执教	**187**
第一节 教师的法律地位	189
第二节 教师的权利与义务	191
第三节 教师的管理制度	197
第十章 学生——权益保护	**207**
第一节 学生的法律地位	209
第二节 学生的权利与义务	213
第三节 未成年学生的权益保护	216

上编 教师道德

第一章 教师职业道德概论

☞ **学完本章,应该做到:**
- 理解道德和教师职业道德的含义。
- 了解教师职业道德的功能和原则。
- 理解教师道德范畴。
- 了解《中小学教师职业道德规范》和《新时代中小学教师职业行为十项准则》的基本内容。

☞ **学习引导:**

本章按道德和教师职业道德、教师职业道德的基本原则和范畴两条主线展开。前者的学习,可以根据"道德、职业道德是什么—教师职业道德的含义和特点—教师职业道德的功能"这个线索梳理相关要点;后者的学习,可以根据"教师职业道德的基本原则—教师职业道德的范畴—中小学教师职业道德规范—中小学教师职业行为准则"展开。应重点梳理教师职业道德的含义、功能和范畴的相关知识点。

☞ **本章知识导图**

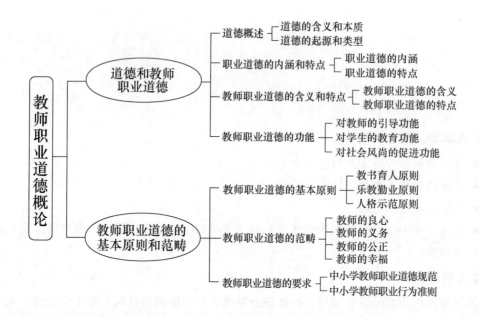

【引子】

张桂梅：燃烧自己，点亮梦想

张桂梅是云南省丽江市华坪女子高级中学的书记、校长，华坪县儿童福利院院长，中共二十大代表，中华全国妇女联合会第十三届副主席（兼），"七一勋章"获得者，还获得众多荣誉称号。

17岁时，张桂梅从黑龙江来到云南支教，后与丈夫在大理白族自治州喜州镇任教。丈夫去世后，她调到华坪县民族中学。1997年，她身体出现严重问题需手术，但为不耽误学生中考，坚持上课直到学生考完。此事引起华坪县领导重视，县妇联发动全县为她捐款，一位老乡甚至捐出仅有的5元路费。手术后仅24天，她就重回讲台。

不久，张桂梅发现女生辍学问题，因家庭困难和落后风俗，女孩教育不受重视，于是她萌生了办免费女子高中的梦想。为筹款，她复印荣誉证书去昆明街头募捐。2008年，丽江华坪女子高级中学成立。从2011年起，该校连续10年高考综合上线率100%，12年来，她把近2000名山里女孩送进大学，改变上千个家庭。但她的身体越来越差，数次病危抢救仍挂念学生。

张桂梅一生无积蓄、无孩子，奖金和工资都用于学校和学生，她的家就是学校和福利院，自己仅有一间宿舍的一个床铺。她曾在"七一勋章"颁授仪式上表示："只要我还有一口气，我就要站在讲台上，倾尽全力，奉献所有，九死亦无悔！"

看了张桂梅校长的故事，你认为什么是道德？什么是教师职业道德？在未来你准备如何成为一名具有高尚师德的教师？

学高为师，身正为范。教师作为人类灵魂的工程师，其必备的首要条件就是要具有高尚的师德。古今中外，人们都把师德作为衡量教师素质的第一杆标尺。可以说，教师职业道德不仅直接关系到教育能否实现立德树人的根本任务、促进亿万青少年的健康成长，还对整个国家和民族的精神风貌产生深远影响。厚德方能载物，师真方育新人，不断提高现代教师的职业道德水平，既是建设中国特色社会主义教育事业的一个重要内容，又是教师自身发展的客观需要。

第一节　道德和教师职业道德

教师职业道德也称教师道德，简称师德。要想认识教师职业道德问题，提高自己的师德修养，我们必须首先从理论上对这一概念进行梳理。

一、道德概述

(一) 道德的含义和本质

道德是人类社会特有的精神现象，是随着人类历史不断发展的一种特殊意识形态。在西方，"道德"一词源于拉丁语，意指风尚、习俗，引申开来，也有原则和规范、行为品质和善恶评价等含义。在我国，"道德"这一术语也早已有之。如《论语·述而》中讲到"志于道，据于德"，《孟子·公孙丑下》中有"尊德贵道"。这些讲的都是道德，只是把"道"和"德"分开使用。所谓"道"，原是指人们行走的道路，也指事物存在、运行、生灭所必须遵循的法则，并引申为人们必须遵循的社会行为的准则、规矩和规范；"德"即得，所谓"德者，得也"。人们认识"道"、遵循"道"，内得于己，外施于人，便是"德"。"道"的客观性较强，主要是指外在的规范准则；"德"则偏向于主观方面，主要是指人们内心的精神体现的东西。"道德"二字的合用，最早见于《荀子·劝学篇》："故学至乎礼而止矣。夫是之谓道德之极。"荀子不但将"道"和"德"二字连用，而且赋予了它确定的含义，即人们在各种伦常关系中表现的道德境界、道德品质和调整这种关系的原则与规范。可见，无论是在东方还是在西方，"道德"这个词的起源和历史发展，都包含了道德意识、道德规范、道德活动和行为标准等广泛的内容。

概括来讲，道德就是由一定的社会关系，特别是经济关系所决定的，以善恶评价方式调节人际关系的行为规范和人类自我完善的一种社会价值形态。

所谓道德本质，是指道德现象的内在联系和道德的内在矛盾。它不仅决定了道德发展的方向，而且深刻地揭示了道德最核心、最稳定的特征。马克思主义认为，人类社会是以经济为基础的，经济基础决定上层建筑。而道德属于社会上层建筑和意识形态，其本质是由社会存在和物质利益所决定的社会意识和实践精神。它是在一定社会条件下，调整人与人之间、人与社会之间、人与自然之间关系的特殊思维方式、价值观念和原则规范的总和。道德作为一种特殊的社会意识现象，在形式上具有主观性，但其内容却是一定社会关系对人们提出的客观要求的反映。因此，当一切社会关系，尤其是经济利益关系发生变化时，人们的道德观念和社会的道德标准都会随之发生或多或少的变化。人类道德正是在这种除旧布新的过程中得以发展的。尽管道德具有一定的时代性、阶级性和民族性，但在人类历史上，包括阶级社会在内，也还存在着各时代、各民族、各阶级共同认可的一些道德准则，遵守这些准则是维护人们之间正常关系的需要，也是社会生产、生活能够正常进行的保证。

(二) 道德的起源和类型

道德这种人类社会所特有的现象是如何产生的呢？从古至今，许多伦理学家与哲学家都对此作了探讨。唯心主义的道德起源论有两种观点：一种观点是到"彼岸世界"去寻找道德的起源，认为道德起源于上帝和某种神灵的旨意；另一种观点认为道德"根于心"，认为人有一种先天的、与生俱来的善良本性，凭着这种善良本性就可以引申出道德来。尽管这两种理论都从不同的角度论述了道德的起源，但其本质是唯心主义的道德起源论。还有一些机械唯物主义者从感性经验出发，抛开人的社会性和社会关系，把人的生理本能作为道德的出发点和归宿，把道德的根源奠定在对欲望的追求和满足上。所以，他们同唯心主义者一样，都未能科学地揭示出道德产生的根源。

马克思主义把道德的起源同人类物质生活的现实基础联系起来，为解决道德的起源问题奠定了坚实的理论基础。马克思主义认为，道德是社会历史的产物，是从人类社会物质生活条件中产生并在长期的社会实践中逐步形成的。第一，人与人之间社会关系的形成和人类语言意识的产生是道德产生的前提。人和动物的本质区别就在于人有思维、能够制造并使用工具、能够从事生产劳动，并在劳动中形成人类的生产关系和社会关系，这些关系是以利益为内容的。随着人类劳动和交往的扩大，语言和意识产生了，这使人们能够认识到彼此间的关系，并加以调整，道德的产生成为可能。第二，社会分工的出现和发展是道德产生的关键。随着生产和社会分工的发展，人们在生产、交往和分配中的个人与个人、个人与集体之间的利益矛盾日益明显。这不但产生了解决这些矛盾的自觉要求，而且也逐渐产生了维护整体利益的义务感和荣辱观念。因此，那些适应当时社会物质生活条件所必需的行为要求，就逐渐成为氏族社会成员所共同遵守的行为准则，并世代传袭，成为原始氏族社会神圣不可侵犯的道德信条和风俗习惯。原始社会的道德只是表现为"风俗的统治"，还没有分化成为独立的社会意识形态。随着生产的发展，特别是体力劳动和脑力劳动的分工以及阶级对立的出现，道德意识逐渐分化成为独立的意识形态。

从纵向上看，在人类社会发展的历史长河中，依据不同的经济结构划分出不同的历史形态，我们相应地划分出六种不同的道德历史类型，即原始社会道德、奴隶社会道德、封建社会道德、资本主义社会道德、社会主义社会道德和共产主义社会道德。在道德历史类型的交替变更过程中，道德作为社会的意识形态和上层建筑，必然受到生产力和生产关系矛盾运动的制约，并随着生产方式的变更而发生变更，随着经济的发展而发展，在曲折中前进，并越来越趋向进步。道德作为文化的核心因素，它的发展在适应社会经济关系的同时，还遵循自身批判继承发展的规律。不同社会、不同阶级在批判、继承前人道德文化遗产的同时，充实着符合时代发展和阶级利益的新内容、新要求，从而使道德在批判、继承中得以发展。

从横向上看，人类生活一般有社会公共生活、职业劳动生活和家庭婚姻生活。相应地，在社会生活中，人们的道德活动也是多种多样的，概括起来有三大领域：一是社会公共活动领域的道德，二是职业活动领域的道德，三是家庭活动领域的道德。简而言之，即社会公德、职业道德和婚姻家庭道德。所谓社会公德，是指在一个社会中为全体成员所公认的、大家都要遵守的最起码的公共生活准则。它是人们在长期的社会生活中逐渐形成的，用以维护公共生活、调节人与人之间关系的一整套准则，是全体公民都必须遵守的道德规范。职业道德是指人们在从事各种正当的社会职业活动过程中，思想和行为应遵循的道德规范。它是调整职业内部、职业之间、职业与社会之间的各种关系的行为准则，如商业道德、医务道德、教师道德、科技道德、军人道德、新闻道德、体育道德、公务人员道德等。丰富多彩的职业劳动是人类社会生活向前发展的动力和生命线。社会的职业道德状况反映了社会道德的要求和状况，并直接关系到各行各业的发展和全体社会成员的切身利益。婚姻家庭道德是指在以婚姻关系为基础的家庭生活中，每个家庭成员应自觉履行的道德义务和责任，如夫妻平等相爱、父母要抚养教育好子女、子女要赡养和尊敬老人等。

总之，道德作为社会有机体的一个重要组成部分，既受社会经济和其他因素的影响与制约，又同时渗透到社会生活的各个领域，对社会生活进行独特的调控，并随着人类历史的前进，有规律地向前发展。目前，我国正处于社会主义初级阶段，经济上实行以公有制为主体、多种所有制经济共同发展的基本经济制度，根本目的在于解放生产力、发展生产力，消灭剥削、消除两极分化，在现代化基础上实现人民的共同富裕。新时代新征程，经济和社会发展的战略目标是，到2035年基本实现社会主义现代化，到本世纪中叶把我国建成社会主义现代化强国。

为此，我们必须加强社会主义思想道德建设，实行依法治国和以德治国相结合，提高全民族的思想道德素质和科学文化素质，为改革开放和社会主义现代化建设提供强大的思想保证、精神动力和智力支持，建设社会主义文化强国。加强社会主义核心价值体系建设，坚持马克思主义指导思想，树立中国特色社会主义共同理想，弘扬以爱国主义为核心的民族精神和以改革创新为核心的时代精神，倡导社会主义荣辱观，增强民族自尊、自信和自强精神，抵御资本主义和封建主义腐朽思想的侵蚀，扫除各种社会丑恶现象。

2019年，中共中央、国务院印发的《新时代公民道德建设实施纲要》明确指出：公民道德建设的总体要求是"大力弘扬社会主义核心价值观，积极倡导富强民主文明和谐、自由平等公正法治、爱国敬业诚信友善，全面推进社会公德、职业道德、家庭美德、个人品德建设，持续强化教育引导、实践养成、制度保障，不断提升公民道德素质，促进人的全面发展，培养和造就担当民族复兴大任的时代新人"。其中，对于社会公德、职业道德和家庭美德，又有相应的具体规范要求。社会公德中的五个道德规范是：文明礼貌、助人为乐、爱护公物、保护环境、遵纪守法。职业道德中的五个道德规范是：爱岗敬业、诚实守信、办事公道、服务群众、奉献社会。家庭美德中的五个道德规范是：尊老爱幼、男女平等、夫妻和睦、勤俭持家、邻里团结。这三大领域中的十五个道德规范，是在新时代公民道德建设的"总体要求"的作用下形成的一个社会主义的道德规范体系，涵盖了社会主义道德要求的各个方面，是社会主义核心价值体系在道德层面的体现。

二、职业道德的内涵和特点

（一）职业道德的内涵

职业道德是整个社会道德体系的一个重要组成部分，而教师道德又是职业道德的一种。因此，认识职业道德的基本理论知识是理解教师道德的前提与基础。

职业道德是职业实践活动的产物。职业活动作为人类借以实现"直接生活的生产和再生产"的一种普遍的基本形式，它同人类的其他活动一样，与道德问题紧密相连。从事某种特定职业的人们，由于有着共同的劳动方式，接受共同的职业训练，因此，往往具有共同的职业兴趣、爱好、习惯和心理传统，结成某些特殊关系，形成特殊的行为规范和道德要求。恩格斯曾指出：实际上，每一个阶级，甚至每一个行业，都各有各的道德。[①] 这里所说的每一个行业的道德就是指职业道德。概而言之，职业道德是指人们在从事某种正当的社会职业过程中，思想和行为应当遵循的道德规范和准则。职业道德是一定社会或阶级对于从事一定社会职业群体的一种特殊道德要求，是社会道德在职业生活中的具体体现。

职业道德的内涵随着社会发展而不断丰富。在原始社会末期出现了人类历史上的两次社会大分工，各个部落的人们在相互交往中形成了一定的行为惯例，其中就包含职业道德的萌芽。在奴隶社会，随着生产力的发展，出现了体力劳动和脑力劳动的更大分工，逐渐形成了各种职业，如农业、畜牧业、商业、手工业、医疗业、教师职业和军人职业等职业集团。在职业生活实践中，随着社会职业关系的复杂化、多样化和完善化，形成了特殊的职业责任和职业纪律，从而产生了各种具有本职业特点的行为规范和道德要求，职业道德真正形成。从奴隶社会进入封建社会后，职业道德有了新的发展。在中世纪的欧洲出现了许多手工业行会，这些行会制定了行会规章制度，以协调各行会手工业者之间的利益关系。在我国，除手工业行会有职业道德的条规外，文献反映较多的是政治、经济、文化、教育、军事和医疗等方面的职业道德。这一历史时期的职业道德较之奴隶社会的职业道德要求更先进、更广泛，更体现了各个不同行业自身的特殊道德要求。在封建社会，自给自足的自然经济占主导地位，由于等级制的压迫和宗教的控制，各种职业分工也受到限制，各种职业道德都带有浓厚的阶级色彩，统治者对于体力劳动者的职业道德并不大看重，因此，职业道德在封建社会鲜见于典籍，没有得到很大发展。人类社会进入资本主义时代以后，由于生产力的发展，生产社会化程度的提高，科学技术的迅猛发展，社会的分工和生产机构内部的分工越来越具体和明确，形成了新的更大规模的职业活动。与此相适应，资本主义时代的职业道德，不仅保持和进一步提炼了诸如工业、农业、医疗业、商业、军人、教师等具有悠久传统的职业的道德规范，而且形成了诸如律师、工程师、科学家、新闻记者、艺术家等新职业的道德规范。随着世界新技术革命在全世界范围内的迅速兴起，伴随着新职业的出现，一些新的职业道德，如网络道德、核能工作道德、航天事业道德、导游人员道德、公关人员道德等也相继形成。

纵观职业道德的历史演变历程，虽然在私有制条件下的职业道德不可避免地带有历史和阶段的局限，但是总体上依然是人类社会精神文明的积极成果之一，并以其特有的方式，反映和影响着社会生活。社会主义制度的建立及经济全球化的发展，为职业道德的全面普及和深入发展开辟了广阔的天地。社会主义职业道德既是历史上长期形成的职业道德的继续，又是对它的深刻变革。在社会主义条件下，各种职业的利益与整个社会的利益从根本上来说是一致的。人们通过职业活动而发生的关系，是同志式的平等互助关系。人们职业活动的共同目的是为社会主义建设事业做贡献，这就为新型社会主义职业道德的产生奠定了基础。同时，党和国家又非常重视提高人民的思想觉悟和道德水准，要求发展各行

---

① 中共中央马克思恩格斯列宁斯大林著作编译局. 马克思恩格斯文集：第4卷 [M]. 北京：人民出版社，2009：294.

各业的职业道德。因此，在新时期，社会主义职业道德的发展与建设任重道远。

（二）职业道德的特点

从上述职业道德内涵的发展变化中我们看出：在阶级社会里，职业道德既反映社会职业行为的道德调节方向，又带有具体职业或行业活动的特征。

1. 内容具有稳定性

职业道德内容的稳定性表现在两个方面：一是职业道德中的主体要素可以超越不同社会批判继承，世代相传，成为人们比较稳定的职业心理和习惯。例如，在不同国家（地区）和不同社会制度中，大家都把"仁爱救人""祛病治伤"作为医务道德，把"童叟无欺""买卖公平"作为商业道德，把"言传身教""以身作则"作为教师职业道德。二是在某种特定职业与行业中形成的职业兴趣、职业心理、职业习惯、职业传统等都是大同小异的，而其基本的道德观念又是不易改变的。例如，酒店行业中流行的"逢人开口笑，过后不思量"的职业习惯；教师职业道德中的"诲人不倦"与"誓不误人子弟"的职业信念等。随着社会的发展，从业人员在继承、履行本职业道德规范的同时，也在对职业道德规范不断地完善、充实和发展。

2. 形式和行为尺度具有多样性

职业道德的形式，特别是其行为准则的表达形式往往比较具体、灵活、多样。具体来说，就是每种职业的道德要求既有一般的原则性规定，又有很具体的要求，通常是用规章制度、工作守则、行业公约、岗位责任、条例、须知、章程、誓词、格言、匾额、条幅、形体标志、文图结合等多种简洁明快的形式表达出来。这种方式使从业人员更容易接受和践行，从而形成本职业所要求的道德习惯。另外，社会分工的发展促使职业活动变得更加复杂、多样，要求职业道德给予多方面的调节，因而衡量职业道德行为的尺度也就具有多样性。这种多样性表现在不同行业上就有不同的衡量标准，即使同一行业中同一职业也有高、中、低不同层次的要求，呈现出不同的职业道德境界。

3. 适用对象具有限定性

每种职业道德都是在各自的职业实践活动中产生的，总是要鲜明地表达职业义务和职业责任，以及职业行为上的道德准则，并以自己特有的方式调整从事同一职业人员的内部关系以及他们同服务对象之间的关系。对从业人员提出的特殊的道德要求，主要用来约束从事本职业的人员。对于不属于本职业的人员，或本职业人员在该职业之外的行为活动，它往往起不到调节和约束的作用。例如，"童叟无欺"是对商业服务行业的道德要求，"治病救人"是对医务人员的道德要求。正因为每一职业的道德要求具体、明确，从而使从业人员能够明辨是非善恶，保证职业活动的顺利开展。

三、教师职业道德的含义和特点

（一）教师职业道德的含义

什么是教师职业道德？不同的人有不同的理解。

历史上，有的将教师职业道德说成是神的意志，或者是主观精神，先验的意志、意识，良心等。我国汉代大儒董仲舒在《春秋繁露》中提道："今善善恶恶，好荣憎辱，非人能自生，此天施之在人者也。"西方有"原罪说"，这些观点把教师职业道德归于上帝或人格神，不但没有真正解决道德本质的问题，反而将其推向神秘世界，把教育看作上天为造福人类创造的一种活动，教育者是上天的使者，反映着上天的意志，是上天的化身。这些观点必然使教师职业道德陷于绝对化、简单化的泥潭。唯心主义思想家要么把教师职业道德看成是先验的善良意志、良心等主观精神，要么把教师职业道德看成是理念、天理客观精神的外化。《礼记·学记》说："凡学之道，严师为难。师严，然后道尊。道尊，然后民知敬学。"提出"师道尊严"的思想，其作用就在于把教师当作整个封建思想体系的代表，企图通过尊师来尊重封建的"道"。

我国当代学者对什么是教师职业道德也提出了许多不同的观点。檀传宝认为：教师职业道德是指教师职业活动中所应当遵循的，用以调节教师职业工作中教师与学生、教师与集体、教师与社会等关系的道德规范和行为准则的总称。[①] 段文阁、赵昆认为：教师职业道德是指教师和一切教育工作者在从事教育活动中必须遵守的道德规范和行为准则，以及与之相适应的道德观念、情操和品质，是教师的从业之德，是一定社会或阶级对教师这一行业的道德要求。[②] 赵宏义、于秀华认为：就教师职业道德的社会存在而言，它是对教师职业活动的意义、行为规范及其实践活动给予道德价值性关注的领域，是一个关于教师为师之德的领域；从其表现特征来看，师德是教师在职业中理解或追寻职业意义、履行职业道德规范或准则过程中所表现出来的观念意识和行为品质。[③] 在这种对师德概念的解释中，包含着看待和讨论师德问题的基本域限：一是教师职业的意义和规范问题，被称为师德文化现象；二是履行师德的实践活动，被称为师德的活动现象或时间现象；三是师德品性，称为师德品质现象。从上述对教师职业道德概念的解释中，我们可以看出，师德不仅包括教师在教育教学活动中所遵守的基本道德规范和行为准则，而且还包括个人在守护这些规范时所表现出来的观念意识和行为品质，以及所形成的师德氛围或生态环境，它是教师这一特殊职业所具有的独特的职业道德规范体系和道德品质。

教师职业道德的内涵可以从以下三个方面来理解。

（1）教师职业道德是指在教育活动中，教师所展现的关于其与学生、其他教师和社会各界相互关系及交往行为的道德观念与意识。道德意识是人们在长期的道德实践中形成的道德观念、道德情感、道德意志、道德信念和道德理论体系的总称。教师职业道德意识就是教师系统化地处理教育活动中人与人之间关系的教育意识。我们知道，教育有两大基本规律：一是教育与社会发展存在着相互制约、相互促进的关系；二是教育与人的身心发展存在着相互制约、相互促进的关系。教育活动受一定社会政治经济制度和生产力发展水平的制约，教育活动要适应人身心发展的特点。有什么样的社会政治经济制度和生产力发展

[①] 檀传宝. 教师职业道德[M]. 北京：北京师范大学出版社，2015：21-22.
[②] 段文阁，赵昆. 教师职业道德[M]. 济南：山东人民出版社，2012：4.
[③] 赵宏义，于秀华. 新时期教师职业道德修养[M]. 长春：东北师范大学出版社，2005：6.

水平，就有什么样的教育实践；同时，对人身心发展规律的认识程度影响着教育实践的水平。在教育活动中，诸如教与学的关系，师与生的关系，知与不知的关系，教师个体与集体的关系，以及教师的学生观、认识观、教育目的观等，都是教师需要解决的道德问题。对这些问题的认识和解决，不同教师存在着不同的思想体系和方法规范体系，即道德意识。例如，教学思想及规范、德育思想及规范、管理思想及规范、伦理思想及规范，它们都是应教育实践活动的要求而产生的。教师职业道德在教育实践中产生形成的过程，是区别于其他思想规范体系的，它是关于处理教育劳动中人与人相处的道德准则的理论。它的内容应是对职业内所有人的要求和具体规范。教师职业道德既要解决"应当"的问题，还要解决为什么"应当"的问题。所以，教师职业道德意识就是试图确定在教育活动中发展人与人之间适应教育目的要求的、良好关系的道德规范与观念。这些规范与观念应当能维持教育的秩序，延续教育的良好习惯，有利于履行教育的社会责任，产生良好的教育效果。它们既是对教育领域共同利益要求的反映，又是对反映教育活动中人与人之间关系处理上经验的概括与总结。

（2）教师职业道德旨在协调教师职业工作中的人际关系，包括教师与学生的关系、教师与集体的关系以及教师与社会的关系等。教师职业道德的核心目标是规范和引导教师处理好这些人际关系，以道德的方式来协调人际行为，同时也以道德的方式来展开教育、教学活动，实现立德树人的教育目的。教师与学生的关系是教师职业道德的核心内容，一名合格的教师必须具备正确处理师生关系的能力。教师在教育工作中既要有一定的威信，能够对学生的学习生活加以引导或者纠正，同时又要充分尊重学生的人格尊严，尊重学生的主体身份，关爱学生，给予学生自主选择的空间和机会。教师与学生之间应当是相互尊重、相互信任，同时又是相互促进的关系，做到"教学相长"。此外，教师还必须处理好与集体的关系，这个集体包括同事群体以及学校生活中的共同体。教师生活于学校共同体之中，难免与教师集体以及学校生活中的共同体发生着各种各样的人际关系和利益关系，教师必须从职业道德的基本要求出发来处理好与集体、学校的关系，努力成为学校共同体、教师集体中的合格成员，为集体生活和学校教育作出力所能及的贡献。当然，教师还面临着与社会的关系。教师作为社会成员，必须把自己看作社会的一分子，在教学活动中履行社会职责，有效地传递社会的核心价值观念和正能量，通过自身的教学活动来培养人才，从而间接地促进社会的发展。

（3）教师职业道德是外在道德规范他律和教师内在道德自律的统一，是一种特殊的规范调解方式。也就是说，教师职业道德不仅是一种外在的道德规范体系，更是一种内在的道德自律约束活动。教师在遵守外在职业道德规范的同时，必须加强内在的道德自律，处理好"自己与自己"的关系。教师必须在充分理解教师职业意义和认识自我的基础上，通过把外在的职业道德规范内化为自身的职业道德素养，如教师的良心、教师的公正和教师的幸福等，从而全面提升自己的道德品质和道德境界。我们知道，纯粹的道德他律和外在规范是很难限制和约束教师的行为的，因为这些外在规范难以深入人心，难以成为教师的心灵世界和道德世界的有机组成部分。因此，教师职业道德如果仅仅是这样一些外在的道德规范的集合体和文本说教，通过灌输或者强制的方式来向教师施加压力，那么这些职业道德对于教师职业活动的调节作用很可能是低效的甚至是无效的。显然，一种职业道德规范只有当它被道德主体所内化并付之行动时，它才有可能成为道德主体的内心世界的有机组成部分和发展需要，它才可能经由道德他律而走向道德自律，发挥道德的规范和约束功能，主导道德主体的道德生活。

教师职业道德也同样如此，它需要教师以主体的身份自觉自主地吸收和接纳这些道德规范，关注教师职业意义的深层追寻，甚至允许教师反思和批判教师职业道德规范中不合理的要素，保留合理的方面，从而让这些道德规范成为一种自律和自觉，而不再是一种外在的强加和灌输。通过这样的一种反思、体验、吸收和内化的过程，教师职业道德才能真正成为属于教师职业生活的"本己"世界的道德规范，而不再是从属于教师职业生活的"异己"世界的外在道德规范，教师职业的行为才能达到"随心所欲不逾矩"的意境。

综上所述，教师职业道德是指教师在从事教育劳动过程中所应遵循的调节教师与学生、教师与他人关系及交往行为，保证教育活动有效合理进行的比较稳定的道德规范以及与之相适应的道德意识和道德品质。它是一定社会或阶级对教师职业行为的基本要求和概括，从道义上规定了教师在教育活动过程中应以什么样的道德情感、态度作风、行为准则去调节在教育过程中与其他参与者之间的关系，处理教育道德问题，以有效、合理地做好教育工作，立德树人，为社会尽职尽责。

（二）教师职业道德的特点

教师职业道德不仅具有职业道德的一般特征，而且还具有作为一种特殊的职业道德的独特性。教师职业道德与教师的教育劳动中的人际关系特点有密切的联系。

教师职业道德的特点主要表现在以下三个方面。

1. 教育性

第一，教师职业道德直接构成和影响教育内容。教师职业道德是学校重要的教育资源，因而具有教育性。比如，教师的价值观既影响显性的教育内容，也影响隐性的教育内容。在显性的教育方面，教师会自动根据自己的价值观理解、处理每一节课的教学内容，凸显一些教育内容，而相对忽略另一些内容。在隐性的教育内容方面，教师的敬业精神，教师对课程以外许多问题的看法，都会对学生产生不同程度的影响；此外，受职业道德影响的教学方式，如师生间的互动方式也是教师价值观的体现，也会影响教育对象。

第二，教师职业道德的教育性与示范性联系在一起，教师的人格特征影响教育内容。教师的人格特征是影响教育内容的重要因素，甚至可以说教师的人格特征本身就是教育内容。教师的人格特征对教育内容的影响可以从两个方面去理解。一方面，教师的道德人格会成为学生学习的榜样。美国心理学家班杜拉等人认为，儿童的行为方式常常是模仿其所相信和崇拜的榜样人物而逐步形成的。不管教师愿不愿意，有无知觉，教师都有成为这种"榜样"的较大可能性。中国自古就有"以身立教"的说法，也是同样的道理。另一方面，教师的人格特征也影响他对教育内容的加工处理。一个有诗人气质的教师的教学会充满热情,富于想象;一位逻辑性较强的教师会以冷静思辨的睿智见长。情绪好的教师容易宽以待人,诲人不倦;而心情欠佳的教师则容易苛求学生,草率行事。尽管气质、情绪等人格特征主要是心理范畴,但是职业道德对于这些人格特征的修养和调整仍然是有非常大的导引作用的。

2. 自觉性

学校教育活动是一种具有高度自觉性的活动。教育工作的特点是教育主体和教育手段的合一性。现代教育制度中的教师职前培养和继续教育制度的存在使得教育工作者一般都经过专门的职业训练。因此,他们不仅在教育工作的技能上具有十分明显的专业性和自觉性,而且在道德上也有高度的自觉性。教师对于教育主体和教育手段的合一性的工作特点有清醒的理解,这一理解实际上是教师形成使命感的源泉。教师应当是积极调整教育劳动中人际关系的主动力量。反之,一些缺乏师德自觉的教师实际上是失去了教师本质的"教师",在人际关系中永远处于被动、低效或无效的境地。所以,从道德主体的角度看,教师职业道德具有明显的自觉性。

3. 整体性

教育劳动的特殊性之一就是影响的整体性。因此,从教师职业道德的影响性质这一角度来看,教师职业道德具有一定的整体性。这一整体性主要有三个方面:一是指每一位教师对学生的影响是整体的,二是指教师对学生的影响具有集体性(面对的是学生集体),三是指教育工作需要教师集体的通力合作才能完成。首先,教师职业道德的影响与他的业务素质、人格特征等联系在一起。比如,主观上希望对学生公正的教师可能因为其教育方式上的失误而适得其反。又如,一个心地仁爱的教师也可能因为其性格上的内向而给学生以冷漠的印象。其次,教师对学生的影响具有集体性。因为教师往往面对一个班级的学生,而不是面对一个学生。教师通过对学生集体的教育,也可以实现对学生个体教育的目的。最后,现代教师的劳动具有非常强的集体性,单个教师的影响只有形成合力,才能更有效地作用于学生。换而言之,学生实际上是一种集体性劳作的成果。

四、教师职业道德的功能

教师职业道德在促进教师专业发展、推动教育工作的有效开展、协调教师职业活动的人际关系等方面都可以发挥出重要的功能。具体体现在以下三个方面。

(一)教师职业道德对教师的引导功能

教师职业道德对教师以及教师集体的职业工作具有显著的引导功能。

首先,教师职业道德为教师的职业成长提供了职业的信念和道德的理想,它可以促使教师更深刻地思考自身职业工作的价值与意义。教师的职业道德与教师对教育活动价值的理解密切相关。教师对教育活动价值的不同理解会产生不同的职业道德。我们发现,在实际教育中,有不少教师缺少教育工作者的职业道德素养,他们仅仅把职业工作当作一份"不会摔破的铁饭碗",仅仅把教育工作当成谋生的手段,而没有从更高的意义上来理解教师的职业工作。但也有很多教师能够真正深刻地理解教师的职业道德，对自身的职业工作有着一种特殊的道德信念，因而他们更愿意把教育工作看作一项具有深刻社会意义和个体意义的工作，愿意在教育工作中付出自己的努力和智慧。教师职业道德在教师的职业生活中，正是起到了这样一种引导的作用，它使教师能够超越日常生活的现实性与功利性，把教师引向更为崇高的道德境界，使教师能够全身心地投入教育工作当中。全国特级教师李镇西关于调整心态、强化师德、享受职业生活幸福的一段话或许会给我们一些启发：

既然只能当老师，那么悲悲戚戚是当，高高兴兴也是当，我当然选择了后者！怎么才能高兴呢？我就多想孩子们可爱的地方，尽量把课上好，尽量和他们一起玩，这样孩子们也就越来越爱我了。每天生活在一个充满爱的环境中，能不高兴吗？也许有人会说："难道没有让你头疼的学生吗？"有啊！怎么可能没有呢？但我换一种眼光去看这些让人头疼的孩子，我便不再头疼了。换一种什么样的眼光呢？那就是"科研"的眼光。我把教育上遇到的每一个难题（班集体建设啊，"后进生"转化啊，早恋啊，作弊啊，等等），都当作科研课题来对待，把每一个"难教儿童"（这是苏霍姆林斯基对"后进生"的称谓）都当作研究对象，心态就平静了，教育也从容了。每天都有新的发现，每天都有新的感悟，每天都有新的收获，因而每天都有新的快乐。①

正是教师职业道德的引领作用，使李镇西始终坚持高尚的道德情操，不断认识自我、发展自我、完善自我、超越自我。

同时，教师职业道德还能够通过评价、激励和追求理想人格等方式在形成良好的社会舆论和社会风尚的同时，培育教师的道德意识、行为和品质。一种良好的教师职业道德和职业风尚可以在一所学校中形成良好的舆论氛围，而这种舆论氛围对于教师的道德成长是非常重要的，缺乏了这种道德氛围，教师的道德意识、道德行为以及道德品质的发展就像植物缺乏了水源和土壤。通过教师职业道德的熏陶，每一位教师可以不断反思自我的道德品质和道德行为，在日常生活和教育工作中以教师职业道德的标准来要求自己，从而提高自身的精神境界和道德水平。这有助于使教师成为道德纯洁、理想崇高的人，有助于教师在教育工作中不断完善自我、提升自我的道德品质。

其次，教师职业道德对教师集体的发展也具有引导的功能。在学校生活和教育活动中，教师不是孤立的个体，他往往与其他教师一起展开工作，一起追求共同的教育事业。教师职业道德倡导教师与教师之间的合作、分享、诚信、友爱，这无疑有助于教师集体的凝聚力的增长，促进教师集体的整体发展。教师作为职业集体中的一名成员，必须处理好集体内部的同事关系，也必须正确处理好职业集体与社会的关系，而这需要教师职业道德来加以规范和引导。有了良好的教师职业道德，可以引导教师更深刻地意识到教师与教师之间所形成的应当是合作和友爱的关系，而不是恶性竞争和互相攻击的关系。教师与教师之间虽然也有正常的教学竞争，但是这种竞争必须限定在合理的范围之内，接受教师职业

---

① 李镇西. 做最好的老师：著名教育家李镇西30年教育教学精华[M]. 南京：译林出版社，2013：2.

道德的检验。而在个人与教师集体的关系中，个人的利益应该与集体的利益融合在一起，不能为了个人的利益而无视甚至损害集体的利益。显然，当教师能够按照职业道德的操守展开职业工作的时候，教师与教师之间的关系将更为和谐，整个教师集体也将获得更好的发展机会。

教师职业道德对教师集体的引导功能，还表现在教师职业道德可以对教师集体具有监督和约束的作用，避免教师集体"犯错误"，作出道德上不正当的集体行为，比如违反国家规定收取不合理的学杂费、在法定节假日强制学生补课等。教师职业道德在教师集体的每一位成员的心中都会形成一种监督和自我监督的机制，它要求教师以及教师集体以职业良心和信念投入到教育工作当中。

（二）教师职业道德对学生的教育功能

学校教育的对象主要是青少年学生，他们正处于长身体、学知识、立德志的重要时期，具有很强的模仿性和可塑性。在教师诸多个性因素中，相对于知识、技能因素而言，教师职业道德对教育效果的影响更大。

首先，教师职业道德对青少年学生的道德品质具有陶冶作用。学生往往具有"向师性"，学生学习的过程也是其世界观、人生观、品德操行的形成过程。教师在与学生的交往和相处的过程中，通过自己良好的道德修养、自觉的道德认知、较高的职业素养，赢得学生的信任，成为学生可以亲近和信赖的人。因为"真正的具有教育效果的不是教育的意图，而是师生的相互接触，真正的品格教育就是师生真正共同相处的教育"[①]。教师不仅担负着向学生传授知识的责任，而且还要承担对学生进行思想品德教育，帮助其树立正确的人生目标，形成个人良好品德的义务。尤其是教师超越狭隘功利的无私之爱，能使学生产生积极的情感体验，获得一种澄澈明净的美好心境，从而确立关爱他人、尊重他人的情感态度。在师生教与学的交往过程中，教师的道德品质、道德情操、行为习惯、一举一动、一言一行等，都深深地影响着学生，直接作用于学生的心灵。在学校教育中，青少年学生不仅从书本里学习善恶观念，更多的是直接从教师在教育劳动中表现出来的道德意识和道德行为中汲取是非、善恶观念，寻找自己做人的榜样。尤其是年幼的小学生，教师在他们的心目中常常是比父母还重要的榜样，其一言一行对小学生道德品质的形成起着直接的启蒙作用。中学生正处于道德心理、世界观、人生观的逐步形成期，他们已经能够对教师的教育行为进行是非、善恶的思考和论证。因此，教师职业道德对中学生的影响就更加深刻。这一时期教师的道德观和各种人生价值观就会成为他们自我发展的重要参考。理想、原则、信念、兴致、趣味、好恶、伦理、道德等方面的准则在教师的言行上取得和谐一致——这就是吸引青少年心灵中的火花。[②] 可以说，教师的榜样作用对于学生的今后发展乃至一生都起着至关重要的作用。2005年1月13日，教育部颁布的《关于进一步加强和改进师德建设的意见》提出"教师是人类灵魂的工程师，是青少年学生成长的引路人。教师

---

① 赵同森. 解读人本主义教育思想 [M]. 广州：广东教育出版社，2006：23.
② 蔡汀，王义高，祖晶. 苏霍姆林斯基选集：第1卷 [M]. 北京：教育科学出版社，2001：778.

的思想政治素质和职业道德水平直接关系到大中小学德育工作状况和亿万青少年的健康成长,关系到国家的前途命运和民族的未来"。2018年1月,《中共中央 国务院关于全面深化新时代教师队伍建设改革的意见》再一次强调指出:"健全师德建设长效机制,推动师德建设常态化长效化,创新师德教育,完善师德规范,引导广大教师以德立身、以德立学、以德施教、以德育德,坚持教书与育人相统一、言传与身教相统一、潜心问道与关注社会相统一、学术自由与学术规范相统一,争做'四有'好教师,全心全意做学生锤炼品格、学习知识、创新思维、奉献祖国的引路人。"

其次,教师职业道德对青少年学生道德行为的养成具有示范作用。道德行为是道德品质的客观内容和外在表现,一定的道德品质只有通过道德行为才能展现出来。良好的道德行为的养成固然需要教师向学生讲授正确的道德知识,但身教胜于言教。在学校教育中,教师的一言一行都处于学生严格的"监督"之下,教师高尚的道德行为对学生有着直接的示范作用,它能指导学生选择正确的道德行为,培养良好的道德行为习惯。因此,教师职业道德本身就是一种巨大的教育力量,正如苏联教育家苏霍姆林斯基所说:教师的人格是进行教育的基石。教育工作中所实施的一切——观点、信念、理想、世界观、兴趣、爱好等的形式,都在教师的人格这个焦点上汇合。① 因此,教师是学生在校园中所接触到的最直观、最真实的道德榜样,具有高尚师德的教师能够通过自己的身体力行来印证课堂上的言教,给学生一种无法物化在书本中的人生智慧,使其得到心灵的顿悟和人格的升华,进而实现"不教而教"的效果。这种示范作用虽无声无息,却比高谈阔论更生动具体,更具有撼动人心的说服力。

再次,教师职业道德对青少年学生未来的人生道路具有引领作用。许多人的兴趣、爱好、人生观乃至于所选择的人生道路,都受到了教师行为的影响。著名数学家陈景润在中学读书时,他的老师曾提到过"哥德巴赫猜想"这个数学难题,并把数学形象地比喻为自然科学的皇后,而"哥德巴赫猜想"则是皇后皇冠上的明珠,鼓励大家攻克这个难题。这给陈景润留下了深刻的印象,并使他从此开始了"摘取皇冠上的明珠"的艰辛历程。陈景润成功的因素固然很多,但他的老师那种不甘人后、时刻启迪学生为科学献身的精神无疑是重要因素之一。一个在学生心目中享有崇高威信的教师,其不经意间的一句话,就可能影响学生未来的职业选择,甚至影响学生整个的人生道路。

最后,教师职业道德对学生的学业发展具有激励作用。教师丰富的知识、崇高的理想、虔诚的敬业态度以及为达到教育目的而表现出来的强烈的求知欲,本身就是激励学生积极进取、奋发有为的无声召唤,通过学生的内化吸引,可以转变为一种洋溢在胸中的内驱激情、求学创业所必备的动力,激发学生高尚的学习动机和价值观。

(三) 教师职业道德对社会风尚的促进功能

教师职业道德对社会发展也有非常重要的促进作用。

首先,教师的职业劳动也是社会生产劳动的重要组成部分。教师通过对受教育者(学

---

① 蔡汀,王义高,祖晶.苏霍姆林斯基选集:第4卷[M].北京:教育科学出版社,2001:767.

生）的塑造和培育参与了社会物质文明的建设，促进了社会的发展。年轻一代是整个社会发展的基础性力量，他们决定了我们这个社会的生产力发展水平和物质文明建设的高度。当教师能够通过自身良好的职业道德和工作态度来做好教育工作的时候，他们就能够更好地培养出社会发展所需要的人才，促进社会文明的进步。教师在教育过程中所传递的知识、技术，有利于增进整个社会的知识和技术的发展；通过教育的传递，这些知识和技术将以更有效的方式传递给学生。同时，通过学校的教育和教师的工作，知识和技术不断被突破和更新，新的生产力和物质文明正是在技术和知识的不断更新中完成的。所以，教师虽然表面上没有直接参与整个社会的物质建设，没有直接参与社会生产力的重构，但是教师在社会生产力的进步和社会物质文明的建设中发挥着不可或缺的作用。教师的作用是不可替代的，因为他们培养出了可以发展生产力和物质文明的人，而这是一切社会进步的基础。

其次，教师职业道德影响整个社会的精神文明建设。教师职业道德是社会道德的重要组成部分，除了它本身是直接构成社会道德水平的一部分之外，它还可以以身示范，成为"社会的良心"，带动社会道德水平提升。整个社会的精神文明建设是由各行各业的人们共同来完成的。社会精神文明建设需要在整个社会范围内形成良好的精神氛围和道德氛围，使得社会的道德文明风尚得到显著提升。而在社会精神文明的建设中，教师的作用是非常明显的。教师往往被视为整个社会的道德楷模，所谓"学为人师，行为世范"，这表明教师不仅仅是知识的传递者，同时更是整个社会的道德榜样，对社会的精神文明具有引领和示范的作用。一个品德不良的教师可能被整个社会所唾弃，对整个社会产生极其不良的道德影响；而一个品德高尚的教师或者一个无私奉献的教师，则可能通过自身良好的道德修养和人格品质被社会所赞扬和称颂，成为整个社会的道德榜样。这样的教师可以引导整个社会的道德风尚的形成，真正做到了"行为世范"。因此，教师的职业道德和品格修养对于整个社会的精神文明建设具有非常重要的作用，它可以直接带动整个社会的道德水平的提升。

最后，教师的职业工作实际上是社会生活重构的基础工程。教师通过身体力行也通过自己的"产品"直接或间接地参与人际交往和社会生活的重建。振兴民族的希望在教育，振兴教育的希望在教师。实际上我们可以进一步认为："提高教师素养的希望在教师职业道德的养成。"[①] 良好的职业道德可以推动教师不断去反思、开拓、学习和创新，以乐业和勤教的精神状态投入教育工作当中，全方位地提升自己的教师素养的职业水准。通过职业素养的提升，教师可以更好地为整个社会生产出更多的"优良产品"，而这些"优良产品"将直接或间接地促进社会生活的发展和重建。因而，教师的工作虽然从表面上看是局限于狭小的学校空间和课堂空间，是围绕着三尺讲台的工作，但是教师职业工作的影响却远超三尺讲台，而进入无限广阔的社会生活领域，对社会生活的发展具有十分重要的影响。所以《礼记·学记》讲："故师也者，所以学为君也，是故择师不可不慎也。"没有教师的兢兢业业、认真负责的教育工作，没有教师所培养出来的优秀人才，整个社会生活都将处于

---

① 檀传宝. 教师职业道德［M］. 北京：北京师范大学出版社，2015：21.

停滞的状态，社会物质生活和精神生活的发展都将受到严重的阻碍。因此，我们必须把教师职业看作整个社会的一项基础性职业，把教师的职业道德看作整个社会的基础性的道德构成。我们必须更加重视教师的职业道德素养的提升，这也是为了促进整个社会的道德素质和精神文明的进步。

第二节 教师职业道德的基本原则和范畴

一、教师职业道德的基本原则

教师职业道德的基本原则是一定阶级和社会对教师职业道德行为提出的根本要求，是教师在教育活动中处理各种利益的关系，调节和评价一切道德行为的根本规则。它是根据社会或阶级对教师职业道德的基本要求和教师职业的实际需要提出的，是对教师职业道德要求的高度概括和总结。

教师职业道德的基本原则是教师职业中最根本、最具普遍性的道德规则，对建立和评价教师职业道德规范具有重要的指导意义。同时，教师职业道德的基本原则反映了对教师这一职业最根本的道德要求，是教师在教育活动中处理和解决各种问题，进行道德修养必须遵循的主要规则，对教师职业道德行为具有广泛的引导功能和规范功能。

教师职业道德的基本原则不同于一般的社会道德原则，也不同于其他职业道德原则，它是教师这一职业中所特有的要求。教师职业道德与社会公共道德有密切的联系。教师职业道德虽然反映出不少社会公共道德的原则和价值观，但其原则并不是对社会公共原则原样不动地加以体现，而是把这些与教师职业特有的问题相结合，表现出它特有的面貌。教师职业道德的基本原则是教师职业道德与社会公共道德和其他职业道德相区别的根本所在，表现了它对教师职业所特有的最一般的道德要求与规定。

基于以上认识和教师工作特点，我们认为教师职业道德的基本原则主要包括教书育人原则、乐教勤业原则、人格示范原则等。

（一）教书育人原则

教书育人是指传授知识能力，培养做人品质，立德树人。作为教师职业道德的一个基本原则，教书育人要求教师在其职业活动中，既要努力教授学生知识，又要培育学生成人成才，要把两者有机地结合在一起，更好地实现教育目的。

教书育人是教师这一职业的本质特征，指出了教师这一职业与其他职业的根本区别。同时，教书育人也是教师基本职责的概括，指出了教书育人是为师从教就有这个职责，不认真履行或不履行这一职责，就不是一位称职的教师或根本就不配做一位教师。可见，教书育人作为教师职业道德的一个基本原则，是由教师职业的本质特征和职责所决定的。

同时，教书育人也是古今中外许多典籍著述和贤哲大师所一贯强调与遵循的基本准则。《礼记·文王世子》中就有"师也者，教之以事，而喻诸德也"之说，强调教师既要教给学生有关具体事物的知识与技能，又要让学生知晓立身处世的品德。韩愈在《师说》中，以传道、授业、解惑概括了教师应有的教书育人的职责。当代教育家徐特立把"经师"和"人师"统一看作搞好教书育人的根本。他认为，为师的有两种类型他都不完全赞成，一种是"经师"，另一种是"人师"。"经师"是教学问的，"学生的品质、学生的作风、学生的生活、学生的习惯，他是不管的"；"人师"就是教行为，就是教怎样做人的。他主张，"我们的教学是要采取人师和经师二者合一的"[①]。从以上这些论述中可以看到，一名教师如果只注意传授知识，不注意培养学生如何做人，就是没有尽到教师的责任。因此自古以来，教书育人一直成为衡量和判断教师工作优劣的根本标准，也自然成为指导教师一切教育工作的根本原则。

教师要做好"教书育人"，需要注意以下要求。

（1）正确认识和处理好教书与育人的关系。教师在教书与育人的关系上要始终明确：育人是目的，是根本；教书是工作形式，是达到育人的经常化手段和途径。两者密切联系，相互促进，但又不能等同。

（2）正确理解育人的含义，树立全面的育人意识，使学生成为德智体美劳全面发展的人。因此，教书所育的人，应是一个完整的人，不是仅仅指有某一方面素质的人。同时，结合每个学生的个性特征，做到因材施教，突出优势发展。

（3）多方面努力，优化教育途径，更好地实现教书育人目的。例如，加强自身修养，提高自身素质；研究教育规律，科学施教；精通业务，有效教学；以身作则，为人师表；等等。

（二）乐教勤业原则

乐教勤业原则是指教师要乐于从事教育事业，勤奋地工作。乐教勤业是从事教育工作的基础和动力，是教师职业道德基本原则的核心。教师乐教勤业是由教育实现自身效益和社会价值的内在需要决定的。任何一种职业的存在，不仅是人们生计的需要，而且是社会的需要，具有一定的社会价值。一个行业在努力实现社会价值的过程中，必然会产生对职业活动效率和效益的追求，从而唤起从业人员对本职业的敬重感，使之乐于从事此业。勤奋工作是获得行业活动质量效益的根本保证，教育也是如此，它的育人特点和自身效益、社会价值实现的需要，内在地决定了它的从业者能够乐于从教、勤奋工作。

乐教勤业也是教师胜任教育工作、做好教育工作的首要条件。乐教才能勤业、敬业，勤业又能强化乐教。乐教是勤业的内在需要，是勤业的动力和能源；勤业是乐教的具体体现，是满足乐教需要的基本途径。是否乐教，影响着一名教师是否能够做到勤业；是否勤业，反映着一名教师是否乐教。可见乐教勤业是制约教师教育工作成效的主要内在因素。只有乐教勤业，才能做好教育工作。

---

① 中央教育科学研究所. 徐特立教育文集 [M]. 北京：人民教育出版社，1979：204-205.

人的多样性和复杂性也决定了教师要有乐教勤业精神。人具有多样性和复杂性的特点，没有乐于从教和勤奋工作的毅力，是很难在育人中取得良好效果的。在当前，坚持乐教勤业有利于树立良好的行业形象，形成良好的行业风尚。

乐教勤业原则对教师的基本要求如下。

（1）热爱教育，乐于从事教育事业。教师工作的心态最终决定着工作状态的好坏和职业幸福感的高低。教师要有对事业的执着追求，钟爱自己所从事的工作，才会在工作中感受到无穷的快乐和幸福。教师要树立工作不仅是谋生的手段，更是实现自身价值的途径的职业观念。

何以能够乐教？一是增强自身的教育责任感，二是增强教师工作的荣誉感，三是强化乐于从教的情感体验，四是不断增强热爱学生的社会责任感。

（2）勤于功业，勤奋工作。勤业体现着好学上进、主动进取、精益求精的精神。一是要勤于学习，不断丰富自己，开阔知识视野，做到终身学习。二是要勤于钻研，掌握教学规律，在教育教学实践中找到职业的幸福和自我价值。三是要勤于岗位，精于业务，精心做事，忠于职守，不敷衍塞责，认真对待日常工作。

（3）淡泊名利，志存高远。一是要求教师忠诚于党和人民的教育事业，深刻认识自己所从事的工作对国家社会主义现代化事业和民族未来产生的重要影响，以高度负责的事业心和责任感，认真做好教书育人工作。二是要求教师不要沉醉于金钱，追求物质享受。教师应当有比物质满足更高层次的追求，那就是对社会的奉献、事业的成功、精神的丰富和理想信念的追求。只有淡泊名利才能静心教书；只有志存高远才会潜心育人；只有淡泊名利、志存高远，才能集中精力研究教育教学方法，千方百计提高教育教学质量。

（三）人格示范原则

所谓人格示范，是指教师通过自身高尚的人格力量给学生以良好的榜样示范。它是教师职业道德的主要特征，是教师应当遵守的基本的师德原则。

不同的职业有不同的人格特质要求和模式。教师担负着为社会培养人才的职责，教师在教育活动中既要言传又要身教，做到为人师表。教师这一崇高的职业，要求教师必须具有良好的人格特质和特有的行为规范。教师人格就是人格在教师这一职业中的特殊要求的体现，它是教师为胜任其本职工作所必须具备的良好的性格特征、积极的心理倾向、创造性的认知方式、丰富的情感、坚强的意志、高尚的道德品质、规范的行为方式等人格特征的综合体。

人格示范是一种重要的教育力量。教师这一特殊职业要求教师不仅要有言传的技能，还必须有身教的力量。与其他职业人格相比，教师人格具有更强的示范性。当它固化在一个人身上并体现在其行为之中时，本身就成为一种无形无声的教育力量，对学生发展会产生潜移默化的教育影响力。正如俄国教育家乌申斯基所言：在教育工作中，一切都应当以教师的人格为依据，因为教育力量只能从人格的活的源泉中产生出来，任何规章制度，任何人为的机关，无论设想得如何巧妙，都不能代替教育事业中教师人格的作用。教师的人格是教育事业的一切，只有人格才能影响人格的发展和形成。

教师良好的人格是一种对学生有着直接影响的教育因素。英国教育家斯宾塞认为，野蛮产生野蛮，仁爱产生仁爱，这就是真理。待儿童没有同情，他们就变得没有同情；而以应有的友情对待他们，就是一种培养他们友情的手段。而研究表明，学生具有强烈的向师性和模仿性。"向师性"是指学生所展现出的一种自然倾向，具体表现为尊重并崇敬教师，乐于接受教师的教导，同时渴望得到教师的关注、重视、关怀与鼓励。这一特性还体现为学生期望教师能以热情和认真的态度教育自己。对幼儿和初入小学的儿童来说，这种向师性表现为对教师的情感依赖，之后，逐渐发展为对满足求知欲和人格完善的需要。因此，教师的世界观、品行、生活习惯以及教师对每一种现象的态度都深深影响着全体学生。教师应当给学生树立一个良好的榜样，以自己高尚的人格力量来教育和塑造学生的人格形象。

人格示范原则要求教师做到以下几点。

（1）教师要不断进行自我教育，强化内在人格素质。人格教育说到底是一种终身的自我教育。自我教育是教师强化自身内在人格素质的有力手段，教师要通过自我学习、实践、反思等各种方式展开自我教育，促进自我人格发展。教师应随着时代的发展，与时俱进地学习政治理论、专业知识和教学法知识，及时掌握和使用现代教育技术，使自己成为受学生欢迎的性格鲜明的教师。

（2）教师应在实践中努力锻炼和形成良好的道德人格。卢梭在《爱弥儿》中写道：在敢于担当培养一个人的任务以前，自己必须要造就成一个人，自己就必须是一个值得推崇的模范。① 因此，教师进行人格示范，自己首先必须形成良好的道德品质。例如，对学生严格而不苛求，温和而不随便；思想开朗敏捷，不以个人好恶影响学生的看法；学识渊博，博闻强记，令学生心悦诚服；等等。这些都会对学生人格的发展起到良好的示范作用。

（3）教师应注意自身的仪表、举止，达到自身内在素质和外化行为的统一。教师的一举一动是教师人格的外化呈现，教师在塑造自身人格的内在素质的同时，必须注重自身人格的外化行为。仪表能反映一个人的文化修养，也是一个人性格、气质的体现；行为举止反映着一个人的内心世界。教师的仪表对学生行为有一定影响，内心高雅、品质高尚的人，其仪容必然端庄典雅，举止必然文明优雅，态度必然和蔼可亲，必然会深深吸引学生，使其在不知不觉中接受教师的人格示范。

二、教师职业道德的范畴

范畴是反映事物本质属性和普遍联系的基本概念，是人类理性思维的逻辑形式。② 范畴是人类思维发展水平的指示器。一个学科的基本范畴是这一学科知识体系之网上的"纽节"，对理解整个学科的逻辑结构和基本内容都有重要的方法论意义。

---

① 卢梭. 爱弥儿　论教育：下卷［M］. 李平沤，译. 北京：商务印书馆，1978：99.
② 中国大百科全书总编辑委员会《哲学》编辑委员. 中国大百科全书：哲学Ⅱ［M］. 北京：中国大百科全书出版社，1987：200.

教师职业道德范畴可以有广义和狭义的理解。广义的教师职业道德范畴包括教师道德原则、规范中所有的基本概念,也包括反映教师个体道德品质的基本概念(如谦虚、朴实、仁爱、乐观),还包括教师道德评价、道德修养和道德教育等方面的基本概念(如善、恶、自制、慎独等)。狭义的教师职业道德是指那些反映教师个人与社会、教师个人与他人之间最本质、最主要、最普遍的道德关系的概念,如教师的良心、教师的义务、教师的公正、教师的幸福等。这里所说的教师职业道德范畴就是狭义的教师职业道德范畴。这些基本范畴概括了教师职业道德的主要特征,体现了社会对教师职业道德的根本要求,并通过教育实践形成教师内心信念与价值认同,从而指导教师职业道德行为。

(一)教师的良心

教师的良心是职业良心的一种。所谓职业良心,就是人们在履行对他人、对社会的职业义务的过程中形成的道德责任感和道德自我评价能力,是一定的职业道德观念、职业道德情感、职业道德意志、职业道德信念在个人意识中的统一。

良心是一种道德意识现象,是社会存在的反映,是社会关系的产物。马克思曾说:良心是由人的知识和全部生活方式来决定的。[①] 从事不同职业的人,具有不同的社会地位、知识素养和生活方式,因而也必然有不同的良心。这就是说,良心在本质上、来源上不是先天形成的,而是在后天的社会实践和自我修养中形成的。良心是将社会道德意识内化为个体心理意识的结果,是人对自己所应当承担的道德责任的自觉意识。职业良心是人们对自己所应当承担的职业道德责任的自觉意识。教师能自觉意识到自己对学生、家长和社会的职业道德责任,并且能够自觉履行好自己的职责,这就是具有了教师职业良心的表现。

教师职业良心具有特殊的重要意义。教师劳动的特殊性决定了教师职业良心的重要地位。教师职业不同于其他职业的特点就在于它是培养人的。良心的一个作用就是自律。教师能否自律和是否具有自我评价能力,对于能不能做好教书育人的工作至关重要。人们常说,教师劳动是良心活儿,这是很有道理的。因为一切外在的监督、检查和约束,其作用都是有限的,只有内在的职业良心才能推动教师认真备课、讲课和批改作业,才能让教师对学生、家长和社会负起责任。人民教师对教育事业的忠诚,对学生的热爱,体现在教育、教学工作中,更多的是靠教师的职业良心,而不是靠数量或指标上的考核。我们不否认对教师工作进行检查、考核的必要性,但也必须承认,教师的许多工作是在每天规定的工作时间之外进行的,如备课、批改作业到深夜,长年累月不分节假日地加班加点,有时还要护送学生回家,进行家访,带领学生外出实习等,这些大量的艰辛劳动都是无法随时随地检查和监督的。即使在规定的工作时间之内,教师备课的深度和广度、讲课的效率和效果、批改作业的认真程度、对学生的关怀和辅导等,也都是很难精确量化的。这也是许多学校给教师发奖金、评职称时,只能重课时、重论文,而很难重质量评价的一个客观原因。在这种情况下,教师能否尽可能做好自己的工作,在很大程度上只能靠良心的驱动、

---

① 中共中央马克思恩格斯列宁斯大林著作编译局. 马克思恩格斯全集:第6卷[M]. 北京:人民出版社,1961:152.

监督和评价。

教师职业良心的作用主要表现在三个方面：①在教师作出职业行为之前，良心能对行为的动机进行检查，使教师严肃地思考、权衡和慎重地评价自己的行为动机，对符合教师职业道德要求的行为给予肯定，对不符合教师职业道德要求的行为给予否定，从而使教师作出正确的行为抉择。②在教师职业行为进行的过程中，良心能起到监督和导向的作用。对符合教师职业道德的情感、意志和信念，能予以坚持和激励；对不符合教师职业道德的情感、欲望和冲动能予以克服。特别是在教师职业行为进行过程中，发现情感干扰或情况变化时，良心能够使教师改变行为的方向和方式，纠正自己不正确的欲念和情感，避免产生不良影响。③在教师职业行为之后，良心能对行为作出价值评价。对履行了教师职业道德规范的良好后果和影响能得到内心的满足和欣慰，对没有履行或违背教师职业道德规范的不良后果和影响能进行内心的谴责，表现出内疚、惭愧和悔恨，然后纠正自己的错误。

（二）教师的义务

所谓教师的义务，就是承担和完成适宜的职责，它表明个人对社会和他人承担的责任，也表明社会和他人对个人行为的要求。

教师的义务包括一般道德义务和教育道德义务两个方面。教育道德义务与一般道德义务的主要区别是，前者主要存在于教育行业道德体系之中。教师首先是普通道德生活的主体，所以他有在日常生活中遵守诺言、偿还债务、扶贫济困等一般道德义务；同时，教师作为一个特定职业生活的主体又有属于教育工作本身的一些职业道德要求，如诲人不倦、团结协作、为人师表等。如前所述，教师工作的特性之一是教师本身是教育的中介或工具，即教师通过自己的榜样示范去教育自己的学生。这一劳动特点决定了教师必须正确面对上述两类义务。第一，教师必须比一般人更严格地履行一般道德义务，只有这样，他才能成为真正的道德榜样和教育主体；第二，教师更应当严格地履行教育道德义务，努力完成教育教学的各项任务。

教师应该履行哪些义务呢？《中华人民共和国教师法》第八条对此作了如下规定：

（一）遵守宪法、法律和职业道德，为人师表；

（二）贯彻国家的教育方针，遵守规章制度，执行学校的教学计划，履行教师聘约，完成教育教学工作任务；

（三）对学生进行宪法所确定的基本原则的教育和爱国主义、民族团结的教育，法制教育以及思想品德、文化、科学技术教育，组织、带领学生开展有益的社会活动；

（四）关心、爱护全体学生，尊重学生人格，促进学生在品德、智力、体质等方面全面发展；

（五）制止有害于学生的行为或者其他侵犯学生合法权益的行为，批评和抵制有害于学生健康成长的现象；

（六）不断提高思想政治觉悟和教育教学业务水平。

具体内容我们将在第九章第二节作详细介绍。

(三) 教师的公正

公正，即公平、正义，它是指为人处世没有私心，不违反公认的道德准则和公平合理的原则。公正是处理人际关系的基本的伦理原则。教师的公正，即教师的教育公正，是指教师在教育和教学过程中，公平正义地对待和评价每一个学生。可以说，教师的公正是教师职业道德素养水平的标志。

教师的公正作为对教师职业的一项重要道德要求，在教育活动中具有重要的作用。

(1) 有利于调动每个学生的学习积极性。教师公正合理地对待学生，可以充分调动学生的学习积极性，为学生创造一个良好的精神环境，使每个学生认知个人的学习潜力，依靠个人的努力，取得好的评价与成绩。

(2) 有利于学生形成公正无私的道德品质。教师对待学生公正、平等、正直无私，能给学生的道德心灵产生极其有益的影响，使他们感受到社会的公正、平等，激励他们追求真善美，产生积极向上、乐观的情绪，培养出优秀的品质。

(3) 有利于教师威信的形成。教师的威信在教师教书育人的活动中起着重要的作用。而教师的威信来自教师令人佩服的言行。其中，能否做到公正是树立教师威信的一个重要方面。

(4) 有利于形成良好的教育教学环境。教师公正合理地处理同领导、同事和学生的关系，公正合理地评价领导、同事和学生，就会形成团结向上、勤奋进取的团体气氛，形成良好的育人环境。

教师的公正表现在教师与自身、教师与同事、教师与学生等人际关系之中。其中，公平合理地对待和评价学生是最基本的要求。它包括在人格上对学生给予平等的尊重，在学习上对学生给予平等的机会和帮助指导，对学生的发展给予平等的全面关心，对学生评价要符合公认的道德准则。教师的公正要求教师具有追求真理、伸张正义的内在的公正信念，在处事时办事公道、赏罚分明，在待人时一视同仁、不带偏见。

(四) 教师的幸福

人人都追求和向往幸福，但每一个人对幸福的理解及其实现的途径是不同的。我们认为，幸福是主体内在价值观念及与之相应的人生追求在现实生活中得以实现所产生的愉悦、满足等主观体验，是生活境遇的现实内容适合主体的价值取向、生活目标等主观要求的达成所产生的欣慰、满意等主观体验。幸福的获得既有主观因素的作用，也有客观因素的作用。但在决定幸福的主客观因素当中，主观性因素是次要的，客观性因素是主要的、决定性的；客观性因素是获得幸福的充分条件，主观性因素是获得幸福的必要条件。幸福与价值实现有着必然的联系：价值实现是幸福的源泉，幸福感又可激励人产生进一步进行自我价值的实现的追求。

教师的幸福就是教师在教育教学工作中自由实现自己的职业理想的一种教育主体生存状态，对自己生存状态的意义的体味构成教师的幸福感。

教师幸福生活的意义不仅在其自身，也在教育本身。苏霍姆林斯基说，心情苦闷和精神抑郁，这种情绪会对学生的全部脑力劳动打下烙印，使他的大脑变得麻木起来。只有那种明朗的、乐观的心情才是滋养着思想大河的生机勃勃的河流。郁郁不乐、情绪苦闷所造成的后果，就是使掌管情绪冲动和思维的情绪色彩的皮层下中心停止工作，不再激发智慧去从事劳动，而且还会束缚智慧的劳动。① 大量的实践经验表明，教师的心境会影响教育的环境气氛，因此，教师的快乐和幸福影响学生的快乐和幸福。幸福需要教育，教育也需要幸福的教师，需要从事教育的人幸福，教师应该为幸福的生活目标而设计与安排自己，教师需要做好追求幸福生活的职业生涯规划。

一般认为，教师的幸福具有以下特征。

(1) 精神性。教师及其劳动的崇高地位决定了教师幸福的精神性。教师幸福的精神性还表现在教师劳动及其报酬的精神性，教师的报酬也不止于物质性的，学生的道德成长、学业进步等都能成为教师劳动的报酬。

(2) 关系性。教育是培养人的社会实践活动，它是通过师生交往互动而实现的。教师一方面希望倾其所有、无条件地把自己的所知教给学生；另一方面，当教师从学生身上看到自己的劳动转化为学生成长这一成果时，自身也能从中体会到人生价值与精神愉悦。师生之间的精神交流、情感融通给予师生双方的愉悦和快乐是任何其他职业所难以感受到的。

(3) 集体性。教育劳动的特点之一是它的集体幸福与个人幸福的统一。任何一个学生都是教师集体劳动的结果，也是学生集体劳动的结果。因此，教师的幸福及其体验既具有一般幸福所具有的个体性，更具有集体的性质。

(4) 无限性。教师的幸福具有效果上的无限性，表现在时间和空间两个维度。在时间上，教师的幸福是无限的。教师对学生在人格与课业上的影响具有终身性，通过学生，教师的劳动与生生不息的人类文明联系在一起。因此，教师所收获的幸福也是超越时间限制的。在空间上，由于教师的劳动产品与社会网络联系起来，教师的劳动效果就远不会局限于某一个校园之内。一代一代的伟人、一代一代的普通劳动者都是由于教师的劳动而对世界的进步作出伟大贡献的。教师因而可以通过自己的劳动对整个世界的影响而理解工作的意义，体会自己的成功。②

教师是充满幸福感的职业群体，其幸福的源泉主要源自于以下几个方面：首先，教育本身蕴含的乐趣深深吸引着教师，促使他们在教育实践中不辞辛劳地耕耘，这一过程中，教师内心得以极大的丰富与满足。其次，在教育教学的实践活动中，教师通过传授知识、树立品德，在教育生命的传承中感受到自我价值的延续，从而深刻体验到教育人生的幸福真谛。再次，教师凭借无私的奉献精神，借由学生这一载体巧妙地实现自我拓展，学生的言行举止皆映射出教师的影子，学生的成长历程成为了教师生命延续的一部分。由此，师生之间通过内在而深刻的联系，构筑成一个生命共同体，学生的每一步成长都是对教师自

---

① 苏霍姆林斯基. 给教师的建议 [M]. 2版. 杜殿坤，编译. 北京：教育科学出版社，1984：39.
② 檀传宝. 论教师的幸福 [J]. 教育科学，2002 (1)：39-40.

我价值实现的肯定。最后，教育教学活动还赋予了教师从学生那里收获真挚情感的宝贵机会，这种师生间的情谊是教育赋予教师的又一珍贵财富。

教师要真正获得幸福，不仅需要有感受幸福的能力，还需要有在教育活动中不断创造获得幸福的能力。

三、教师职业道德的要求

（一）中小学教师职业道德规范

2008年，教育部和中国教科文卫体工会全国委员会印发重新修订的《中小学教师职业道德规范》，对教师职业道德提出了以下要求：

（一）爱国守法。热爱祖国，热爱人民，拥护中国共产党领导，拥护社会主义。全面贯彻国家教育方针，自觉遵守教育法律法规，依法履行教师职责权利。不得有违背党和国家方针政策的言行。

（二）爱岗敬业。忠诚于人民教育事业，志存高远，勤恳敬业，甘为人梯，乐于奉献。对工作高度负责，认真备课上课，认真批改作业，认真辅导学生。不得敷衍塞责。

（三）关爱学生。关心爱护全体学生，尊重学生人格，平等公正对待学生。对学生严慈相济，做学生良师益友。保护学生安全，关心学生健康，维护学生权益。不讽刺、挖苦、歧视学生，不体罚或变相体罚学生。

（四）教书育人。遵循教育规律，实施素质教育。循循善诱，诲人不倦，因材施教。培养学生良好品行，激发学生创新精神，促进学生全面发展。不以分数作为评价学生的唯一标准。

（五）为人师表。坚守高尚情操，知荣明耻，严于律己，以身作则。衣着得体，语言规范，举止文明。关心集体，团结协作，尊重同事，尊重家长。作风正派，廉洁奉公。自觉抵制有偿家教，不利用职务之便谋取私利。

（六）终身学习。崇尚科学精神，树立终身学习理念，拓宽知识视野，更新知识结构。潜心钻研业务，勇于探索创新，不断提高专业素养和教育教学水平。

观念是行为的先导。教师职业道德规范是教师职业的核心观念，有什么样的教师职业道德规范就会导致什么样的职业行为。教师职业行为规范是教师在职业活动过程中，以《中小学教师职业道德规范》为依据，为了实现教育目的、履行教师职责、严守职业道德，从思想认识到日常行为应遵守的基本准则。教师的行为是多方面的，其行为规范涉及教师活动的诸多内容，主要包括教师的思想行为规范、教师的教学行为规范、教师的人际行为规范、教师的仪表行为规范等。遵守教师职业行为规范是教师履行《中小学教师职业道德规范》的实践要求，是教师职业道德发展的客观基础（对《中小学教师职业道德规范》内涵的解读详见第二、三章）。

（二）中小学教师职业行为准则

为进一步加强师德师风建设，将《中小学教师职业道德规范》和中小学教师专业标准中提出的关于中小学教师的"理想需求"得到落实，便于教师从微观的、具体可操作层面加强教师职业道德建设，2018年11月，教育部印发了《新时代中小学教师职业行为十项准则》（以下简称《十项准则》）。教育部在相关通知中指出，《十项准则》是教师职业行为的基本规范。师德师风是评价教师队伍素质的第一标准。长期以来，广大教师不忘初心、牢记使命、爱岗敬业、教书育人、改革创新、服务社会，作出了重大贡献，党和国家高度肯定，学生、家长和社会普遍尊重。但是，也有个别教师放松自我要求，不能认真履职尽责，甚至出现严重违反师德的行为，损害教师队伍整体形象。制定教师职业行为准则，明确新时代教师职业规范，针对主要问题、突出问题划定基本底线，是对广大教师的警示提醒和严管厚爱，是深化师德师风建设，造就政治素质过硬、业务能力精湛、育人水平高超的高素质教师队伍的关键之举。

《十项准则》的发布，既标志着我国社会主义建设迈入新时代、肩负新使命、推行新教育对教师道德行为提出的全新要求，也为教师的专业发展提供了具体可行的行动指引与规范；同时，它也是对《中小学教师职业道德规范》的继承与深化。《十项准则》作为职业道德的底线要求，与《中小学教师职业道德规范》所倡导的崇高师德之间，并非相互排斥的对立关系，而是相辅相成、相互促进的共生关系。这要求教师在日常教育教学实践中积极践行《十项准则》，并将其融入师德修炼之中。

新时代中小学教师职业行为十项准则

教师是人类灵魂的工程师，是人类文明的传承者。长期以来，广大教师贯彻党的教育方针，教书育人，呕心沥血，默默奉献，为国家发展和民族振兴作出了重大贡献。新时代对广大教师落实立德树人根本任务提出新的更高要求，为进一步增强教师的责任感、使命感、荣誉感，规范职业行为，明确师德底线，引导广大教师努力成为有理想信念、有道德情操、有扎实学识、有仁爱之心的好老师，着力培养德智体美劳全面发展的社会主义建设者和接班人，特制定以下准则。

一、坚定政治方向。坚持以习近平新时代中国特色社会主义思想为指导，拥护中国共产党的领导，贯彻党的教育方针；不得在教育教学活动中及其他场合有损害党中央权威、违背党的路线方针政策的言行。

二、自觉爱国守法。忠于祖国，忠于人民，恪守宪法原则，遵守法律法规，依法履行教师职责；不得损害国家利益、社会公共利益，或违背社会公序良俗。

三、传播优秀文化。带头践行社会主义核心价值观，弘扬真善美，传递正能量；不得通过课堂、论坛、讲座、信息网络及其他渠道发表、转发错误观点，或编造散布虚假信息、不良信息。

四、潜心教书育人。落实立德树人根本任务，遵循教育规律和学生成长规律，因材施教，教学相长；不得违反教学纪律，敷衍教学，或擅自从事影响教育教学本职工作的兼职兼薪行为。

五、关心爱护学生。严慈相济，诲人不倦，真心关爱学生，严格要求学生，做学生良师益友；不得歧视、侮辱学生，严禁虐待、伤害学生。

六、加强安全防范。增强安全意识，加强安全教育，保护学生安全，防范事故风险；不得在教育教学活动中遇突发事件、面临危险时，不顾学生安危，擅离职守，自行逃离。

七、坚持言行雅正。为人师表，以身作则，举止文明，作风正派，自重自爱；不得与学生发生任何不正当关系，严禁任何形式的猥亵、性骚扰行为。

八、秉持公平诚信。坚持原则，处事公道，光明磊落，为人正直；不得在招生、考试、推优、保送及绩效考核、岗位聘用、职称评聘、评优评奖等工作中徇私舞弊、弄虚作假。

九、坚守廉洁自律。严于律己，清廉从教；不得索要、收受学生及家长财物或参加由学生及家长付费的宴请、旅游、娱乐休闲等活动，不得向学生推销图书报刊、教辅材料、社会保险或利用家长资源谋取私利。

十、规范从教行为。勤勉敬业，乐于奉献，自觉抵制不良风气；不得组织、参与有偿补课，或为校外培训机构和他人介绍生源、提供相关信息。

本章小结

教师职业道德是指教师在从事教育劳动过程中所应遵循的调节教师与学生、教师与他人关系以及交往行为，保证教育活动有效合理进行的比较稳定的道德规范以及与之相适应的道德意识和道德品质。教师职业道德在教育活动中发挥着三个方面的主要功能：一是它可以对教师发展起到道德引导和规范的作用，促使教师提升职业道德素养；二是它可以通过教师的道德示范作用对学生展开隐性的人格教育，促进学生的发展；三是它可以通过教师卓有成效的工作为社会培养有用之才，从而促进社会的发展。教师职业道德的基本原则主要包括教书育人原则、乐教勤业原则、人格示范原则等。狭义的教师职业道德的范畴是指那些反映教师个人与社会、教师个人与他人之间最本质、最主要、最普遍的道德关系的概念，如教师的良心、教师的义务、教师的公正、教师的幸福等。此外，还应牢记《中小学教师职业道德》的内容。

真题自测

【1.1】张老师一心扑在工作上，没有时间辅导自己的孩子学习。他既欣慰于学生的成长，又对自己的孩子感到内疚。张老师需要进行的是（　　）。

　　A. 行为取向的义利调适　　　　　　B. 生活工作的角色调适
　　C. 行为选择的动机调适　　　　　　D. 师生之间的人际调适

【1.2】王明同学成绩不好，跟夏老师关系很紧张。一天，王明悄悄在黑板上写了"夏某某是个大笨蛋！"夏老师查出后暴跳如雷，多次勒令王明当着全班同学的面向自己做深刻检讨。夏老师的行为（　　）。

　　A. 正确，有利于抑制其他同学的类似行为　　B. 正确，应该维护教师的尊严和威信

C. 不正确，不应该对此类学生如此宽容　　D. 不正确，不利于构建良好的师生关系

【1.3】"智如泉源，行可以为表仪者，人师也。"（《韩诗外传》）这句话告诉我们，教师（　　）。

A. 不仅要提高道德认识，还要加强道德实践

B. 不仅要有从教的学识能力，还要做到以身作则

C. 不仅要有丰富的学识，还要注重能力的提升

D. 不仅要有专业知识，还要有人文情怀

【1.4】毛泽东在写给他的老师徐特立的信中说："你是我二十年前的先生，你现在仍然是我的先生，你将来必定还是我先生。"这说明教师对学生的影响具有（　　）。

A. 层次性　　　　B. 自觉性　　　　C. 深远性　　　　D. 规范性

【1.5】孔子所说的"其身正，不令而行；其身不正，虽令不从"，从教师的角度来说可以理解为（　　）。

A. 走路身体一定要端正

B. 自己做好了，不用教育学生，学生自然会学好

C. 对学生下命令一定要正确

D. 教师自己以身作则，其一言一行都会对学生产生巨大的影响

【1.6】刘老师很少留意那些考试成绩一般的学生，而把主要精力用于培养成绩优秀的学生。刘老师的做法（　　）。

A. 有助于学生的个性发展　　　　B. 有助于教学任务的完成

C. 违背了公正施教的要求　　　　D. 违背了严慈相济的要求

【1.7】蒋老师的亲戚开办了一家培训公司，希望蒋老师推荐自己班上的学生参加辅导班，或者提供班上学生的联系方式。面对这种情况，蒋老师应该（　　）。

A. 推荐学生参加辅导班，促进学生全面发展

B. 坚决拒绝亲戚的请求，并说明自己的理由

C. 提供学生的联系方式，同时推荐学生参加辅导班

D. 仅提供学生的联系方式，不推荐学生参加辅导班

推荐阅读

1. 檀传宝. 教师职业道德[M]. 北京：北京师范大学出版社，2015.

2. 钱焕琦. 教师职业道德[M]. 上海：华东师范大学出版社，2008.

3. 黄正平. 教师职业道德新编[M]. 2版. 南京：南京大学出版社，2019.

4. 雅斯贝尔斯. 什么是教育[M]. 邹进，译. 北京：生活·读书·新知三联书店，1991.

5. 檀传宝. 论教师的幸福[J]. 教育科学，2002（1）：39-43.

第二章 教师职业道德规范（上）

☞ 学完本章，应该做到：
- 熟记教师爱国守法的具体要求。
- 明确教师要依法行使的权利和履行的义务。
- 掌握爱岗敬业是教师职业的本质要求。
- 理解关爱学生是师德的灵魂。

☞ 学习引导：

本章按"爱国守法是教师职业的基本要求""爱岗敬业是教师职业的本质要求""关爱学生是师德的灵魂"这三条主线展开。学习"爱国守法"这一节时，应抓住爱国守法是教师职业的基本要求，是社会对教师的要求，更是"教书育人"对教师的要求。学习"爱岗敬业"这一节，应抓住爱岗敬业对教师的重要性，要求教师对教育事业具有强烈的责任感和深厚的感情。学习"关爱学生"这一节，应抓住教师要以学生为本的理念，亲其师，信其道，没有爱，就没有教育。

☞ 本章知识导图

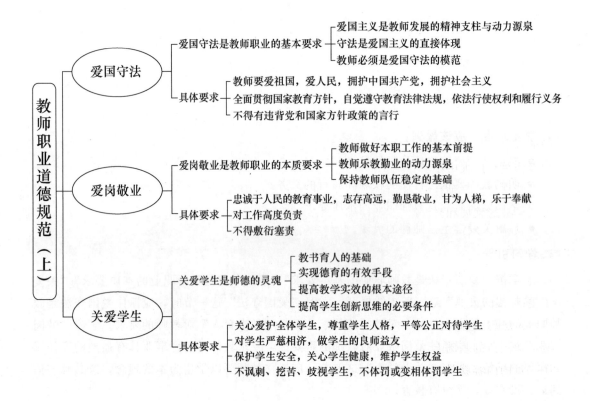

【引子】

教师必须用高尚的标准来要求自己

"你既然选择了当教师,就意味着你选择了高尚。必须用高尚的标准来要求自己,用一个人民教师的良知来告诫自己。时刻想着自己是教师,和市侩不一样,不能把教书当生意做,不能从学生身上揩油。只有对学生一片丹心,才能和学生心心相印。"[①]

人民教育家于漪认为,教师必须用高尚的标准来要求自己,只有这样才能守住教师的道德行为底线。中小学教师的高尚道德标准和底线是什么?简单地讲就是《中小学教师职业道德规范》中对教师的基本要求。因此,我们必须理解《中小学教师职业道德规范》是怎样产生的、有哪些具体内容等问题。

中华人民共和国成立以来,国家正式颁布中小学教师职业道德规范主要有四次。《中小学教师职业道德要求(试行草案)》由教育部和全国教育工会于1984年10月颁布。实践证明,《中小学教师职业道德要求(试行草案)》的颁布对中小学教师队伍的建设起到了积极作用。广大中小学教师遵循职业道德要求,坚持社会主义方向,努力提高业务水平,在教学岗位上辛勤育人,为社会主义教育事业做出了新的贡献。进入20世纪90年代,随着新形势的发展和教育改革的深入,对中小学教师队伍建设提出了新的要求,为此,原国家教委和全国教育工会对《中小学教师职业道德要求(试行草案)》进行了修订,并在1991年8月颁布了《中小学教师职业道德规范》。20世纪90年代后期,随着改革开放和社会主义现代化建设事业进入一个新的历史阶段,新的形势对中小学教师队伍建设又提出了更高的要求。为此,1997年8月,原国家教委和全国教育工会对《中小学教师职业道德规范》进行了修订。2008年,为进一步提高中小学教师的道德素质水平,在以往教师职业道德规范的基础上,教育部颁布实施了新修订的《中小学教师职业道德规范》。本章和第三章的内容就是对修订后的教师职业六大道德规范——爱国守法、爱岗敬业、关爱学生、教书育人、为人师表、终身学习进行解读。

第一节 爱国守法:教师职业的基本要求

2008年,教育部颁布的《中小学教师职业道德规范》将"爱国守法"摆在首位。爱国主义就是对祖国的热爱,是千百年来巩固起来的对祖国的一种深厚的情感。教师要把这种情感和力量,与自己的本职工作联系起来,为社会主义教育事业的发展作出自己的贡献。教师在思想上要把个人的前途和命运与国家的前途和命运联系在一起,与祖国的教育

[①] 顾之川. 用语文点亮生命灯火[N]. 光明日报,2019-12-07(9).

事业的前途和命运联系在一起。教师热爱祖国，还表现在教学中要向学生进行爱国主义教育，并用自己的爱国主义的言行去教育学生。

一、爱国守法是教师职业的基本要求

中国拥有五千年的辉煌历史，悠久的文明发展过程孕育和塑造了中华民族。历朝历代无论是战争时期还是和平时期，政权统治者都十分重视和强调爱国主义教育，只是各个时期的主要内容和做法有所不同。爱国主义是世界各国永恒的主题，是文明社会不变的价值追求，世界上没有哪个国家不提倡爱国主义。

爱国主义是中华民族的传统美德，也是中国特色社会主义的核心价值体系的一个重要方面。一般认为，爱国主义有三层含义：首先，爱国主义是人们在社会历史进程中形成、发展和巩固起来的对祖国极其忠诚和热爱的深厚情感，这种情感来自人们对祖国和民族的依赖和认同，是爱国主义的基础。其次，爱国主义是调节个人与国家、民族关系的政治原则、道德准则和人生价值规范。作为政治原则，爱国主义强调公民应当具有热爱和保卫祖国的基本政治责任和政治义务。作为道德准则，爱国主义要求公民把爱国、报国、效国、兴国作为崇高美德，而把卖国、辱国、叛国、祸国作为非道德行为。最后，爱国主义体现为个人爱国情感的社会实践行为，强调将爱国之情、报国之志和爱国之行统一起来。

爱国主义是一种精神支柱，是一种动力源泉，热爱祖国可以使教师获得无穷的内驱力和创造力。教师只有对祖国充满爱，才能把个人的前途和命运同国家前途和命运统一起来，才能充分认识到祖国的存在和发展是个人存在和发展的前提，祖国的命运和个人的命运有着血肉一般不可分割的联系。教师要充分认识到没有祖国，个人价值就无法实现，更不可能实现自己的人生理想。因此，教师必须自觉地与祖国同呼吸、共命运，始终把祖国和人民的利益摆在首位。在我国教育战线上涌现出许多优秀的教师，他们一旦树立了远大理想和坚定信念，就会排除万难、坚持奋斗，把教育事业看成社会主义事业的一部分，并甘愿为此奋斗一生。教育家斯霞说，工人爱机器，农民爱土地，战士爱武器，那么我们教师应该热爱自己的教育对象——学生。[①]

"爱国"作为公民道德建设的基本要求和基本规范，始终维系着我国各族人民的自尊心、归属感、责任感，是各族人民共同的精神支柱，是民族、国家自强不息的强大凝聚力和生命力的根本体现。在新形势下，"爱国"还直接体现在"守法"上。法律调整着人们的行为和思想，维护着社会秩序，每个公民都应自觉履行宪法和法律规定的各项义务，积极承担自己应尽的社会责任。对公民个人而言，"爱国"与"守法"是相辅相成的。"守法"作为法律规范，就是要求公民不仅要有知法、懂法、守法的法律意识，还要把法律意识转化为依法行使权利、自觉履行义务的法律行为，使自己的言行合乎法律的要求和精神。在现代文明社会中，社会成员如果没有基本的法律知识，不遵纪守法，不懂得维护法

---

① 斯霞. 我的教学生涯 [J]. 小学语文教学, 2010 (3): 9.

律的尊严，那就不能说他是一个文明的人、一个有道德的人。

教师工作的特殊性也决定了教师必须是爱国守法的模范。《中华人民共和国教师法》第八条规定了教师应当履行下列义务："对学生进行宪法所确定的基本原则的教育和爱国主义、民族团结的教育，法制教育以及思想品德、文化、科学技术教育，组织、带领学生开展有益的社会活动。"教师要承担起这样的教育职责，前提是自己必须是一名爱国守法的好公民。教师职业的重要特点之一就是教师劳动的示范性，即以灵魂塑造灵魂，通过在学生面前以身作则来影响学生。青少年学生善于模仿，如果教师缺乏爱国的意识和精神，缺乏民族自尊心和民族自豪感，不关心国家大事和民族命运，对本职工作缺乏责任心，甚至目无法纪，违法乱纪，那么他就不配做一名教书育人的教师，他的行为就会对学生产生不良影响，最终危害的是国家和社会的未来。教育是关乎国家、社会未来的大计，教师不仅要在自身的言行中体现爱国守法的精神，而且要积极探索对学生进行爱国守法教育的有效途径和方法。教师的职责不仅是教书，更重要的是育人，爱国守法教育则是育人的重要内容。

二、爱国守法的具体要求

（一）教师要爱祖国，爱人民，拥护中国共产党，拥护社会主义

1. 教师要爱祖国

热爱祖国是一种高尚的道德情感，是每一个人都应当承担的责任和履行的义务。热爱祖国要从尽职责、尽义务、遵规守法等方面做起，离开这些讲爱国主义就是空话。热爱祖国对一名教师来说尤为重要。教师首先要树立爱国主义思想，要认识到自己承担着为社会培养建设者和接班人的重任，自己的工作是与祖国的未来发展、繁荣昌盛联系在一起的。教师的工作不是简单的上课、下课、批改作业，而是像陶行知那样有"捧着一颗心来，不带半根草去"的赤子之诚，有了这种认识，教师才能自觉担负起这份责任和接受这样一份重托。教师要把献身祖国教育事业作为一生的目标和追求，树立为教育事业献身的崇高理想。当代著名教育家、我国首批特级教师霍懋征在从教五十周年的纪念会上，对自己的教育历程总结出六个字——光荣、艰巨、幸福。她说："党和人民把培育下一代的任务交给我们，相信我们能把他们教育好，我认为是最光荣的事业，我一定要把它做好。"[①] 教师对祖国的爱，既要体现在大的人生志向上，也体现在教育教学的每一个细小环节上。衡量一位教师是否具有爱国主义的思想，关键要看他能否表现出对教育事业的责任感和使命感，看教师能否把自己的一切无私地献给他所热爱的工作和学生，不为名，不为利，不计较个人得失，一心扑在教育工作上。教师要把培育祖国的下一代当成自己义不容辞的天职，忠于职守，埋头苦干，为国尽力，为民造福，为教育事业作出贡献。伟大的人生目标往往产生于对祖国深厚的爱，一个人对祖国爱得越深，社会责任感就越强烈，人生目标就越明确，人生信念就越坚定。教师只有认识到、体会到自己所从事的工作的崇高，意识到自己

---

① 霍懋征. 光荣、艰巨、幸福 [J]. 民主，2004（9）：28.

的肩上担负着培养祖国未来的建设者和接班人的重任，才能树立献身教育事业的坚定信念，做到言行一致、呕心沥血、矢志不渝地奉献自己的一生。中华人民共和国成立以来，无数的教师胸怀爱国之心，为教育事业的发展作出了巨大贡献。

2. 教师要爱人民

教师热爱人民的感情主要是通过关爱学生、尊重学生家长、关心同事等方面体现出来的。教师对社会的责任与对学生健康成长的关注是息息相关的，教师把自己的才智、精力和热情献给社会，是从奉献给学生开始的。学生时代是一个人一生中奠定各种基础的重要时期，在这一阶段，学生能否健康成长，不仅受学生的主观努力的影响，也受教育环境的制约；既包括教育手段的影响，也包括人际关系的影响。而在各种人际关系中，师生关系是否和谐、融洽，不仅影响学生的学习成绩，而且影响学生的生理、心理和人生观、世界观的形成，甚至影响学生一生的发展。师生关系是学校中教师与学生之间的基本人际关系，也是学生社会化过程中的重要社会关系之一，贯穿于整个教育过程，直接关系到学生的健康成长。许多研究表明，良好的师生关系是促进学生发展和减少学生问题的关键因素，它有利于学生思想品德的养成、学业的提高、技能的培养，以及身心的全面发展。良好的师生关系有利于学生形成对学校的积极情感态度，积极参与学校、班级活动，与同学形成积极的情感关系，发展良好的个性品质和较高的社会适应能力；不良的师生关系，如师生冲突，可能导致学生产生消极的情感，表现出退缩、攻击等行为，从而影响其成长。因此，关爱学生，与学生建立良好的师生关系，已经成为教师职业道德的重要内容，成为教师热爱人民的主要体现。关爱学生就意味着教师应该尊重学生，给学生以信任；赞美学生，给学生以鼓励；宽容学生，给学生以机会；严爱相济，给学生以真正的师爱。

3. 教师要拥护中国共产党

我国是中国共产党领导的社会主义国家，这就决定了我们的教育必须把培养社会主义建设者和接班人作为根本任务，培养一代又一代拥护中国共产党领导和我国社会制度、立志为中国特色社会主义奋斗终身的有用人才。[①] 拥护中国共产党的领导是人民教师应当具有的政治意识。中国共产党是中国工人阶级的先锋队，是中国特色社会主义事业的领导核心。中国共产党的领导地位是历史形成的，是中国人民在长期的艰苦斗争中的选择。在中国共产党的领导下，我国相继实现了从半殖民地半封建社会到民族独立、人民当家作主的新社会的历史转变。当今中国，也只有中国共产党才能够担负起带领中国人民建设和发展中国特色社会主义，创造幸福生活，实行民族复兴的历史使命。因此，教师要坚定对中国共产党的信任，拥护党的领导，学习党的理论，认真贯彻落实党的各项路线、方针、政策，坚决维护党中央权威和集中统一领导。不仅如此，教师还担负着引导学生正确认识党的历史，正确评价党的历史地位，坚持对中国共产党的信任，提高学生政治素质的重任。因此，拥护中国共产党的领导，坚定对中国共产党的信心，就必然成为教师政治素质和职

---

① 教育部课题组. 深入学习习近平关于教育的重要论述 [M]. 北京：人民出版社，2019：71.

业道德的重要内容。

4. 教师要拥护社会主义

社会主义制度在我国的建立，是中国历史上最广泛、最深刻的社会变革。特别是党的十一届三中全会以来，中国共产党带领全国人民经过艰苦探索，开辟出中国特色的社会主义道路，形成了中国特色的社会主义理论体系，创立了习近平新时代中国特色社会主义思想。邓小平指出："如果不搞社会主义，而走资本主义道路，中国的混乱状态就不能结束，贫困落后的状态就不能改变。"[①] 在当代中国，拥护社会主义就是要拥护这条道路和这个理论体系，高举中国特色社会主义伟大旗帜，为全面建设社会主义现代化国家而努力奋斗。教师承担着培养社会主义事业的建设者和接班人的重任，就必须坚定社会主义的理想信念，坚定对中国特色社会主义道路的信念，坚定对中国特色的社会主义理论体系、习近平新时代中国特色社会主义思想的信念，并将这种信念传递给学生。

（二）全面贯彻国家教育方针，自觉遵守教育法律法规，依法履行教师职责权利

1. 教师要全面贯彻国家教育方针

教育方针是教育工作的宏观指导思想，是国家或政党根据一定社会的政治、经济和文化而提出的要求，为实现一定时期的教育目的而制定的教育工作的总方向。教育方针是确定教育事业发展方向，指导整个教育事业发展的战略原则和行动纲领，规定着教育的性质、地位、目的和基本途径等。《中华人民共和国教育法》第五条就表明了我国现阶段的教育方针："教育必须为社会主义现代化建设服务、为人民服务，必须与生产劳动和社会实践相结合，培养德智体美劳全面发展的社会主义建设者和接班人。"这一方针主要有以下几点重要内容。(1) 教育必须为社会主义现代化建设服务和为人民服务。这是我国教育工作的总方向。(2) 教育必须与生产劳动和社会实践相结合，就是整个教育事业要与国民经济发展的要求相适应，并在教育与生产劳动相结合的内容和方法上不断有新的发展，这是教育方针中一项不可忽视的重要内容。(3) 德智体美劳全面发展，这是教育培养目标的重要标准，在实际教育过程中，德智体美劳组成一个有机整体，具有互相不可替代的价值，同时相辅相成、相互促进。教师要扎实推进素质教育，在德智体美劳方面促进学生全面健康发展，为学生的一生发展、一生幸福打下坚实的基础。教师要在全面理解和掌握国家教育方针的基础上，做好自己的本职工作。在日常教育教学工作中，立足社会和国家的需要，以学生的全面发展为方向，为社会主义事业培养高素质的优秀人才。

2. 教师要自觉遵守教育法律法规

随着我国法律制度的健全和完善，我国的法治化水平逐步提高，法治进程进一步向前发展。守法是保证我国现代化建设健康稳定发展的内在要求，守法是全社会人员都应该遵守的道德规范，教师要做到把守法统一于整个教育活动之中。教师要带头守法，要做到守

---

① 邓小平. 邓小平文选：第3卷 [M]. 北京：人民出版社，1993：62.

法就要带头学法，只有学习法律后才能够做到知法，才能够清楚哪些行为是违法的，以及在工作、生活中如何去规避这些行为。近年来，教师违法的案件不断发生，其中一方面的原因就是很多教师对自己的违法行为及其后果并不知晓。如果教师在日常工作和生活中多了解一些法律方面的知识，熟悉法律的相关规定，这种违法行为是完全可以避免的。教师在工作中，一定要心中装有法律，用法律规范自己，使自己成为一名知法、守法的教师。遵纪守法是师德修养的底线要求，教师的法纪观念如何，不仅体现出自身的素质，而且直接影响着学生。教师自觉地做到遵纪守法，可以直接影响学生的健康成长，对于培养合格的社会主义建设者和接班人，对于国家和民族的未来，是至关重要的。因此，教师应当把遵纪守法当作教育活动和日常生活中一项基本的行为规范，严格要求，贯彻始终。

3. 教师要依法行使的权利和履行的义务

国家现代化的标志之一是依法治国，教育现代化的标志之一是依法治教。随着教育的现代化进程，我国的教育立法受到前所未有的重视，教育方面的法律法规逐渐完善。与此同时，教育方面的法律纠纷和法律事件也越来越多，这是社会和教育进步的表现。一是说明教育内部的关系越来越多样化、多元化，二是说明越来越多的人开始运用法律手段来保护自己在教育方面的合法权益。在依法治教的观念日渐深入人心的时候，每一名教师必须懂法守法。否则，一是由于不懂法而违法，酿成恶果苦果；二是当自身合法权益遭受侵害时，本人不知晓，甚至得知后不懂得通过何种法律途径进行维权。

教师的权利作为一种职业权利，与教师的义务相适应，主要由相关的法律给予规定和保证。教师的权利是以公民的基本权利为基础，围绕履行教育教学职责依法行使的权利和享有的权利。教师的权利是教师顺利工作、正常生活和维护其合法利益所不可缺少的法律保证。教师除了享有国家宪法所规定的公民一般权利外，《中华人民共和国教师法》第七条规定：

教师享有下列权利：

（一）进行教育教学活动，开展教育教学改革和实验；

（二）从事科学研究、学术交流，参加专业的学术团体，在学术活动中充分发表意见；

（三）指导学生的学习和发展，评定学生的品行和学业成绩；

（四）按时获取工资报酬，享受国家规定的福利待遇以及寒暑假期的带薪休假；

（五）对学校教育教学、管理工作和教育行政部门的工作提出意见和建议，通过教职工代表大会或者其他形式，参与学校的民主管理；

（六）参加进修或者其他方式的培训。

教师的义务是指教师依法应尽的责任。权利与义务是对等的、不可分割的。任何教师都不能只行使权利而不履行义务，当然也不能只履行义务而不享受权利。用法律规定教师的义务，是规范教师行为的必要手段。教师除了必须履行国家宪法规定的公民一般义务外，《中华人民共和国教师法》还规定了教师应当履行的六条义务。为了督促教师履行其义务，《中华人民共和国教师法》第三十七条规定：

教师有下列情形之一的，由所在学校、其他教育机构或者教育行政部门给予行政处分或者解聘：

（一）故意不完成教育教学任务给教育教学工作造成损失的；

（二）体罚学生，经教育不改的；

（三）品行不良、侮辱学生，影响恶劣的。

教师有前款第（二）项、第（三）项所列情形之一，情节严重，构成犯罪的，依法追究刑事责任。

教师要正确履行职责，必须从以下几个方面做起。

第一，认真学习教育法律法规。教育法律法规是教师从业的法治保障。教育法律法规对教师的权利与义务作了详尽规定，教师必须要遵循教育法律法规的要求，自觉履行教师的义务，维护教师的权利。为此，教师要认真学习教育法律法规，熟悉条款，坚持依法执教，把自己的职业行为与教育法律法规结合起来，以教育法律法规约束自己的职业追求，切实使自己成为一名知法懂法的教师。我国已颁布的与中小学教育有关的法律法规如下。(1)《中华人民共和国宪法》中有关教育的规定：一是有关教育制度的规定，二是有关公民受教育的基本权利和义务的规定，三是有关教育的其他规定。(2)《中华人民共和国教育法》。(3)《中华人民共和国义务教育法》。(4)《中华人民共和国未成年人保护法》。(5)《中华人民共和国教师法》。此外还有与中小学的性质、任务、培养目标有关的法规，与中小学德育工作有关的法规，与中小学教学工作有关的法规，与中小学体育、卫生、军训、美育、劳动技术教育有关的法规，与高中会考和高等学校招生制度有关的法规，与勤工俭学有关的法规等。另外，中小学教育还涉及一些民事法律的问题、刑事法律的问题和其他行政管理的法律问题。

第二，辩证处理学校功能间的关系。教师承担的任务变得繁重而复杂，如何处理好教学、科研与服务社会之间的关系，既需要学校的正确引导，也需要教师自身有明确的认识。必须把依法执教作为处理各种复杂关系的前置条件，依据《中华人民共和国教育法》对教师的职责要求，坚持教学的优先性，坚持以科研为教学服务的价值导向，坚持以服务社会强化教学的专业目标，培养合格的社会主义建设者和接班人。只有从法律层面厘清了教师的职责，教师的价值追求才能有明确的方向，学校的教育质量才能得到保证。

第三，正确履行教师职责。教师是教学过程的主导者，正确履行教师职责，就是要处理好教学过程中的各种关系。教师要坚持专业教育与人文教育的有机融合，坚持教学内容与形式的有机统一，只有处理好这些关系，教育的使命才能实现。总之，教师要正确履行自己的职责，坚持依法执教。教育法律法规不是教师职业能力的限制，而是为教师有效地行使职责提供了有力的保障。只有懂法守法，教师才能正确履行职责。

（三）不得有违背党和国家方针政策的言行

我国教育的社会主义性质决定了教师必须具备坚定正确的政治方向，教师要坚持爱国和爱党、爱社会主义相统一。教师要认真学习并领会党的路线、方针、政策，在工作中同党和国家的方针、政策保持一致。教师要用正确的理论引导学生,自己必先要成为正确理论的坚定信仰者,不得出现违背党和国家方针、政策的言行。在教育、教学和学术交流过程中,教师也要正确把握学术研究与课堂教学的区别。教师要严格遵守法律法规,紧密结合国情、民情进行教学,不得传播、散布损害国家主权、安全和社会公共利益的言论,不得传播宗教和低级庸俗文化,不得出现有损教师形象的言行举止。学校的发展和学生的培养都需要教师具备过硬的思想政治素质和高尚的道德品质。教师还必须不断加强自己的理论修养,树立正确的世界观、人生观和价值观。只有这样,教师才能用科学的世界观和方法论去认识、分析和解决现实生活中存在的各种问题,并在教学实践中自觉地做到自我完善。基础教育阶段是学生思想品德形成的关键时期,教师对学生的教育一方面体现在课堂的讲授上,另一方面还体现在教师自身的行为表现上。教师除了教学,还要用正确的价值观来影响和引导学生。教师对学生有垂范作用,学生很容易受到教师的影响,这就要求中小学教师要不断提高自身的思想政治素质,让自己成为有优秀的品格、崇高的理想、强烈的爱国情怀和坚定的社会主义信念的人。

第二节 爱岗敬业:教师职业的本质要求

教师劳动是十分高尚的劳动,人们都称赞教师是"辛勤的园丁"。对教育事业的无私奉献精神是教师为祖国教育事业献身、全心全意为人民服务的实际体现。教师工作的性质和特点要求教师要爱岗敬业。因为教育工作是培养人的工作,教师劳动是复杂的创造性的脑力劳动。一名教师如果没有忠于人民教育事业、甘于在教育岗位上无私奉献的精神,必定不能安于教师岗位,也不可能作出成绩和贡献。教师要忠诚于教育事业,就要以优秀教师为榜样,学习他们在教师岗位上无私奉献的精神;就要在教育实践中体验教育成功的喜悦,不断坚定自己献身教育事业的信念。

一、爱岗敬业是教师职业的本质要求

(一)爱岗敬业是教师做好本职工作的基本前提

"爱岗敬业"自古以来就是职业道德的重要话题,古今中外各行各业都有不同的职责,但是对从业者设定"爱岗敬业"的要求却是普遍的,爱岗敬业是一名优秀人才起码的品质。"爱岗"就是热爱自己的工作岗位,热爱本职工作,以正确的态度对待工作,在工作中培养幸福感、荣誉感。"敬业"就是用一种严肃的态度对待自己的工作,勤勤恳恳、兢兢业业,忠于职守,尽职尽责,即工作者要对自己所从事的职业具有敬重的情感,并恪尽职守。爱岗敬业是为人民服务和集体主义精神的具体体现,是社会主义职业道德的基础和核心。我国古代思想家非常提倡敬业精神,孔子称之为"执事",朱熹解释敬业为"专心致志,以事其业"。教师肩负着特殊的使命,小而言之是对个人的未来负责,大而言之是

对一个国家民族的发展有着不可推卸的责任,要承担起这两个方面的任务,教师就必须做到爱岗敬业。爱岗敬业是一名教师应具备的最基本的师德修养,具有敬业精神的教师,无论何时何地,都能自主、自觉地意识到自己职业的道德责任,都会凭借隐藏在内心的意识活动尽职尽责,一丝不苟地对待教育中的每一件事。教师忠诚于教育事业是教师为人民服务在职业规范中的具体化,也是教师敬业精神的首要标准,是一名教师必备的、最基本的心态。

(二) 爱岗敬业是教师乐教勤业的动力源泉

教师只有树立坚定正确的理想和信念,并愿为它奉献自己的一切,才会有正确的方向和人生追求;教师能够抱着这样一种积极的心态从事教育工作,才能激发自身的创造潜能,使生命状态更充实。教育事业是一种与人类的前途和命运息息相关的社会活动,而教师作为教育的主体,担负着培养德智体美劳全面发展的社会主义建设者和接班人的历史重任。这就要求教师必须具有强烈的社会责任感和使命感,具有忠于党和人民教育事业的事业心、热爱学生的责任心、不断进取的上进心。教师只有具有了强烈的社会责任感和使命感,才能够爱岗敬业,把国家教育事业的发展和自己命运紧密联系在一起。在此指导下,教师才会敬业、乐业、勤业、精业,才会诲人不倦,才会有乐于奉献的敬业精神。教师才会让学生获得真知、良知,把学生培养成为有责任感、有能力的一代新人。在实际工作中,教师要珍视为人师表这分荣耀,只有严格要求自己,才能赢得学生的爱戴、家长的信任、同事的认可。教师要把教书育人作为终身职业,做好本职工作,把自己的理想、信念、青春、才智毫无保留地奉献给教育事业。

(三) 爱岗敬业是保持教师队伍稳定的基础

教师队伍的稳定是发展教育事业的关键所在,要保证教师队伍的稳定,就必须要求教师安心工作。对本职工作的热爱是安心工作、认真工作的内在情感基础,它可以让教师在从事教育工作时任劳任怨,精神上保持愉悦,以至达到忘我的境界。教师热爱本职工作,不能够仅仅停留在精神层面上,不能够仅仅是一种感情,而必须转化为忠于职守,转化为对教学、对学生的高度负责的责任感。只有这样,教师才能够兢兢业业,乐于奉献,认真上好每一堂课,关心每一个学生。只有当全体教师都热爱本职工作,忠诚于教书育人的事业时,教师队伍才能够稳定发展。

二、爱岗敬业的具体要求

(一) 忠诚于人民的教育事业,志存高远,勤恳敬业,甘为人梯,乐于奉献

任何职业道德都要求其从业人员敬业乐业、忠于职守。人们也历来把热爱教育事业、忠诚于教育事业作为教师最基本的职业道德要求。忠诚于教育事业,意味着教师要以从事教育为荣,以献身教育事业为乐,具有职业自尊心和自豪感;为教育事业勤勤恳恳,尽心尽力,无私奉献。

1. 教师要忠诚于人民的教育事业

教师要"全面贯彻党的教育方针,落实立德树人根本任务,培养德智体美劳全面发展

的社会主义建设者和接班人"①。中国共产党走过了波澜壮阔的100多年，其中可以总结出的成功经验有许多，但其中的关键因素是忠诚和信仰。在革命年代，面对敌人的威逼利诱，共产党员坚贞不屈、昂然就义，靠的就是信仰的力量。正如邓小平所说："为什么我们过去能在非常困难的情况下奋斗出来，战胜千难万险使革命胜利呢？就是因为我们有理想，有马克思主义信念，有共产主义信念。"②"忠诚"源于真情、源于真心。忠诚于人民的教育事业，源于对党的宗旨的深刻理解，源于对教书育人使命的真正认同。"忠诚"是一种为了国家和民族利益坚贞不渝，甚至奉献一切的信念和追求。拥有对教育事业的忠诚，意味着教师要"一切为了学生，为了学生的一切"。教师要关心每一个学生，最大限度地理解、包容、善待学生，让每个学生德智体美劳全面发展，帮助学生打下扎实的基础，让每一个学生都能在教师的关爱中健康茁壮地成长。只有内心深处真正把教育当作造福社会的事业，当作追求人生幸福、实现人生价值的途径的教师，才会自觉履行忠诚党和人民教育事业的义务。忠诚于党和人民的教育事业，是每个教育工作者敬业奉献、蓬勃向上的精气神。

2. 教师要志存高远

从字面看，"志存高远"四字并不难理解。志就是"志向"，是关于将来要做什么事、做什么样的人的意向和决心。志存高远就是追求远大的理想，追求卓越，获得职业上的成功。当然，志向是有崇高、远大和低下、鄙俗之分的。凡不懈追求真理，努力报效国家和人民，积极献身社会进步事业的志向都是崇高的、远大的。教师还应追求崇高的道德境界和博大的人文情怀，这是教师专业精神的重要内涵。教师理当以服务为职业动机，敬业乐业，积极奉献，忠于职守，任劳任怨，以一种大爱的精神和博大的情怀，满腔热情地对待所有学生，让教育充满着从教师心底流淌出来的爱，让教育洋溢着深切的人文关怀，这不仅是教育的应有之义，也是教育的力量所在。教师只有以身立教、为人师表，才能在面对学生的时候有自己的底气和地位。教育是一种充满情感的主体间"灵肉交流活动"，没有博大的人文情怀，就没有崇高的教育。从某种意义上讲，教师最大的过错，莫过于对学生没有爱；教师最大的悲剧，莫过于失去学生对自己的爱。

3. 教师要勤恳敬业，淡泊名利，甘为人梯，乐于奉献

教师工作是艰苦的，但是教师职业不失为一种愉快的职业。战国时期的著名思想家、教育家孟轲把"得天下英才而教育之"视为最快乐的事情；被毛泽东誉为"伟大的人民教育家"的陶行知把"桃李满天下"视为最大的幸福。教师虽不是物质上的富有者，但他们一定是精神上的富有者。教师献身于教育事业的理想，体现在他们的日常教育工作中。但是教师仅有对教育事业的认识和情感是不够的，还需要经受意志的考验。

教师要不断加强师德修养，树立高尚的道德情操和精神追求，甘为人梯，乐于奉献，

---

① 习近平. 高举中国特色社会主义伟大旗帜 为全面建设社会主义现代化国家而团结奋斗：在中国共产党第二十次全国代表大会上的报告 [M]. 北京：人民出版社，2022：34.
② 邓小平. 邓小平文选：第3卷 [M]. 北京：人民出版社，1993：110.

静下心来教书，潜下心来育人，努力做受学生尊重、让人民满意的教师。"甘为人梯"的前提是一个"甘"字，就是要愿意；关键是一个"为"字，就是要做；落脚是一个"梯"字，就是铺路。"甘为人梯"呼唤一种配角意识和服务意识。教育事业需要有人在台前，有人在幕后；有人在前方，有人在后方；有人当主角，有人当配角。教师劳动很平凡，它从来没有轰轰烈烈、动人心魄的宏大场面，总是在默默无闻、一点一滴中进行。教师劳动十分繁重，它难以有严格的时空界限，是一种周期长、见效慢的劳动；它没有立竿见影的效应，故常被一些目光短浅的人所蔑视。所以，教师在平凡的岗位上一定要淡泊名利，要以教育人才为乐。教师不要认为自己的工作难，别人的工作容易；不要感到自己吃了亏，别人占了便宜。在教师岗位上，没有令人羡慕的地位和权利，没有显赫一时的名声和财富，没有悠闲自在的舒适和安逸。如果教师在工作岗位上，整天怨这怨那、牢骚满腹，只关心个人名利得失，不肯奉献只想索取，那敬业就只能是空话。

（二）对工作高度负责，认真备课上课，认真布置和批改作业，认真辅导学生

爱岗敬业最终要体现在教师认真履行职责，对教学工作高度负责的实际行动之中。一个人没有了家庭责任感，这个家庭就注定不会幸福；一个人对工作没有了责任感，他的人生就注定不会取得应有的成就。一个人也许做不到干一行爱一行，但必须做到干一行像一行。一名对工作负责的教师，才会感受到自我存在的价值和意义，才会发现教学工作中有那么多事需要自己担当。一名有责任感的教师才会对学生和学校负责，才会把自己的命运同学生的未来联系起来。教师对自己有责任感，就会对自己的教育人生有一个清醒的认识和规划，而不是"做一天和尚撞一天钟"。一个人不管是主动选择了教师职业，还是被动选择了教师职业，只要你选择了它，只要你在教育岗位上，就一定要勤于此、专于此，千方百计地做好每一项工作。

一般来说，教学工作的实施，由备课、上课、作业的布置和批改、课外辅导等环节构成，这是我国教学工作具体实施最常见、最普遍的过程。应当指出的是，这样的过程对于学生以接受性学习为主要基础的学科课程是适宜的，当课程是以学生自主性探索学习为基础时，教学工作的实施过程则应当有所变化。

（1）备课是教学工作的基础，备好课是上好课的先决条件。备课的过程是教师提高自身科学文化知识和专业知识修养的过程，也是教师积累、总结教育经验和提高教学能力的过程。

（2）上课是全部教学工作的中心环节，教学质量的高低直接取决于教师上课的水平。教师上课一定要有经过详细准备的教案，但上好课又不仅仅是有好的教案就足够的，相反，过分拘泥于教案反而会影响教学效果。教师只有善于根据实际情况灵活地运用教案，才能把课上好。

（3）作业的布置与批改是教学工作的有机组成部分，是上课的延续。学生作业分为课内作业和课外作业两种，学生做作业的目的在于巩固所学的知识。此外，组织好学生作业的布置和批改工作，对于培养学生良好的学习态度、学习习惯和学习方法，锻炼和提高学

生的各种能力，都具有重要作用。因为学生在完成各种作业的过程中，需要阅读教科书及各种参考书，需要进行独立思考，需要将所学的各种知识技能加以运用。

（4）课外辅导是教学工作的重要组成部分，是上课的补充和辅助，是适应学生个别差异、因材施教的主要途径和措施。在我国，学校主要采用班级授课制，尤其在班级规模通常比较大的情况下，教师应当重视并做好这项工作。

（三）不得敷衍塞责

教师的敷衍塞责将对整个教育事业和学生的终身发展造成巨大的损失，有的损失甚至是无法弥补的。教师的敷衍塞责主要体现在以下两个方面。

1. 教学上的敷衍塞责

比如，有的教师出工不出力，备课的时候只备教材，不备学生，没有尊重学生的主体性，不能体现新一轮基础教育课程改革的精神；批改学生的作业时只看答案的对与错，追求答案的标准性，忽视学生作业中出现的创新观念。还有的教师一本教案用十几年。教学工作是难以量化和监督的，同样的一节课，同样是40分钟或45分钟，教师是否认真，是否全身心地投入，教学效果不一样，学生的收获也不一样。

2. 育人上的敷衍塞责

比如，有的教师常常觉得多一事不如少一事，认为管理学生就是班主任、教务处、学生处的事情，与自己无关。教师必须熟悉本职业的基本性质和要求，熟练掌握本职业的业务和基本技能。教师要搞好本职工作，要做到干一行精一行，不能得过且过、马虎应付。当前科技发展日新月异，对每位教师的知识结构、工作能力都提出了更高的要求；再加上现在的学生知识面宽广，每天接收的信息量很大，教师必须努力学习，不断丰富和完善自己的知识结构，才能够适应当前的教学。韩愈的《进学解》中有："业精于勤，荒于嬉；行成于思，毁于随。"在工农业生产中，一时的失误只会影响一批产品，但教师在教学上的失误却可能影响一代人的成长。

第三节 关爱学生：师德的灵魂

教师对学生的爱是教师顺利开展教育工作的重要条件之一。师爱既是激励教师做好教育工作的精神动力，又是打开学生心扉的钥匙。教育事业的宗旨是育人，教育事业中最基本的人际关系是师生关系。因此，教师对教育事业的热爱、忠诚和献身精神只有通过关爱学生、教育学生的具体行动才能体现出来。教师要全面地关心和爱护每一个学生，尤其是学习成绩不佳或行为表现不佳的学生。教育实践证明，那些忠诚于人民的教育事业，并且取得卓著成效、被学生尊敬爱戴的教师，都与学生有着深厚的感情和良好的关系。他们把真挚的爱倾注在学生的身上，用自己的心血教育学生，表现出高尚的道德品质。

一、关爱学生是师德的灵魂

关爱学生，简而言之，就是关心爱护学生，这不仅是教师职业道德规范的基本要求之一，也是身为人师的基本素质之一。教育就是春风化雨，润物无声。教师一定要亲近学生，关爱学生，只有走进学生的内心世界，赢得学生的信任，学生才能够很好地接受教师的授业和解惑。关爱学生是教师道德的核心，也是教育事业中永恒的主题。正所谓"亲其师，信其道"，师爱能营造和谐、温馨、亲切的师生关系。

（一）关爱学生是教书育人的基础

1. 爱离不开严，严要寓于爱之中

教师严格要求学生是对学生诚挚关心的表现，是对其全面发展的要求。俗话说：严是爱，松是害，不管不教要变坏。教师严格要求学生体现了教师对学生的爱护、尊重和信任。但是，如果教师对学生仅有严格的要求，缺乏爱的滋养，会使学生在思想上、感情上产生负担，从而得不到应有的教育效果。因此，教师对学生要严而有格、严而有度、严而有序、严而有慎，将严厉贯穿于爱的始终。

2. 要有循循善诱、孜孜不倦的精神

颜回曾评价孔子："夫子循循然善诱人，博我以文，约我以礼，欲罢不能。"（《论语·子罕》）教师在教学中，要对学生循循善诱、孜孜不倦，不能歧视、讽刺和辱骂学生，不能伤害学生的自尊心，使学生产生消极情绪，关闭接受教育的心灵之门。学生在成长的过程中，由于种种原因，可能会出现这样或那样的缺点，教师要耐心开导，热情关心，诲人不倦。

（二）关爱学生是实现德育的有效手段

1. 转化学生的思想应从转化其感情入手

学生只有在内心深处感受到教师的关心和爱护，他才愿意向教师敞开心扉。教师只有动之以情，才能更好地对学生晓之以理，学生才会在心理上乐于接受教师的教诲，从而把社会的道德规范内化为自己良好的道德品质和行为。以柔化的方式达到强化的效果是德育工作的辩证法，也是德育的艺术性的体现。

2. 德育工作不能只靠外在的强制力

只有疏通师生的心渠，用灵魂去雕塑灵魂，用师德去感染学生，才能更好地落实德育工作。如果教师把自己当作真理的化身，以天然正确的传道者自居，居高临下地对学生进行单纯的说教，缺乏与学生的情感交流，就会引起学生心理上的抵触和抗拒，从而与德育的目的背道而驰。

（三）关爱学生是提高教学实效的根本途径

教育的对象是活生生的人，人的感情是以认识为基础的，同时又渗透到认识的各个方面。因此，教育的各个方面和环节都应该渗透着对人的尊重、理解和爱护。学生是教师特定的劳动对象，学生在学习中不仅作为客体而存在，而且作为主体而存在。教学是教与学的双向交流，是教学相长的过程，教师讲授的目的是使学生理解、掌握和学会运用知识，学生学习的效果又是判断教学活动是否成功的重要标准。教师只有关爱学生，才能以高度的责任心从事教学工作，及时发现存在的问题，找出解决问题的方法，从而揭示教学规律，提高教学实效。教师只有关爱学生，才会与学生的心灵产生共鸣，才能使学生以愉快的情绪获得知识，由被动的信息接受者变为积极的知识探索者。

（四）关爱学生是提高学生创新思维的必要条件

爱是教育的基础，没有爱就没有教育。苏霍姆林斯基说过：教师不爱学生，无异于歌手没有嗓音，乐师没有听觉，画家没有色彩感。[①] 渴望被尊重、被肯定和被欣赏是人类特有的心理需要，人在被尊重、被肯定、被欣赏的情况下，情绪往往最愉快，思维活动最活跃，最容易产生灵感，最能产生创造性的思维。教师关爱学生可以激发学生的自信心，满足学生被尊重和被欣赏的心理需求，激励学生不断追求新知识，使学生享受到创造性劳动的喜悦。当然，教师在关爱学生的同时，应避免情感教育庸俗化的倾向，不能用感情代替原则，要给学生指明奋斗的目标，与学生既是尊师爱生的关系，又是亲密朋友的关系。教师要力求培养有理想、有本领、有担当的时代新人，使自己尽量成为全体学生的良师益友，用爱心、细心、耐心、信心去温暖和感化每一位学生，让学生在教师春风化雨般的关怀下健康成长。

二、关爱学生的具体要求

（一）关心爱护全体学生，尊重学生人格，平等公正对待学生

在教育过程中，关爱的本质是愉快地凭借自身之力帮助他人成长，并让受助人也感到快乐。因此，关爱不是同情，更不是怜悯。关爱学生直接体现了教师对教育事业的热爱。教师要关爱全体学生，平等地对待每一位学生。不论学生的年龄、性别、背景、家庭出身如何，不论学生生活在什么地区、家庭的经济状况如何，教师要确保每一位学生都能在原有的水平上得到提高，获得应有的发展。教师在教学过程中要充分尊重每一位学生的发展权利，充分保护每一位学生学习的积极性与主动性，为学生提供更多自主学习的机会，让每一位学生在学习过程中都有机会获得成功，帮助学生特别是学习成绩落后的学生建立学习的自信心，从而获得全面而和谐的发展。

教师尊重学生的人格必须建立在了解学生的基础上，而了解只能建立在互相信任、互相尊重的基础之上。教师应当尊重学生的人格，不得有侮辱学生的人格和尊严的行为，这既是国家对中小学教师的职业道德要求，更是法律所规定的教师应当履行的义务。在中小学里，损害学生人格尊严的行为主要表现在三个方面：(1) 侵害学生身体，即体罚或变相体罚，造成伤害；(2) 伤害学生的名誉，教师辱骂学生就是伤害学生名誉的一种典型表现；

---

① 蔡汀，王义高，祖晶. 苏霍姆林斯基选集：第5卷 [M]. 北京：教育科学出版社，2001：423.

（3）披露学生的个人隐私，随意开拆、隐匿、毁弃学生的信件，甚至当众扩散学生的信件、日记内容。这些违法行为严重地侵害了学生的权利。学生的人格是受法律保护的，教师应该是遵法、护法的模范，也是向学生进行法治教育的主要工作者。

（二）对学生严慈相济，做学生的良师益友

教师对学生一定要严格要求、严格管理，同时加强正面的教育和引导，这是关爱学生的必然要求。爱和严是相辅相成的：一方面，教师的严格必须以爱为基础，不能让它变成让学生感到害怕、敬而远之的严厉；另一方面，严格又必须对爱有所限制，它要求教师不能完全感情用事，不能对学生溺爱和放纵。严格要求本身就是一种对学生充满责任感和理智感的无比深沉的爱。

1. 严而有格

"严"是做事的前提、途径和保障，"格"是做事的准则和方向。学生在学校学习的阶段正处于身心发展的重要时期，学生的发展具有很强的可能性和可塑性，学生的思想、行为很容易受到外部因素的影响。因此，教师在对学生的管理、教育、教学过程中应该做到严而有格。此"格"就是一定的原则，既要给学生指出方向，又要给学生提出具体的要求。没有规矩，不成方圆。没有规则的约束，学生的行为就会陷入混乱。规则可以让教师做到有法可依、有章可循。可以让学生充分参与到班级规章制度制定的过程中，调动好学生的积极性，发挥好学生的聪明才智。这样可以增强学生对制度的认同感，尽快统一认识，方便实施。当然，教师的严格只是教育、教学过程中的外因，起决定性作用的还是学生本身，毕竟"严家有好儿"才能"严师出高徒"。教师在严格之余，更应该使"严"成为一种态度、一种智慧、一种情怀、一种精神。

2. 严而有度

教师爱生是教育好学生的先决条件，寓爱于严，严而有度，更是一条重要的教育原则。实践证明，有要求才有教育，要教育就必须有所要求。当然，严格要求并不是单方面针对学生的，它应该成为师生的共同标准。如果处于主导地位的教师只是单方面严格要求学生而无视自己的平庸，那么教师就不能给学生树立表率。有一些教师对"严格"一词缺乏正确的理解，他们甚至把教师的"厉害"当作严格，常常对学生严而无度，甚至把违纪违规的学生视为管制对象，对学生动辄以简单、粗暴的手段加以惩罚。比如，有的学生在课堂上回答不出问题，教师便马上瞪眼睛、吹胡子，又是批评，又是训斥；学生上课、来校迟到或缺课，教师不去了解原因，却一味责怪；有个别教师发现男、女生有书信和纸条往来，便怒火中烧，公开讽刺；还有的教师发现个别学生缺交或抄袭作业，除训斥、谩骂之外，甚至还要求其家长前来陪着孩子一起"受训"；更有甚者对学生直接进行体罚或变相体罚；等等。教师的这些做法不仅不能教育好、培养好学生，而且会使学生纯洁的心灵受到严重的伤害，即使学生表面上"就范"，显示出一点"效果"，但它却是极为短暂的。一旦外在"权压"因素消失，那么学生因人格受到侮辱、自尊心遭到挫伤而从内心对教师滋生的对立情绪，会长期成为师生感情联络中的屏障，从而导致师生的共同教学活动失去感情基础，缺少合力，最终使教师的教育工作受到挫折。所以，对学生寓爱于严、严而有度是一项重要的教育原则，违背这一原则，就会使教师的工作黯然失色；遵循这一原则，教师就能卓有成效地使自己的教育教学达到较高的水平。

3. 严而有方

教师对学生批评教育要讲究方法，要重在"疏导"。"疏"意味着要允许学生讲话，不要用"抓辫子""扣帽子""打棍子"的办法来堵塞言路。"导"则是通过摆事实、讲道理来引导学生。无论是"疏"还是"导"，都是为了使学生沿着正确的方向发展。实践证明，动辄责骂、训斥、挖苦学生，甚至侮辱其人格的做法，只会加剧师生之间的对立，导致学生自暴自弃，甚至产生"破罐子破摔"的心态。心理学的研究表明，教师这种千篇一律的粗暴的批评方式，会使学生的情感变得迟钝。因此，教师在教育学生的时候要讲究艺术性。

教师都有把学生培养成优秀人才的良好愿望，但实际的工作效果往往出现"有心栽花，花不开"的情况。这些教师虽然工作很努力，成天围着学生转，付出了很大的精力，但也只是"事倍功半"。可见良好的愿望并不能代替良好的工作效果，甚至事与愿违，究其原因，就是教师的工作方法出现了问题。因此，教师在教育工作中必须讲究一定的科学方法，做到严而有方至关重要。学生有自己的思想和行为特点，这就要求教师要注意探究学生的特点，采用适当的手段和方法进行有效的教育。

教师在教育过程中，应注意下列几点。（1）对待学生一视同仁。学生在接受教育和知识的过程中是平等的，或者说每一位学生在人格上是平等的。因此，教师对优秀的学生要爱，对后进的学生也要爱，不能亲一个疏一个。（2）以身则则。教师的一言一行、一举一动都会对学生产生耳濡目染、潜移默化的深刻影响，积极的榜样作用是无穷的。因此，教师要为人师表、严于律己、率先垂范。（3）奖惩分明。奖惩分明是对学生教育的必要方式。奖励是教师常用的工作方法，而惩罚应是教师工作的辅助方法。（4）善于赞扬。教师工作中激励手段的运用十分重要。在运用这一手段时，要让期望成为激励学生的积极因素，要使赞扬成为激励学生的重要手段，要把情感作为激励学生的一种力量。教师不仅要对学生的优点给予肯定，而且要重视学生的点滴进步，并及时鼓励，使之强化。

4. 严而有恒

教师要有持之以恒的意志力，这不仅是教师工作的需要，而且是教育影响学生的重要因素。教师工作有头无尾、朝令夕改、有要求无检查，都是缺乏意志力的表现，都会导致教育工作的失败。教师工作千头万绪，学校的事务又汇集到教师身上，学生还常常出现一些意想不到的事情，这就使教师工作有时"忙不胜忙"。所以，要使学生在平时养成良好的习惯，教师工作就必须持之以恒、常抓不懈。在大量繁杂的工作中，教师要善于协调，就如"十指弹钢琴"一样，有条不紊，不漏掉对任何一项要求的落实检查。教师对工作持之以恒的态度，本身就具有教育意义，对学生养成做事认真、一丝不苟的习惯有很大的帮助，在无形中培养了学生将来对待工作认真负责的态度。

（三）保护学生安全，关心学生健康，维护学生权益

教师要引导学生认识生命、珍惜生命、尊重生命和热爱生命，促进学生健康成长，增强学生的生命意识。《中华人民共和国未成年人保护法》第六条规定："保护未成年人，是国家机关、武装力量、政党、人民团体、企业事业单位、社会组织、城乡基层群众性自治组织、未成年人的监护人以及其他成年人的共同责任。国家、社会、学校和家庭应当教育和帮助未成年人维护自身合法权益，增强自我保护的意识和能力。"在突如其来灾害面前，教师有义务保护每一名在校学生，这种规定是符合职业要求的。"保护学生安全"不仅仅是保护学生的生命安全，还包括在学习、活动中保护学生不受不良思想的侵蚀，不受恶势力的侵害等。教师如果看到学生有危险却不肯施以援手，那也就谈不上关爱学生。保护学生安全是教师义不容辞的责任，也是对教师关爱之心是否真诚的一种考验。当灾难来临时，真正关爱学生的教师绝对不会抛弃学生独自逃生。教师们要本着关爱之心，时时处处提醒学生注意安全，做到防患于未然。如果遇到火灾、洪水、地震等紧急情况，教师首先要疏散、保护学生，做到学生利益优先。

教师不仅要关心学生的人身安全，还要关心学生的心理健康。近年来学生心理问题异常突出，一方面是由于传统教育对于学生心理健康教育的重视不足，另一方面与学生所处的时代环境密切相关。现阶段，我国很多学校已经采取一定的措施，作了不少的工作，如在学校里设立心理咨询室帮助有需要的学生等。但由于很多有心理健康问题的学生羞于表达自己的问题，所以仅仅是设立心理咨询室等待有问题学生主动求助是不够的。现代心理健康教育强调预防性与发展性，除了具有治疗性的个别心理咨询外，学校还应面向全体学生进行心理辅导，增设心理辅导的课程，帮助学生正确面对压力，采取积极的方式去应对，以达到预防心理疾病、发展健全人格的目的。教师要引导学生去认识生命的尊严，理解生命的价值，但一定要避免空洞的说教，要研究如何以教学为依托，有效落实心理健康教育。中小学要努力营造心理健康教育的氛围，让每个学生都能够体验生命、感悟生命。

教师还要帮助学生明确自己的权利和义务，教育学生正确行使权利、自觉履行义务，并且在学生的合法权益受到侵犯时主动维护学生的合法权益。

（四）不讽刺、挖苦、歧视学生，不体罚或变相体罚学生

习近平总书记在与北京师范大学师生代表座谈时说："好老师一定要平等对待每一个学生，尊重学生的个性，理解学生的情感，包容学生的缺点和不足，善于发现每一个学生的长处和闪光点，让所有学生都成长为有用之才。"[1]教师关爱学习成绩好、表现好的学生容易，而关爱学习成绩差、表现差的学生较难。每个学生都有优点和长处，教师一定要做到充分发挥每个学生的优点和长处，让每个学生都能成为对社会有用的人才。教师可以采用"角色互换"的方式，把自己摆在学生的位置，体验学生的心理，理解学生的各种思

---

[1] 教育部课题组. 深入学习习近平关于教育的重要论述[M]. 北京：人民出版社，2019：137.

想。时刻不忘记自己也曾经是学生，自己也曾经不成熟、很幼稚，也犯过错误。只有多换位思考，教师才能够采取学生能够理解、接受的方式去对待学生，同时对学生产生良好的情感期待。

教师在学生心目中的威信是极高的，教师如果常常讽刺、挖苦、歧视学生，容易使学生错误地认为自己这也不好、那也不是，从而丧失了纠正缺点、力求上进的信心。而信心是产生自我教育的动机之一。可见，讽刺、挖苦、歧视不利于培养学生的自我教育能力。教师今天讽刺、挖苦、歧视这个学生，明天又讽刺、挖苦、歧视那个学生，只能降低自己的威信。因为只有被学生爱戴和尊敬的教师，才是有威信的教师。要学生尊师，教师就要爱生，关爱学生是教师树立威信的第一步。讽刺、挖苦、歧视学生是对其心灵、人格的摧残，势必激起学生的反感，不理会或拒绝教师的教育批评，对教师敬而远之，甚至公然对抗。

《中华人民共和国义务教育法》第二十九条规定："教师应当尊重学生的人格，不得歧视学生，不得对学生实施体罚、变相体罚或者其他侮辱人格尊严的行为，不得侵犯学生合法权益。"体罚是指教师以暴力的方法，或以暴力相威胁，或用其他强迫性手段，侵害学生身体健康的行为。体罚现象包括体罚和变相体罚。其中，体罚的常见形式有殴打、捆绑、罚跪、罚站、关禁闭、揪耳朵、打耳光等；变相体罚的常见形式有辱骂、讽刺、挖苦、威胁、侮辱、呵斥、逐出课堂、课后留校、罚抄作业、罚劳动等。体罚除了直接造成学生的身体伤害外，也会在一定程度上对学生造成心理伤害，变相体罚是直接以学生心理上的痛苦体验为基础的。因此，体罚和变相体罚都会对学生的心理健康及其发展产生一定的危害。一方面，体罚使学生对教师和学校缺乏安全感。从心理学的角度来看，对安全感的需求是每个人最基本的心理需求之一，只有心理上有了安全感，大脑才可能愉快地接收其他信息，而体罚是对学生安全感的严重威胁。因此，其后果之一就是使学生对教师产生畏惧感，进而导致精神上的紧张不安、忧虑、焦躁。另一方面，体罚和变相体罚会严重挫伤学生的自尊心。中小学生虽然年龄尚小，但他们也有人格尊严，也有要求别人尊重自己的需求。而体罚和变相体罚使学生在全班同学面前当众受辱，是一种严重伤害学生自尊心、侮辱学生人格的行为。教师要彻底摒弃传统的专制式教育，建立一种科学、民主、平等的新型师生关系，营造宽松和谐、生动活泼的教育环境和氛围。

本章小结

"爱国守法"就是要求教师热爱祖国、遵纪守法。热爱祖国是每位教师的神圣职责和义务。一名合格的教师不但要具备一般公民的道德素质，而且要成为践行社会主义核心价值观的表率。因此，"爱国守法"是教师职业的基本要求，是社会对教师的要求，更是"教书育人"对教师的要求。"爱岗敬业"突出"责任"对教师的特殊重要性。"爱岗敬业"就是要求教师对教育事业具有强烈的责任感和深厚的情感。教师承担着为社会主义建设事业培养人才的责任，没有责任就办不好教育，没有情感就做不好教育工作。责任对于教师职业具有特殊重要的意义。教师要始终牢记自己的职责，把个人的成长进步同社会主义伟大事业、同祖国的繁荣富强紧密联系在一起。"关爱学生"就是要求教师关心、爱护学生，诲人不倦。教师要做到能爱、善爱，用行动去播撒爱，用爱去培育心灵；保护学生安全，关心学生身心健康，维护学生权益。

真题自测

【2.1】（　　）是教师职业的本质要求。没有责任就办不好教育，没有感情就做不好教育工作。教师要始终牢记自己的神圣职责，志存高远，把个人的成长进步同社会主义伟大事业、同祖国的繁荣富强紧密联系在一起，并在深刻的社会变革和丰富的教育实践中履行自己的光荣职责。

A．爱国守法　　　B．爱岗敬业　　　C．教书育人　　　D．关心集体

【2.2】（　　）是师德的灵魂。没有爱就没有教育。教师必须关心爱护全体学生，尊重学生人格，平等公正对待学生。对学生严慈相济，做学生的良师益友。保护学生安全，关心学生健康，维护学生权益。

A．关爱学生　　　B．爱岗敬业　　　C．教书育人　　　D．关心集体

【2.3】材料分析题

材料：

莉莉是进城务工人员子弟，一直在班上借读。订教材时，考虑到家里的经济条件以及马上要转回老家读书的实际情况，我没有为她订新教材，而是帮她找了一套用过的教材。有几个同学看到她的教材，不禁问道："怎么新书上写了这么多字？""你的教材怎么是旧的？"她也以为是我弄错了，跑过来换新教材，我没多想，就当着大家的面讲明了原委。她嘟囔了几句，用力把教材扔进了课桌。我心里有一丝不高兴，但也没计较。没想到，下课后，她气冲冲地来到我的办公室，当着许多同事的面，把教材甩到了我的办公桌上，并说道："我不要你的怜悯！"我非常尴尬，一气之下，说了她"不仅不知恩图报，还不知好歹"一类的话。她当即哭了，一口咬定我歧视她，嫌弃她是农村来的，是在想方设法赶她走。（摘自一位中学教师的教学札记）

问题：

请从教师职业道德的角度，评析材料中"我"的教育行为。

【2.4】材料分析题

材料：

何老师班上的小龙，经常迟到、旷课、不完成作业，还欺负同学。在多次批评教育无效后，何老师决定到他家去一趟，向他父母告状。到小龙家时，何老师惊奇地发现他正在做家务。见到何老师，小龙吃了一惊，但还是喊了一声"老师好"后跑回屋里。同小龙父母交谈后，何老师了解到小龙家庭贫困，父母每天早出晚归，疏于教导，让孩子养成了一些坏习惯。但这孩子在家还挺懂事，也能帮忙干活。于是，何老师把本来要告状的话收了

回来。第二天，何老师在班上表扬小龙懂礼貌，见到老师主动问好，在家能做家务，希望同学们能向小龙学习。接下来，老师安排小龙负责班级卫生工作，并对他的尽职尽责及时予以表扬。没过多久，小龙在课堂上认真多了，同学关系也融洽了，还成为了老师的得力助手。

问题：
请从教师职业道德的角度，评析何老师的教育行为。

推荐阅读

1. 唐凯麟，刘铁芳. 教师成长与师德修养［M］. 北京：教育科学出版社，2007.

2. 檀传宝. 走进新师德：师德现状与教师专业道德建设研究［M］. 北京：北京师范大学出版社，2009.

3. 教育部教师工作司. 为了未来：教师职业道德读本（中小学教师分册）［M］. 北京：高等教育出版社，2013.

4. 苏霍姆林斯基. 给教师的一百条建议［M］. 北京：教育科学出版社，1984.

5. 许映建，陈玉祥. 教师职业道德与教育法规教程［M］. 南京：南京大学出版社，2021.

第三章 教师职业道德规范（下）

☞ **学完本章，应该做到：**
- 识记教书育人的具体要求。
- 明确教书育人是教师的基本职责。
- 掌握为人师表是教师职业的内在要求。
- 理解终身学习是教师专业发展的动力。

☞ **学习引导：**

本章按"教书育人"是教师的基本职责，"为人师表"是教师职业的内在要求，"终身学习"是教师专业发展的动力这三条主线展开。学习"教书育人"这一节，抓住教书育人是党和人民赋予教师的神圣使命；教书是手段，育人是目的，教书与育人是有机统一的关系。为人师表是指教师应该在各个方面以身作则，成为学生学习的表率。为人师表最根本的要求就是"言行一致、表里如一、严于律己、以身作则"。终身学习是职业道德对教师的要求，教师应树立终身学习的理念，不断地学习新知识，才能够促进自身专业的持续发展。

☞ **本章知识导图**

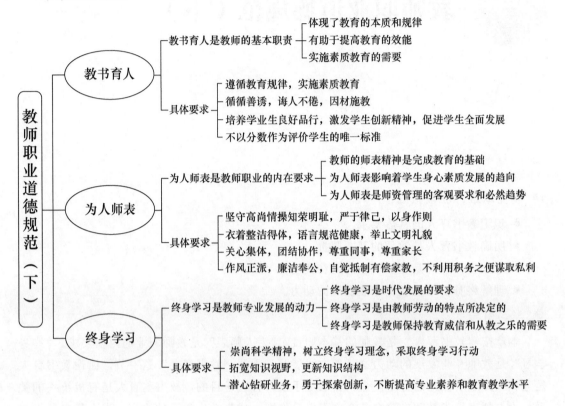

【引子】

建设社会主义现代化强国，对教师队伍建设提出新的更高要求

2018年9月10日，全国教育大会在北京召开。中共中央总书记、国家主席、中央军委主席习近平出席会议并发表重要讲话。

习近平在讲话中指出，要努力构建德智体美劳全面培养的教育体系，形成更高水平的人才培养体系。要把立德树人融入思想道德教育、文化知识教育、社会实践教育各环节，贯穿基础教育、职业教育、高等教育各领域，学科体系、教学体系、教材体系、管理体系要围绕这个目标来设计，教师要围绕这个目标来教，学生要围绕这个目标来学。凡是不利于实现这个目标的做法都要坚决改过来。

习近平强调，建设社会主义现代化强国，对教师队伍建设提出新的更高要求，也对全党全社会尊师重教提出新的更高要求。人民教师无上光荣，每个教师都要珍惜这份光荣，爱惜这份职业，严格要求自己，不断完善自己。做老师就要执着于教书育人，有热爱教育的定力、淡泊名利的坚守。随着办学条件不断改善，教育投入要更多向教师倾斜，不断提高教师待遇，让广大教师安心从教、热心从教。对教师队伍中存在的问题，要坚决依法依纪予以严惩。

习近平总书记在全国教育大会上的重要讲话强调，建设社会主义现代化强国，对教师队伍建设提出新的更高要求，每个教师要执着于教书育人，严格要求自己，不断完善自己，做新时代人民满意的好教师。为此，我们必须以习近平总书记的重要讲话精神为指导，遵守《中小学教师职业道德规范》的基本要求，争做教书育人、为人师表、终身学习的楷模。

第一节 教书育人：教师的基本职责

教书育人是指学校教师在教学过程中向学生传授知识、技能的同时，自觉地对学生进行思想品德教育，提高学生的思想道德素质，促进学生的全面发展。社会主义教育的根本任务是培养德智体美劳全面发展的社会主义建设者和接班人。苏联教育家苏霍姆林斯基提出：智育是一个很复杂的过程，它包括形成世界观的信念，形成智慧的思想方向性和创造方向性，它与个人的劳动、社会积极性紧密地联系着，从而又把学校内的教学教育工作跟社会生活和谐地结合在一起。[1] 他在《给教师的建议》中指出：我们每一位教师都不是教育思想的抽象体现者，而是活生生的个性，他不仅帮助学生认识世界，而且帮助学生认识

---

[1] 蔡汀，王义高，祖晶. 苏霍姆林斯基选集：第1卷［M］. 北京：教育科学出版社，2001：118.

自己本身。① 我国社会主义教育把受教育者德智体美劳全面发展作为衡量一个学校办学质量的基本标准，作为教育改革必须遵循的方向，作为教师的神圣职责。教书育人是教师职业道德的重要规范，它集中概括了教师劳动的基本内容和教师应尽的最基本的道德义务。能否自觉地做到教书育人，是衡量教师道德水准高低的重要标志。

一、教书育人是教师的基本职责

（一）教书育人体现了教育的本质和规律

教育是一种社会现象，是一种培养人的活动。所谓培养人，不是对人某一方面的培养，而是对人的全面培养，使受教育者德智体美劳全面发展。古今中外许多思想家、教育家对教育本质的认识和理解有所不同，但在这一点是基本相同的。我国东汉的许慎在《说文解字》中说，"教，上所施下所效也""育，养子使作善也"。美国教育家杜威更加广义地认为，"教育就是生活、生长和经验改造"，强调教育不仅要培养受教育者的"智"，也要培养受教育者的"德"。② 我国的教育目的也体现了教育的本质思想，《中华人民共和国教师法》第三条明确规定："教师是履行教育教学职责的专业人员，承担教书育人，培养社会主义事业建设者和接班人、提高民族素质的使命。"从我国的教育目的和法律规定看，教书育人是教师的基本职责。当然，在具体实施教育的过程中，按照分工不同，一些教师主要进行知识技能教育，一些教师主要进行思想品德教育。不同方面的教育内容有着内在的联系，在对学生进行思想品德教育时，离不开一定的知识技能基础；同时，在对学生进行知识技能教育时，也会对学生的思想品德产生一定的影响。因为任何传授知识、技能的行为都与特定的社会、时代以及教育者、受教育者相联系，都可以反映不同的世界观和方法论，从而对学生思想品德的形成产生影响。所以，"教书"的过程通常直接或间接、有意或无意地包含着"育人"的内容。教师要主动地用积极的思想去影响学生，避免在"教书"中存在"育人"的被动性、盲目性，从而误导了学生。

（二）教书育人有助于提高教育的效能

从教育经济学的观点看，教育过程也可以看作一个投入产出的过程，教师应该最大限度地开发和利用各种教育资源，提高教育效能。知识、技能的传授过程实际上蕴藏着许多可以进行思想品德教育的资源。比如，教师在对一些科学概念、原理、规律进行分析、解释时，可以贯穿科学的世界观和方法论的影响；可以见"物"，也可以见"人"，因为任何科学技术的发明都离不开具体的人、具体的历史条件和社会背景。因而，教师在对学生传授知识、技能的同时，可以进行思想、品德、情感、社会、历史等方面的教育。至于教师本人的教学态度、工作作风，甚至仪表风度、言谈举止等，更是对学生的思想品德和人格发展有着直接影响。因此，从教育经济学的观点看，教书育人有助于有效地开发和利用智育中的德育资源，提高教育效能。同时，由于教书育人是寓德育于智育之中，是通过潜移

---

① 苏霍姆林斯基. 给教师的建议 [M]. 2版. 杜殿坤，编译. 北京：教育科学出版社，1984：422.
② 杜威. 民主主义与教育 [M]. 王承绪，译. 北京：人民出版社，2001：14.

默化的形式对学生进行教育，因而更容易被学生理解和接受，更容易产生教育效果。专门的德育具有理论化、系统化、专业化的特点，教书育人则具有渗透性、针对性、灵活性的特点，两者不可替代，却可以互相补充和完善。

（三）教书育人是实施素质教育的需要

素质教育是以提高学生德智体美劳全方面的素质为目标的教育实践，实施素质教育已经成为教育界和全社会的共识。在我国教育目的实践中，多年来一直存在的最大顽疾就是基础教育中的片面追求升学率的倾向。这一倾向导致中小学教育在很大程度上变异为应试教育，严重偏离了教育的基本精神，损害了学生的健康、全面发展。出于提高民族素质和国家创新能力的迫切要求，我国在基础教育中开展了一场声势浩大的以全面贯彻教育方针和全面落实教育目的为主的素质教育运动。经过多年努力，素质教育的理念和价值取向已被越来越多的人所理解，并对教育产生了积极的作用。要真正实施素质教育，真正使受教育者的综合素质得到全面、和谐、个性化的培养和提高，教师就必须在学校教育中真正做到既教书又育人。

二、教书育人的具体要求

教师重要，就在于教师的工作是塑造灵魂、塑造生命、塑造人的工作。一个人遇到好老师是人生的幸运，一个学校拥有好老师是学校的光荣，一个民族源源不断涌现出一批又一批好老师则是民族的希望。[①]"教书育人"是党和人民赋予教师的神圣使命；教书是手段，育人是目的，教书与育人是有机统一的关系。任何只教不育、重教轻育，割裂教书与育人的教学思想都是错误的。教师应加强修养，树立以德立教、寓德于教的思想，自觉和科学地履行教书育人的职责，为国家和人民培养德智体美劳全面发展的社会主义建设者和接班人，这样才无愧于"人类灵魂的工程师"的光荣称号。

（一）遵循教育规律，实施素质教育

1. 遵循教育规律

教书育人是一门学问、一门艺术。教师是否卓有成效地教书育人，关键在于能否按教育规律办事。毛泽东说："不论做什么事，不懂得那件事的情形，它的性质，它和它以外的事情的关联，就不知道那件事的规律，就不知道如何去做，就不能做好那件事。"[②] 教师所从事的教育工作也有它自身固有的特殊规律。教师能了解和掌握这些规律，并灵活地运用这些规律，其教育教学活动就会收到良好的效果；反之，如果一个教师不懂教育规律，他在教育教学过程中的一些做法就会违反教育规律，其效果自然不会好。有些教师每天忙忙碌碌，看似很辛苦，可是教育的效果却并不理想，其中一个很重要的原因就是这些教师还没有掌握教育规律。相反，许多优秀的教师正是遵循并灵活运用了教育规律去教书育

---

① 教育部课题组. 深入学习习近平关于教育的重要论述 [M]. 北京：人民出版社，2019：129.
② 毛泽东. 毛泽东选集：第一卷 [M]. 北京：人民教育出版社，1991：171.

人,从而能够在教育工作中取得显著的成绩。因此,遵循教育规律是教师做好教书育人工作的重要保证。

第一,教师要了解教育的普遍规律和基本理论,成为一个懂得教育规律的教育内行,而非教育的门外汉。人们在长期的教育实践中已经探索出一些基本规律,这些规律分为若干不同的层次。例如,教育由一定的社会经济基础、政治制度所决定,又反过来为一定社会的经济基础、政治制度服务。教育的发展受社会生产力发展水平的影响与制约,同时,教育也对生产力的提升发挥着促进作用。在诸多影响个体身心发展的因素中,教育占据着主导性地位,对受教育者的身心成长具有引领和指导作用。然而,学习活动的有效性与进程,又必须遵循受教育者的身心发展规律。这些教育的基本规律对属于教育范畴的各项活动都起到了指导、制约的作用。教学工作、思想政治教育工作作为学校教育的重要组成部分,一方面要受上述教育基本规律的指导,另一方面它们各有自己的规律。以教学为例,它至少有这样一些规律:教学是一种特殊的认识过程,即在教学过程中,学生智力和非智力因素以及身体素质都会因教学过程的具体实施情况而受到这样或那样的影响;教学过程是一个由教师的"教"和学生的"学"构成的互相联系、互相制约、互相影响的过程等。上述这些理论,在很多教育科学论著中均有详细论述,教师应该认真学习和掌握教育领域的各种理论,并将其作为自己教育教学实践活动的指南。

第二,教师要善于把教育的一般规律和原则与自己的具体教育实践紧密结合起来,把对教育规律的认识转化为教书育人的实际能力和工作艺术。例如,教师在对学生进行思想教育的时候,要先了解当代学生的生理、心理和思想发展变化规律,把握他们的思想脉搏,熟悉当代学生思想教育工作的方法和艺术,采取丰富多彩的、学生喜闻乐见的教育方式,寓教于乐,这样才能够取得良好的教育效果。任何教育规律都是人们在教育实践中潜心研究、反复总结经验教训后探索出来的。因此,教师一方面要学习和掌握人们已经总结出来的教育规律,同时也要注意在自己的教育教学实践中进一步探索出新的规律和方法。随着教育改革的深入,教育教学中也必然会出现一些新情况、新问题,这就更需要教师结合新的教育形式和新的教育实践,积极对新的教育规律进行探索和研究。总之,教师只有成为教育规律的学习者、运用者和探索者,才能成为一名真正意义上的教育工作者,才能真正履行好教书育人的神圣职责。正如《礼记·学记》所言:"君子既知教之所由兴,又知教之所由废,然后可以为师也。"

2. 实施素质教育

实施素质教育是提高我国民族素质,实现社会主义现代化的内在需要,是我国教育改革与发展的必然趋向。社会经济的发展必然会对学校教育培养的人才的数量、质量、结构等提出要求,这种内在要求的变化必然会引起整个教育体系的调整与改革,进而对传统的应试教育体系进行调整。事实上,传统的应试教育体系的弊端已经表现得越来越明显。所以,实现由应试教育到素质教育的转变是我国经济发展的客观要求。素质教育不是无本之木、无源之水,它是我国长期以来进行的基础教育改革研究的结晶。以今天的观点来看,历史上几乎所有成功的教育改革都是指向素质教育的,甚至我国古代许多著名的教育理论，如"举一反三""有教无类""因材施教"等都可以看作朴素的素质教育。正因为素质教育在我国有着如此深厚的基础，所以，从1999年《中共中央、国务院关于深化教育改革全面推进素质教育的决定》出台以来，素质教育已成为一种政府行为，由国家教育部门以各种方式积极地加以推动，日益显示出它对教育改革与发展的重要意义。

《中华人民共和国义务教育法》第三条明确规定："义务教育必须贯彻国家的教育方针，实施素质教育，提高教育质量，使适龄儿童、少年在品德、智力、体质等方面全面发展，为培养有理想、有道德、有文化、有纪律的社会主义建设者和接班人奠定基础。"《中华人民共和国教育法》第五条明确规定："教育必须为社会主义现代化建设服务、为人民服务，必须与生产劳动和社会实践相结合，培养德智体美劳全面发展的社会主义建设者和接班人。"《中共中央、国务院关于深化教育改革全面推进素质教育的决定》提出实施素质教育应当贯穿于幼儿教育、中小学教育、职业教育、成人教育、高等教育等各级各类教育，应当贯穿于学校教育、家庭教育和社会教育等各个方面。在不同阶段和不同方面应当有不同的内容和重点，相互配合，全面推进。实施素质教育，必须把德育、智育、体育、美育等有机地统一在教育活动的各个环节中。学校教育不仅要抓好智育，更要重视德育，还要加强体育、美育、劳动技术教育和社会实践，使诸方面教育相互渗透、协调发展，促进学生的全面发展和健康成长。这些法律或决定对于在全国范围内全面实施与开展素质教育具有重要的意义。

素质教育与应试教育具有以下明显区别：

在教育目的上，素质教育旨在追求学生德智体美劳全面发展；应试教育则片面追求升学率，教师为应付考试而教，学生为应付考试而学。

在教育对象上，素质教育强调面向全体学生，面向每一位未来的国民；应试教育则把关注的目光放在少数成绩比较优秀的学生身上。

在教育内容上，素质教育重视德智体美劳全面教育的有机结合；应试教育只重视智育，片面强调对知识的传授和学习，忽视对学生能力和品德的培养。

在教育方法上，素质教育强调教师要发扬创新精神，要从学生的学习实际出发设计启发式的、以学生为中心的教育教学活动；而应试教育让学生跟着考试这根指挥棒走，在教学方法上以"教师灌输、说教，学生被动接受"为基本特征。

在教育评价上，素质教育要求从德智体美劳全方位综合评价学生；应试教育则把考试作为唯一的评价方法，将分数作为评价学生的唯一标准。

在教育结果上，素质教育"不求个个升学，但求人人成功"，重视每个学生全面发展；应试教育则只重视少数成绩好的学生，而多数学生的发展被忽视。

从上述比较中可以看出，正是因为应试教育存在众多负面因素，才促使素质教育的理念形成并推动了其实践探索。事实上，要真正推行素质教育，使其由理念和口号转变成实际的教育行为和教育结果，绝非一朝一夕之事，也不是一人一己之功，而是需要全社会的共同努力。

(二) 循循善诱，诲人不倦，因材施教

1. 循循善诱

《礼记·学记》中有："善学者师逸而功倍，又从而庸之。不善学者师勤而功半，又从而怨之。"使学生成为"善学者"是教师的心愿，要实现这个心愿就要指导学生掌握科学的学习方法，而方法的指导不在于全盘授予，而在于相机诱导。教师要发挥情感的激励作用，运用多种方法激发学生的学习兴趣，调动学生学习的积极性。在传统的教学中，教师将"学生害怕自己"视为正常现象，甚至到处炫耀，他们认为"学生不怕老师，就不会听老师的话"。殊不知这样的师生关系势必会压制学生学习的主动性和积极性，会压制学生的创造精神，最终会影响学生的健康成长。对于学生的负担，人们往往只看到学习负担，而忽视了精神负担。教师要爱护、信任、尊重学生，要建立民主、平等、友好、合作的师生关系。当学生被教师信任和喜爱的要求得到满足时，便会对教师和集体产生亲切感与依恋感，产生一种不努力学习、不遵守纪律就对不起教师和集体的责任感与道德感。这就要求教师在指导学生学习的过程中，要加强情感投入和人际影响，善于把信任和尊重注入学生的心扉，以心换心，以情换情，从而优化教育方法，实现提高学生学习效率的目的。

2. 诲人不倦

诲人不倦要求教师在教育教学活动中要做到忠于职守、勤于执教。孔子不仅强调教师要"学而不厌""不耻下问"，不断提高自己的人格修养和学识水平，更强调教师要"诲人不倦"，始终保持良好的工作态度和工作热情。从这两条教师道德规范的联系来看，教师掌握渊博知识的主要目的是把教书育人的工作做好，促进学生的健康成长和全面发展。因此，对于教师来说，"诲人不倦"是比"学而不厌"更高一个层次的道德要求，也是教师正确处理自身与教育劳动关系的一个关键所在。如果一名教师学识丰富，但并不热心教学，缺乏责任心，工作马马虎虎，那么他的学问再好，也不会给学生、给教育事业带来多少好处。王安石说："故为师者不烦，而学者有得也。"可见，教师的道德责任并不单单在于勤奋钻研学问，获取知识，更重要的是在认真施教的过程中，把自己所获得的知识传授给学生。教师要真正做好日常的教育教学工作，需要付出很大的精力、体力。然而，正是这些平凡的教育教学工作一点一滴地影响着学生。因此，一名教师在教育教学中能否做到"诲人不倦"，最能反映其师德水平。

3. 因材施教

所谓因材施教，是指教师要从学生的实际出发，依据学生的年龄特征和个体差异，有针对性地进行教育教学。不同的学生，因遗传、环境和教育等因素的影响，其能力、情感、意志、性格等方面都表现出不同的特点。他们对某一门学科知识的兴趣和接受能力会有很大的差异。因此，教师如果按照统一的要求和进度进行教学，就无法让每个学生都得到充分的发展。教师应该在统一要求的基础上，结合学生的个性、特点和发展倾向而因材施教。

教师要做到因材施教,在教育教学过程中不仅要促进学生的全面发展,而且也应该促进学生的特长发展。全面发展强调的是人的基本素质要素的各个方面都必须获得一定的发展,缺一不可,否则就是片面、畸形的发展;特长发展强调的是以个人特点为基础的独创性的发展,否则教育所培养的就可能是缺乏个性的人。

教师一定要从思想上明确因材施教的重要性和必要性,并在自己的教育教学实践中努力做到因材施教,特别是要做好学业不佳学生的因材施教。

(三)培养学生良好品行,激发学生创新精神,促进学生全面发展

1. 促进学生全面发展是教书育人的出发点和归宿

人的全面发展就是指人的素质的多方面、多层次和多样化的发展。促进学生全面发展是全部教育工作追求的目标。每一位教师都必须关心学生的全面发展,以把学生培养成为德智体美劳全面发展的社会主义建设者和接班人作为自己一切工作的出发点和归宿,只有这样才算尽到了教书育人的职责。教师如果失去这个出发点和归宿,就有可能背离教书育人的道德要求。比如,有的教师只关心学生的学习成绩,而不关心学生的思想状况、道德品质、身体状况、心理健康,不重视对学生审美情趣和各种能力的培养,这样的教师就不能说他很好地履行了教书育人的职责。学生的德智体美劳等方面是相互联系、相互影响的,教育中的各项分工、各门学科也是相互影响的,每位教师都可以在自己的工作岗位上影响学生的各个方面。要促进学生全面发展,教师就必须正确理解和处理体力劳动与脑力劳动的关系、德与才的关系、博与专的关系、知识与能力的关系,促使学生的身体、精神、心智和能力等方面得到全面而协调的发展。而当教师将"学习好"与"好学生"等同起来时,当教师对"劳动好"的学生漠然视之时,当教师对某一方面有不足的学生流露出否定的眼神时,其所作所为已与促进学生全面发展的教育理念南辕北辙。

2. 培养学生的良好品行是教书育人的道德责任

要促进学生全面发展,教师首先就必须重视学生良好品行的培养。在全面发展所强调的德智体美劳诸育中,德育是最重要的方面,是人才素质的灵魂。缺失了"德",就根本谈不上人的全面发展。如前所述,教书育人是教师的基本职责,而所谓"育人"主要就是指培养学生的良好品行。因此,培养学生的良好品行成为教师的一项重要责任。有的教师受社会上"重智轻德"观念的影响,只注重"教书"而忽视"育人",只关注学生的学习成绩而忽视学生的人格品质;也有的教师认为育人是专职的德育教师、班主任、辅导员、党组织或团组织的事情,自己是专职教学的教师,只要教好自己这门课就可以了,至于学生的思想、品德、人际关系、心理状态等方面的问题和自己没有什么关系。这些观点和做法都是错误的。教书育人是对所有教师的道德要求,而不是只针对德育教师或班主任的要求。事实上,各科教师均担负着教书育人的双重责任,即各科教师在向学生传授所教课程的科学文化知识的同时,还承担着对学生的世界观、人生观、价值观和道德观方面进行正确引导和积极影响的育人责任。就育人责任而言,各科教师不仅有责任以自己在教育教学工作中表现出来的认真、严谨、求实、负责、公正等良好的

工作态度和工作作风直接影响学生的思想品德，还可以结合某些教学内容对学生进行思想教育。在与学生的日常接触中，教师也应抓住这些非正式的零散的教育机会，给学生以正面、积极的影响。学生在平时和教师接触时，依然具有"向师性"，依然会受到教师的潜移默化的影响。学生去拜访教师，也是希望能从教师那里获得点什么。特别是当学生带着问题求教教师时，教师应该抓住这样的机会，在学习、思想、心理、生活等方面给予学生热心的帮助、正确的引导、积极的鼓励或严肃的批评。苏霍姆林斯基在《给教师的建议》一书中说："每一位教师不仅是教书者，而且是教育者。由于教师和学生集体在精神上的一致性，教学不是单单归结为传授知识，而是表现为多方面的关系。"①

3. 激发学生创新精神是教书育人的时代要求

习近平总书记在全国教育大会上强调，广大教师要做学生锤炼品格的引路人，学习知识的引路人，创新思维的引路人，奉献祖国的引路人。② 在"大众创业，万众创新"，建设创新型国家，继续培养创新型人才的当代社会，激发和培养学生创新精神就必然成为当代社会教师职业道德的重要内容。所谓创新精神，是一种勇于抛弃旧思想、旧事物，创立新思想、新事物的精神；是教学创新活动必须具备的一种心理特征，包括创新意识、创新兴趣和热情、创新胆量和勇气、创新决心和意志以及相关的思维活动等。比如，不满足现有的生活、生产方式，根据实际需要，不断进行革新；不墨守成规，敢于打破原有的条条框框，探索新的规律和新的方法；不迷信书本、权威，敢于根据事实和自己的思考，质疑书本和权威；不盲目效仿别人的想法、做法，不人云亦云，坚持独立思考，说自己的话，做自己的事；灵活地运用已有知识和能力解决问题等，都是创新精神的具体表现。激发和培养学生的创新精神已经成为当前教育教学改革中的实践主题，因此，教师在教育教学中除了要注意传播知识外，还应着力培养学生的创新意识，激发学生的创新思维，使学生拥有创新的自信心和心理准备。教师要鼓励学生标新立异、大胆思考，不要让学生形成依赖教师给答案、缺乏主动思考的习惯。教师要营造宽松、和谐的创新教育环境，以教育者自身的创新火花点燃学生心中的创新之火。

（四）不以分数作为评价学生的唯一标准

1. 教师要科学评价学生

学生评价是教师工作的又一项重要内容，也是提高班级管理和教育水平的重要手段。从教育评价的角度看，有效的学生评价具有诊断、导向、管理、激励、发展等多种功能。随着人们对学生发展和教育评价认识的深化，有关学生评价的目的、类型、方法及其操作程序处于不断地探索和变化之中。就发展的整体趋向而言，学生评价正在以下几个方面发生着重要变化。

（1）倡导以学生发展为本。传统的学生评价注重评价的竞争、比较、筛选功能，因

---

① 苏霍姆林斯基. 给教师的建议 [M]. 2版. 杜殿坤，编译. 北京：教育科学出版社，1984：422.
② 本书编写组. 习近平总书记教育重要论述讲义 [M]. 北京：高等教育出版社，2020：206.

此往往更多地把关注点集中在学生过去或即时的状况和表现。与此不同，以发展为本的学生评价更加关注学生的内在潜能，着眼于问题的发现与解决，着眼于未来学习的改进与提高。因此，以发展为本的学生评价特别重视评价的动态性、层次性、差异性和多样性。

（2）注重质性评价甚于量性评价。随着量化方法的广泛应用，以学生在练习或考试中所获得的分数来体现学习成绩，已经成为学生评价的一种思维定式，以至于出现了将学生的思想、品行状况转化成分数的做法。鉴于对量性评价的反思，今天的学生评价开始注重建立在观察、访谈等基础上的质性探究方式，突出学生作为完整的、真实的、具有无限生命力的存在体的意义。

（3）重视过程评价甚于结果评价。依据学生既定的选择或表现进行评价，突出的是结果本身，却忽视了学习过程、思维过程和行为动机。然而，今天的学生评价在注重结果评价的同时，开始较多地关注学习过程或行为过程本身。

（4）强调评价的真实性和情境性，注重学生的参与性。为了克服标准化考试的弊端，应倡导以促进学生发展为目的评价。要更多地注重评价的真实性、情境性，注重学生能够做到什么或知道怎么做，强调学生在具体情境中的真实表现，强调他们在具体情境中发现问题、解决问题的综合能力。

（5）强调多元评价。基于对人及其发展潜能的认识的不断深化，特别是多元智力理论的提出及其应用，使得传统的单一性评价正在发生重大改变，注重评价的多种维度、多种方法已成为一种发展趋势。

（6）鼓励评价中的合作行为。即鼓励教师、家长、学生在评价中的全员参与，特别是家长与教师的密切合作，共同关注学生的学习和生活，共同应对学生成长中的各种变化。

2. 教师要用发展的眼光看待学生

学生时期是人生发展中非常重要的一个阶段，作为发展中的人，学生在这个阶段还是动态的、不成熟的。从教育的角度讲，学生是在教育过程中发展起来的，学生的成长需要得到教师的指导。因此，教师要以发展的眼光看待学生，正确对待学生的错误、缺点和不足，允许学生犯错误，给予犯错误的学生改过自新的机会，而不是孤立、静止地看待学生，将犯错误的学生一棍子打死。长期以来，一些教师习惯给一些有学习困难和行为过失的学生贴上"调皮捣蛋""道德败坏"等标签，这都将对学生的身心健康产生不利的影响。

俗话说：人非圣贤，孰能无过。中小学生正处于身心发展的关键时期，是非观念尚未成熟，对事物有不正确的看法是难免的。教师不能因为学生犯错误就把他当作坏学生。实际上，任何一个学生的身上都不同程度地存在着积极因素和消极因素，这两个方面在一定条件下可以相互转化。教师在教育和教学活动中，要坚持用动态发展的观点一分为二地看待学生，既要注意分析他们的消极因素，又要善于发现他们的积极因素。切忌因为学生犯了错误，就认为他一无是处。

每个学生身上都蕴藏着巨大的潜能，都是一片有待开发或进一步开垦的沃土，都存在着一些"不完善性"和大量的"未确定性"。教师应将其视为教育的资源和财富加以开发和利用，通过教育把学生身上存在着的多种潜在发展可能变成现实。

第二节　为人师表：教师职业的内在要求

为人师表是指教师应该在各个方面以身作则，成为学生学习的表率。为人师表不仅仅是指教师在做人和道德上为人师表，而且是在政治态度、思想作风、道德品质、治学精神、行为习惯、仪表风度等各方面都应成为学生的楷模。为人师表最根本的要求就是"言行一致、表里如一、严于律己、以身作则"。教书是教师的天职，而育人则是教师的根本。培养德智体美劳全面发展的社会主义建设者和接班人是当代教师义不容辞的责任。育人崇德，重在身教。教师只有以身立教，才能赢得学生、家长和社会的信任，才无愧于"人类灵魂的工程师"这一光荣称号。古今中外许多有成就的教育家既是以身作则、为人师表的倡导者，又是身体力行的实践者。教师的思想、信念和道德，以及态度、仪表和行为等方面，在教育教学过程中对学生的成长产生着潜移默化的影响。

一、为人师表是教师职业的内在要求

（一）从学校教育的角度看，教师的师表精神是完成教育的基础

教师应在学生中享有崇高的威信，这是成功开展教育活动的必要条件。教师的威信是建立在教师各方面严于律己、率先垂范、以身作则的基础上的。教师是以自己的思想、学识和言行，以自身道德的、人格的、形象的力量，通过示范的方式直接影响学生。教师的师表精神会对学生的心灵产生震撼的力量，而且这种力量的影响是深刻且久远的。教师的理想追求、思想感情、言行举止、气质性格、对工作的态度和业务能力，对学生都具有熏陶诱导和潜移默化的影响。例如，教师在教学过程中所表现出来的对教育事业的热爱，对工作的极大热情，往往如润物的细雨一样不知不觉地注入学生的心灵，可以诱发学生的上进心。教师对学生满腔热情的爱，往往会在教学过程中直接转化为学生对教师的尊敬，产生"向师性"。教师渊博的学识和严谨的治学态度，常常赢得学生的敬佩，成为他们学习的榜样。正因为教育的成功来源于教师的师表行为，所以古今中外的教育家都把师表精神作为教师最重要的品德加以倡导。

（二）从教与学的角度看，为人师表影响着学生身心素质发展的趋向

在学生的心目中，教师是智慧的代表和高尚人格的化身，教师的话就是真理，教师的言行就是道德标准。教师的劳动具有强烈的直观示范性，教师的言行举止对学生有着潜移默化的作用。教师品德高尚、行为正直、仪表大方，有利于塑造学生美好的心灵，有利于全面发展学生的素质。

教师自身素质的高低在某种意义上决定着教育的成败得失。任何教育活动都蕴含着教

师的价值选择和价值预设，教师的价值理念、行为趋势对学生起着价值引导作用和行为规范作用。这种作用具体体现在两个方面：一是启发，教师良好的思想风范、道德情操、行为举止、语言仪表等可以激励、启发、推动学生去效仿；二是控制和调整，学生有了榜样，可以以此为标准，控制和调整自己的言行。

（三）从教育管理的角度看，为人师表是师资管理的客观要求和必然趋势

教育管理的核心问题是加强教师队伍建设，而教师队伍建设的关键是弘扬师表精神。教师的传道、授业、解惑职责中都有师表精神凝聚其中。《礼记·学记》里曾提出"何为教师"的问题，"教也者，长善而救其失者也""师也者，教之以事而喻诸德者也"。教师既要传授文化知识，又要做社会的楷模。我国把培养教师的学校称为"师范院校"。何为"师范"？就是"学高为师，身正为范"。无论在任何时候，教师的思想道德境界和工作生活方式总是既立于世俗，又高于世俗。教师代表着社会美好的未来，体现着人类追求的理想人格。教师这种职业的特点和传统，对师道提出了很高的要求，"尊师"必须先"师尊"，这是教育管理的客观要求。教师职业要成为"太阳底下最光辉的职业"，首先成为教师的这个人就要"光辉"，令人敬佩。师尊的根本在于自尊，只有自尊才能达到尊师。而自尊就是以身作则，为人师表。

二、为人师表的具体要求

（一）坚守高尚情操，知荣明耻，严于律己，以身作则

教师是人类灵魂的工程师，是学生人生追求的引领者、实践体验的组织者、健康成长的服务者、合法权益的维护者和良好成长氛围的营造者。习近平总书记指出，教师的职业特性决定了教师必须是道德高尚的人群。合格的教师首先应该是道德上的合格者，好老师首先应该是以德施教、以德立身的楷模。教师是学生道德修养的镜子。[①] 教师的师德风范对学生的成长有着深刻的影响。师德是教师职业道德的核心部分，师德是为人师表的灵魂，师德修养是教师职业的永恒主题。然而，随着社会的快速发展，教师职业道德建设面临着诸多新的挑战和问题，如师生关系的物质化倾向、学术不端、教师职业倦怠、道德与价值观的多元化冲突等。

教师队伍中出现的这些问题归根结底就是核心价值观的扭曲甚至是丧失。教师担负着教书育人的光荣职责，自身的道德规范和行为准则尤为重要。较之一般人，教师具有"学为人师，行为世范"的准则要求，这就要求教师要德才兼备、以德为先、为人师表、立言立行。因此，用社会主义核心价值观来武装教师头脑，树立正确的世界观、人生观和价值观，是提升教师道德素养，弘扬高尚师德，力行师德规范的重要途径，也是提升师德建设水平的重要方式。

严于律己是指教师在工作中，用教师职业道德规范和行为准则严格约束自己、要求自

---

① 本书编写组. 习近平总书记教育重要论述讲义［M］. 北京：高等教育出版社，2020：210.

己。以身作则是指教师时时处处做好表率，身体力行，强调身教胜于言传，凡是要求学生做到的，自己一定率先做到。教师要成为"大先生"，做学生为学、为事、为人的示范。例如，我们要求学生按时上学、准时上课，我们就应该提前到校，等学生来上课，而不能让学生等我们来上课；我们要求学生要爱护环境卫生、不乱扔纸屑，我们也要遵守。只有这样，我们才能在学生心中树立良好的形象，建立起崇高的威信。正如习近平总书记所讲："自律要严，做到课上课下一致、网上网下一致，自觉弘扬主旋律，积极传递正能量。"

（二）衣着整洁得体，语言规范健康，举止文明礼貌

仪表端庄、大方、美观是积极上进的体现。衣冠不整、不修边幅会被视作生活懒散、工作拖沓，从而难以获得学生的信任。教师应选择适合自己的服饰、发型，塑造良好的教师形象。教师的衣着仪容应大方得体，符合教师职业特点。教师的服饰无论质量好坏、新旧如何，都要做到端正得体、干净卫生。所谓大方，就是服饰、发型等不宜过分时髦华美、鲜艳刺目，而应庄重明快、素雅含蓄。

在我国中小学校园中，教师使用不文明语言的现象仍然存在。教师使用嘲笑、侮辱、诽谤、诋毁、歧视、恐吓、贬损等方式，致使学生的心理受到伤害的语言暴力现象时有发生。语言暴力不仅侮辱了学生的人格尊严，使学生失去学习的信心和兴趣，而且还会导致个别学生丧失生活的勇气，走上违法犯罪的道路，甚至轻生。

教师应加强自律，自觉规范自己的思想行为，语言应符合教师礼仪规范的要求。教师不仅要杜绝不文明语言，而且要带头使用文明礼貌用语。课堂不仅是传授知识的地方，也是教师撒播文明种子的殿堂。语言文明，待人礼貌，不仅体现了教师对学生的尊重，而且是学生学习文明礼貌的最直接方式。比如上课时，班长喊起立，学生肃立，对教师行注目礼，教师应首先向学生说："同学们好！"声音要响亮，态度要真诚。响亮的问好、热情的态度能够为整堂课营造良好的氛围。如果教师上课迟到，应向学生道歉，并婉言、简要说明原因，以得到学生的谅解。下课时，教师应先向学生道别。又如教师向学生提问时，最好不要直呼同学姓名，而说"请××同学回答"，让学生感受到自己在教师心中的分量。学生回答完毕，不管对错，教师都应对学生说"请坐"。有的教师在学生回答完问题后，就把学生晾在那儿，让他们站也不是、坐也不是；还有的教师用手指随意一点，就是"请坐"了。这些都是对学生的不礼貌行为，是不符合教师礼仪规范的。

教师要有美的举止，站、坐、行端庄稳重。站姿挺拔端庄，坐姿文雅稳重，步态协调稳健，不仅给人以美感，而且展现了积极向上的精神风貌，为学生提供了站、坐、行的标准榜样。教师情感表现的最重要方式就是面部表情活动。根据讲授内容，教师应适时变化面部表情。丰富的面部表情有助于激发学生的学习兴趣，达到事半功倍的教学效果。微笑是良好心态的表现，是对他人的宽容和友善，因此，课上课下，教师都应经常面带微笑。声音会因微笑而变得亲切，师生关系、同事关系会因微笑而变得美好。教师应避免不恰当的举止，如当着学生的面掏鼻孔、抠眼屎、打哈欠、剔牙等。教师还要做到不随地吐痰，不乱扔纸屑、烟头等。这些看似琐碎的细小事情，实则体现着教师的素

质与修养。

（三）关心集体，团结协作，尊重同事，尊重家长

集体主义是指社会主义性质的集体主义，是代表整个国家和中国人民整体利益的集体，是马克思所提倡的真实共同体。集体主义随着中国社会的发展逐渐得到丰富和完善，继而被确立为引领我国社会各领域建设的基本原则。党的二十大报告指出："深入开展社会主义核心价值观宣传教育，深化爱国主义、集体主义、社会主义教育，着力培养担当民族复兴大任的时代新人。"[①] 集体主义是社会主义基本道德原则，也是社会主义中国所秉持的核心价值取向，更是富有时代特色的精神风貌。集体主义教育是社会主义中国永远坚持的德育主题。坚持集体主义，对于化解社会各种矛盾冲突，增强民族凝聚力，进而实现中华民族伟大复兴的中国梦具有重要意义。进入新时代，我国由大走向强，向建设社会主义现代化强国的目标迈进，集体主义价值信仰呈现出以人民利益为中心、增强人民的获得感、实现以人民幸福为旨归的价值特点。人民利益至上是新时代集体主义所坚持的根本原则，构建人与自然的生命共同体是集体主义在生态领域的诉求，大局观念是集体主义在政治领域的要求。集体主义是一种致力于实现人民生活安定有序、国家团结有力的价值观。这种价值观随着中国特色社会主义的发展而日渐成熟，并随着时代发展不断被赋予新的内容。

1. 集体主义的总原则

"集体利益高于个人利益"是集体主义原则的核心。对于这一点，教师应当有正确的认识和理解。"集体利益高于个人利益"是指一切其他的道德原则和道德规范以及与此相关的各种道德准则，都应当而且必须以这一原则为导向，并使其在各个方面和各个环节都能符合这一原则，按照这一原则的要求行事。社会主义社会是一个真正能够体现全体人民利益的社会，国家利益、人民利益、集体利益必然是重于、高于个人利益的。与此相适应，整体利益大于个体利益，全局利益大于局部利益，个体利益服从整体利益，局部利益服从全局利益，当前利益服从长远利益，这些都是集体主义的应有之义。

2. 集体主义强调集体利益和个人利益的辩证统一

在社会主义社会中，国家利益、社会利益体现着个人根本的、长远的利益，是集体所有成员共同利益的统一。同时，每个人的正当利益又都是集体利益不可分割的组成部分。集体的兴衰与个人利益的得失息息相关。在现实生活中，集体利益和个人利益是相辅相成的。集体利益的发展，本身就包含着集体中每个人利益的增加。而集体中每个人利益的增加，同样有利于集体利益的扩大。为此，我们强调集体利益和个人利益的关系是辩证统一、相互依存和相互制约的。首先，个人要积极关心、维护国家和集体的利益。其次，对于国家和集体而言，要高度重视个人利益的正当性和合理性，尽力保障个人的正当利益，使公民合法权益不受侵害。最后，集体和个人都要从各自的角度重视集体利益与个人利益

---

① 习近平. 高举中国特色社会主义伟大旗帜 为全面建设社会主义现代化国家而团结奋斗：在中国共产党第二十次全国代表大会上的报告[M]. 北京：人民出版社，2022：44.

的统一与协调，在协调中使双方的利益得到保护和发展。

3. 集体主义重视和保障个人的正当利益

集体主义的一个重要方面，就是要促进和保障个人正当利益的实现，使个人的才能、价值得到充分的发挥。这不但与集体主义不相矛盾，而且正是集体主义思想的应有之义。只有在集体中，个人才能获得全面发展，才可能有个人自由。那种把集体主义看作对"个人的压制"和"个性的束缚"的思想，是与集体主义的本意相违背的。事实上，贯彻集体主义，为培养人的健全人格、鲜明个性和创新精神提供了道义保障。贯彻集体主义，并不会抹杀个人利益，相反，社会主义的集体主义就包含着对个人利益的肯定。一些人出于误解，错误地把集体利益高于个人利益同"自由""公正""人权""人道"等对立起来，并且以倡导个人"自由、民主和权利"的旗帜来反对集体主义。集体主义虽然强调集体利益的优先性，但是它同时主张个人可以依据具体的现实生活条件和社会生活的物质基础进行必要的道德选择。

教师团结协作是学校和谐稳定的集中体现，其价值底蕴是集体主义道德原则。它致力于调节教师集体内部的矛盾关系。不过，从维护集体内部张力、促进教育事业发展这个角度看，单方面强调团结协作是不够的，在团结协作的基础上开展公平、有序的竞争很有必要，对此我们要有深刻的认识。之所以将"团结协作"作为一条重要的教师职业道德规范提出来，一方面因为它是化解教师集体内部矛盾的需要，另一方面是因为团结协作体现了对教师劳动特点的尊重。概括起来讲，团结协作具有不可忽视的教育价值。教师劳动既有个体性、独立性，又有集体性、合作性。在教育过程中，在大家一致认同的培养目标的制约下，教师集体中的每个成员分工完成不同的教育任务。教师集体中教育合力的形成，意味着每个成员在个体性劳动过程中有意识地去排除可能和其他教师形成的对立和冲突，自觉消解工作中的相互抵触和内耗现象，谋求同心协力地完成教育任务。

（四）作风正派，廉洁奉公，自觉抵制有偿家教，不利用职务之便谋取私利

作风正派、廉洁奉公是建设社会主义核心价值体系的现实要求。建设社会主义核心价值体系，离不开弘扬正派廉洁的精神。建设社会主义核心价值体系需要高素质的干部队伍和教师队伍，而对高素质干部队伍和教师队伍的一个重要衡量标准就是看他们是否正派清廉，是否全心全意为人民服务。实践证明，作风正派、坚持廉洁奉公的干部和教师，能够保持思想的先进性、政治理念的坚定性、生活作风的纯洁性，成为建设社会主义核心价值体系的示范者和导向者。

作风正派、廉洁从教是为人师表的底线。教师要坚持严于律己、作风正派，以正直、诚实的实际行动引导学生、教育学生。教师要在学生面前树立一身正气的良好形象。教师的廉洁奉公主要表现为不搞有偿家教等营利性活动，不利用职务之便谋取私利，不收受家长财物，不向学生强行推销教辅资料或文具用品和其他商品，不在考试、评优评先、学籍管理等方面弄虚作假、徇私舞弊，不向学生增加收费项目，这是对教师工作的法律和道德要求。

中国自古就有"修身、齐家、治国、平天下"之说，修身是齐家、治国、平天下的基础。作风正派、廉洁奉公是教师的立身之本、为人之德、处事之基，教师要提高自我的思想境界，坚持服务大局，坚持原则，自觉锤炼公道正派的品格，不断修正言行，自觉维护教师的形象，不做违反教师职业道德的事情。

第三节 终身学习：教师专业发展的动力

1994年，首届"世界终身学习会议"在意大利召开，终身学习在世界范围内达成共识。世界各国已把终身学习的意义提升到了关乎人类生存发展的高度。这次会议认为，人们如果不具备终身学习的理念，就难以在21世纪生存。随着知识更新速度的加快及信息化、全球经济一体化时代的到来，上述观点的重要性已经得到了充分的验证。由此，终身学习的理念也逐渐在促成社会发展和个体完善的过程中引起政府和社会各界的高度重视与关注。"终身学习"是20世纪60年代"终身教育理论"概念的延伸和拓展，它从另一个角度深化和发展了终身教育的内涵，同时也突出地显示了人们对终身教育理念的认识由量变向质变转化的过程。而这一过程又与社会的转型、人口结构的变化、经济科技的发展与竞争以及现代人类的文化生活的变迁等有着密切关系。终身学习理念的形成是建立在终身教育思想的基础之上的，而终身教育作为推动现代社会发展的一股强大教育思潮，已经被世界各国所引入并推崇。

一、终身学习是教师专业发展的动力

（一）终身学习是时代发展的要求

21世纪是一个知识经济时代，知识经济是以知识为基础的经济。在这个时代，经济和社会的发展，比以往任何时候都更加依赖于知识的创新、扩散和应用。那么，在科学技术日新月异、信息爆炸的时代，人们仅凭原有的知识和技术已经不能适应时代的发展，知识经济对人们提出了更高的要求，只有终身不断地学习才能满足社会发展的需要。在知识经济时代，制造业和服务业将逐步一体化，而且服务业将占据越来越重要的地位，特别是提供知识和信息服务将成为社会的主流。因此，知识经济对人们的素质提出了更高的要求。当人们从事知识性劳动时，只有不断地学习，才能有效地从事知识劳动。从某种程度上讲，知识将是人们谋生的一种基本手段，并且随着旧工种的消失、新工种的出现，一次性"充电"的时代已成为历史。所以，在知识经济时代，终身学习将是人们生存的一种需要。在现代社会，由于学校教育的普及，家庭经济收入的提高，闲暇时间的增多，人均寿命的延长，学习的需求也不断增强。人们对科学文化知识、生活经验以及生产技术的探索和积累是永无止境的，需要倾注毕生的精力。在知识经济时代，拥有知识的人才将拥有致富取胜的机遇，不懂得最新生产方式、生产工具和创新方式的人被社会淘汰的可能性将大

大增加,因此,终身学习将是个人立足社会的支撑点。

终身学习是职业道德对教师的要求,教师应树立终身学习的理念,只有不断地学习新知识,才能够促进自身专业的持续发展。知识是经由学习而来的,教师需要持续地学习与进修,方能使自身的知识不断地得到更新与完善。教师需要改变"参加工作后就不用再学习"的误区,要想办法在繁忙的工作中挤出时间来学习。教师只要还有一天从事教学工作,就不能够停止学习。因此,随着社会的发展变化、知识的分化与更新,教师只有在工作中不断加强学习,才能获得更多新的知识。教师的知识水平提高了,才能够保持良好的教学状态,教学才能够更有效能,而直接受益的必然是学生。知识经济的社会,也是终身学习的社会,每位教师应该具备终身学习的素养,成为社会终身学习的楷模。

(二)终身学习是由教师劳动的特点所决定的

什么样的教师才是好教师?习近平总书记提出了四条标准:要有理想信念、要有道德情操、要有扎实学识、要有仁爱之心。[①] 在信息社会,教师如果没有扎实的学识就会寸步难行。

教师劳动的一个重要特点就是知识性。教师劳动的过程就是学习知识、储备知识、整理知识、运用知识、传授知识和创新知识的过程。教师职业是知识分子所从事的职业,传道、授业、解惑都离不开知识。没有知识便没有教师,没有知识便没有教育。这种职业特点必然要求教师学而不厌,掌握精深广博的科学文化知识,并随着社会的发展变化随时更新和补充自己的知识结构。教育发展成功与否的关键在于教师,教师首先要成为知识专家,才能够进一步成长为教学专家。教师必须顺应知识经济的趋势与全球化的潮流,通过不断的学习累积知识。对教师来说,知识结构是否丰富和合理是能否顺利开展教学的前提条件,只有知识渊博的教师才能够让学生享受学习知识的乐趣。

从教师劳动的对象看,教师的劳动对象是青少年学生,他们正处在长身体、长知识的时期,有着强烈的求知欲望,希望自己的教师有真才实学,以便能够从教师那里学到丰富的知识和技能。因此,他们会经常向教师提出各方面的问题,如果教师的业务素质低,不具备精深广博的科学文化知识,道之未闻,业之未精,百惑而不得解,就无法满足学生的求知欲,就不是一名称职的教师。教师必须树立终身学习的理念,不断地学习新知识,不断地更新自己的知识储备。

(三)终身学习是教师保持教育威信和从教之乐的需要

教师如果要保持自己的教育威信和从教之乐,就必须终身学习、不断进步。教师如果停止了学习、探索和发现,他的精神世界就会逐渐贫乏和僵化。学生如果从教师身上再也发现不了什么"新鲜的东西""闪光点",学生就会感到兴趣索然。苏霍姆林斯基说:"面对勤学好问、满腔热血的青少年学生,教师只有每天都有新的东西表现出来,才能受到他们的爱戴。……如果你过了几年还是依然故我,如果逝去的一天没有使你增加任何新的财

---

① 教育部课题组. 深入学习习近平关于教育的重要论述[M]. 北京:人民出版社,2019:133.

富，那你就可能成为一个令人生厌甚至憎厌的人。"① 我国著名教育家陶行知说："要想学生好学，必须先生好学。唯有学而不厌的先生，才能教出学而不厌的学生。"②

二、终身学习的具体要求

（一）崇尚科学精神，树立终身学习理念，采取终身学习行动

2013年，习近平总书记在致全国教师慰问信中指出，教师应"牢固树立终身学习理念，加强学习，拓宽视野，更新知识，不断提高业务能力和教育教学质量，努力成为业务精湛、学生喜爱的高素质教师"。习近平总书记明确提出了教师成长成才的途径和方法，对教师素质的持续提升具有重要指导意义。党的二十大报告指出："推进教育数字化，建设全民终身学习的学习型社会、学习型大国。"当今世界飞速变化，新情况、新问题层出不穷，知识更新的速度大大加快。对以传道、授业、解惑为己任的教师而言，更要树立终身学习的理念，以使自己拥有源源不断的力量源泉，时刻为学生提供鲜活的成长清泉。

牢固树立终身学习的理念，需要教师不断更新知识。学习如逆水行舟，不进则退。在知识爆炸和新媒体迅速发展的现状下，学生获得知识的途径越来越多元化，任何人都不可能垄断所有知识的传授。如果教师不及时更新知识，仅靠"吃老本"是难以胜任教书育人这一神圣职责的。随着科技进步和学习方式的多元化、立体化，教师要与时俱进，不断更新自己的学习方式，这样才能提高自己学习的效率和效益。博览群书是学习，谈话聊天是学习，网络互动是学习，上微信、刷微博也都是学习。只要终身学习的理念渗透于自己的身心，每时每刻、每处每地都可以进行学习。牢固树立终身学习的理念，还需要教师在研究中学习，在实践中学习，在生活中学习。教师仅仅具备专业知识是远远不够的，还必须不断研究教育教学规律，不断研究学生，不断提高自己对教育的理解和对规律的掌握。只有这样，教师才能在教育教学过程中驾轻就熟、举重若轻。与此同时，教师还要在实践中不断改进、提升自己的教育教学能力，在生活中不断领悟、感知生命的美好，将自己的所知所学融入与学生的点滴交往之中，将自己的生命本身塑造成一本书，使自己浑身上下都散发出教育的力量。教师只有牢固树立终身学习的理念，并将其真正内化为自己的生命行动，才能不断提高业务能力和教育教学质量，真正成为业务精湛、学生喜爱的高素质教师。如此，是教育之幸，更是国家之幸。

培养造就大批德才兼备的高素质人才，是国家和民族长远发展大计。功以才成，业由才广。随着知识经济时代和信息社会的到来，知识更新日新月异，新技术、新发明不断涌现，新理念、新知识、新方法相继出现，创新型人才的培养是教育的要旨。教育的最终目的不是传授已有的东西，而是要把人的创造力诱导出来。深化教育改革，全面推进素质教育，首先要转变教师的教育教学观念。不同年龄和知识水平的新老教师，只有通过学习，才能转变教育教学观念，树立新的教育观和师生观；只有通过学习，才能掌握现代化的教

---

① 苏霍姆林斯基. 和青年校长的谈话[M]. 赵玮，等译. 上海：上海教育出版社，1983：172.
② 顾明远，边守正. 陶行知选集（三卷本）：第3卷[M]. 北京：教育科学出版社，2011：437.

学手段，传播先进文化，弘扬学术精神，培养创新人才。当今世界，科技突飞猛进，国际竞争日趋激烈，人才资源在增强国力方面显示出越来越重要的作用。教育不再是随着学校学习的结束而结束，教师不再是知识的权威与垄断者，抱着学历证书、躺在功劳簿上抱怨"谁动了我的奶酪"的人必将被淘汰，逆水行舟，不进则退。新的教育观念认为，终身学习是当代教师成长和发展的必由之路。新世纪的教师必须道德高尚，知识渊博，具备扎实的教学基本功，有终身学习和创新教育能力。终身学习是一种知识更新、知识创新的要求。终身学习的主导思想就是要求每个人有能力利用各种机会，去更新、深化和进一步充实最初获得的知识，使自己适应快速发展的社会。

因此，教师应该成为终身学习的楷模。教书者必先强己，育人者必先律己。教师良好的素质并不是表现在一纸文凭上，教师的学历不等于能力，只有持久的学习力才能使教师的能力不断增长、素质不断提高。教师只有学会读书，才能引导学生学会读书；教师只有不断更新知识，才能促使学生不断更新知识；教师只有学会终身学习，才能教导学生学会终身学习。

（二）拓宽知识视野，更新知识结构

为了适应社会发展和教育发展的新要求，教师必须通过加强阅读和终身学习的途径来完善自身的知识体系，更新自身的知识结构。在现代教育背景下，中小学教师究竟需要什么样的知识体系和知识结构？究竟如何更新自身的知识结构？教育理论界对这个问题提出了各种各样的观点。

根据教师工作的特点，一般认为教师的基本素质要求应涵盖三个方面，即教师专业知识的发展、专业技能的娴熟和专业情意的健全。其中，教师的专业知识包括学科知识、实践知识和教育理论知识。教师必须掌握一定量的学科知识。教师的实践知识是教师教学经验的积累，实践知识受一个人阅历的影响。教育理论知识是一名教师取得教学成功的重要保障，具体包括学生身心发展的知识、教与学的知识和学生成绩评价的知识三个方面。

理解教师的知识体系和知识结构，简单地说可以理解为处理好两个基本关系，即学科知识与教育理论知识的关系，以及教育理念与教师技能的关系。

1. 学科知识与教育理论知识的关系

学科知识与教育理论知识之间是一种既相互区别又紧密联系、相互配合的关系。所有的教师都是有一定学科专业背景和基础的，无学科专业基础就无法解决"教什么"的问题。一个完全不知道数学为何物的人，是无法担任数学老师的。语文、历史、物理、生物、化学等学科的教师也是如此。就此意义而言，对于从事教师职业的人来说，具备学科知识是基本条件。但是，了解教育教学过程的人都清楚，仅有学科知识和专业素养还无法胜任教师工作。具有一定学科知识和专业素养的人要从事教师职业，还必须具备从事教师工作的基本理念和基本技能，解决"怎么教"的问题。这些理念的确立和技能的获得是需要进行专门的训练的。教师教育所涉及的主要工作就是促使教师理念的确立和教师技能的获得与提高。教师教育从本质上说是培养一个人从教理念和从教技能的专门化、专业化的教育教学活动。可以说，有专业知识和专业素养是从事教师工作的必要条件和基本前提。

在处理学科知识与教育理论知识的关系时，要避免两种倾向：一种倾向是过分强调学科知识，忽视甚至否定教育理论知识；另一种倾向是过分夸大教育理论知识的作用，对于一个没有任何学科专业知识基础的人来说，无论他的教育理论知识学得有多好，也无法胜任教师工作。

2. 教育理念与教师技能的关系

教育理念是教师职业之根，没有正确而坚定的教育理念，一个人就谈不上是一名合格的教师。同时教师职业在一定意义上又是一项技艺，没有一定的从事教师职业和教育工作的技能和技艺，同样无法做好教师工作。

什么是教育理念？它包括哪些内容？这是一个很大的问题，是全部教育工作者都在关注和探讨的问题。概而言之，与教师职业发展密切相关的教育理念主要包括教师的职业理念、教师的角色理念、教师的责任理念、教师的专业情意、教师的自我效能感、教师的教学理念、教师的学生理念、教师的人才理念等。例如，关于教师的职业理念和角色理念，过去的观念认为教师不过是"技术熟练者"，现在的观念认为，教师应当成为"反思型专家"。这个新理念对教师提出了更高的要求，教师要同时成为知识的研究者和生产者。

教师技能包括哪些内容？这也是一个无法简单回答的问题。随着社会发展和科学技术进步，对教师的教育教学技能的要求越来越高。按中小学的一般教育教学常规来说，教师的基本从教技能包括语言表达能力、书写能力、课堂教学组织能力、班主任工作能力、组织课外活动能力、教育艺术能力、情感能力、沟通能力等。在现代意义上，教师还要有计算机操作能力、多媒体课件制作能力以及开发和利用网络资源进行教学的能力。换而言之，仅仅就技能而言，想要做一名合格的中小学教师就不是一件轻而易举的事情。

教育理念和教师技能都不是与生俱来的。但理念可以培养，技能可以训练。如何培养教育理念和训练教师技能，是教师教育改革应当关注的核心问题。事实上，当前教师教育改革和创新的一个重要目标就是要培养具有先进教育理念和坚定信念、掌握现代教育技术、具有熟练教育教学基本技能、具有较强实践能力和创新精神的教育师资。

仅仅从更新知识结构的视角看，当前广大教师普遍缺乏的是实践知识、创新思维以及新一轮基础教育课程改革的理念与方法，这是在教育教学实践和教师培训中需要特别予以重视的。师范院校是培养未来教师的，从一名合格的中小学教师的标准看，现在的师范生究竟缺什么？他们缺"规格"意识、课堂落实能力、管理能力以及新一轮基础教育课程改革的理念与方法。这些缺陷是需要在师范院校教师教育改革过程中逐步加以解决的。

> 延伸阅读

教师知识结构的三个层面[①]

一般而言，教师专业素养主要由三部分构成：专业精神、专业知识和专业能力。教师知识结构的具体内容包括三个层面的知识。

（1）有关当代科学和人文两方面的基本知识，以及工具性学科的扎实基础和熟练运用的技能技巧。这是作为人类社会中知识分子的教师所必需的，也是要与充满好奇心、随时会提出各种问题的学生共处，并能进一步激发他们的求知欲、胜任教育者角色的教师所必需的，同时还是需要随着时代、科学发展而不断学习、不断自我完善和发展的教师所必需的。

（2）一至两门学科的专门性知识与技能。这是教师胜任教学工作的基础性知识与技能。就这部分知识而言，教师不仅应对所属学科的基础性知识和基础技能有广泛而准确的理解，并熟练掌握相关的技能技巧，而且要对与该学科相关的知识，尤其是相关点、相关性质、逻辑关系有基本了解；教师不仅要了解该学科的发展历史和趋势，了解推动其发展的因素，了解该学科对于社会、人类发展的价值以及在人类生活实践中的多种表现形态，而且要掌握该学科所提供的独特的认识世界的视角、域界、层次及思维的工具与方法，熟悉该学科内著名大家的创造发现过程和成功原因，以及在他们身上展现的科学精神和人格力量，这对于增强学生的精神力量和创造意识具有重要的、远远超过学科知识所能提供的价值。

（3）教育学科类的知识，主要由帮助教师认识教育对象、教育教学活动和开展教育研究的专门知识构成。就这部分知识而言，教师要特别注意学习和掌握有关认识和了解教育对象、形成教育哲理和管理策略、设计教育教学活动、选择教育教学方法、运用现代教育技术手段、进行教育研究活动等方面的知识与技能。教育学科知识的真正掌握和灵活运用，最终发展到创造，与教师教育实践密切相关，也只有在自觉而长期的教育实践中才能完成。

（三）潜心钻研业务，勇于探索创新，不断提高专业素养和教育教学水平

社会发展和教育发展不仅要求教师构建新的知识体系和知识结构，而且要求教师深入钻研教学业务，不断探索新的教学方法，提高专业素养和教育教学水平。

1. 做一名"反思型"和"研究型"教师

一名现代教师所面临的挑战，不但具有高度的不可预测性与复杂性，而且越来越难以用一套放之四海皆准的应变办法加以解决。因此，他们只有随时对自己的工作及专业能力的发展进行评估，不断对自己的教育教学进行研究、反思，对自己的知识与经验进行重

[①] 叶澜. 新世纪教师专业素养初探[J]. 教育研究与实验，1998（1）：41-43.

组,才能不断适应新的变革。

华东师范大学叶澜教授在对自己的学术探索进行回顾的时候说:"在我看来,没有反思,没有批判性的反思,无论是学术、还是实践、还是自我,都不可能有发展。"[1] 这是身为教师工作、生存和发展的需要。因此,为了提高自己的教育教学能力,教师就要不断地对自己的教学实践进行反思:记录下课堂教学的精彩片段,总结出成功的经验;同时也要描述出课堂教学的不足之处,寻找问题的根源;遇到不能解决的问题,多向有经验的教师请教,也多和同课组的教师在一起探讨;如果是大家共同存在的问题,就在一起研究,制订出解决问题的方案。通过"实践—反思—再实践"的过程,实现教师专业水平的共同提高。教学应当着眼于学生"基本科学素养"的提高。在新一轮基础教育课程改革中,许多新观念、新方法正冲击着我们传统的观念,教师在切实转变观念的同时,应结合学科自身的特点,在实践中加强反思,努力学习,真正担负起培养下一代"基本科学素养"的重要任务。

伴随着全球化时代的到来,国际政治、经济、文化和教育竞争日趋激烈。随着中国经济高速发展和人民生活水平日益提高,社会对于高素质人才和高水平教育的需求更加旺盛。教育国际化、信息化和民主化的趋势促使教师的角色也要发生相应的变化,要求教师不再只是授业者、施教者,还要是学习者、研究者。

时代呼唤教师从传统经验型转向研究型。教育改革呼唤研究型教师。现代教育处在科学知识剧增、技术不断革新、竞争愈加激烈的背景下。随着时代的发展和科学的进步,原来的某些教育内容已经不适应社会发展,许多新的教育内容正在不断涌现,这就要求教育需要发生与之相适应的改革。于是,国家提出实施素质教育的要求。素质教育是一种探索性的教育理念,在实施素质教育的过程中,难免会与陈旧的教育思想观念产生碰撞。在探索素质教育的途径、方法和手段时,难免会遇到许多从未遇到过的新情况和新问题。身处素质教育第一线的教师,对这些新情况和新问题无法回避,只有面对它、分析它、研究它,摒弃其中陈腐的东西,并在新的教育理念的指导下,采取相应的措施解决它,从而推进素质教育不断向前发展。

2. 做一个教育创新和教学改革的能手

在"互联网+"时代,改革和创新已经成为时代潮流和世界潮流,成为典型的时代精神。在基层教育领域,教师也不能满足于传统的教育理念和教学方式,而要不断创新教育理念和教学方式。按照联合国教科文组织的观点,教育应当促进每个人的全面发展,即身心、智力、敏感性、审美意识、个人责任感、精神价值等方面的发展,应该使每个人借助于青少年时代所受的教育,能够形成一种独立自主的、富有批判精神的思想意识,以及培养自己的判断能力,以便由他自己确定在人生的各种情况下应该做的事情。

在创新涌动的时代,教师如果不重视创新,还在沿用一些传统教学中的陈规老套,墨守成规,不思进取,肯定是无法得到学生的认同的。同样,在强调创新的时代,自主教

---

[1] 叶澜. 反思 学习 重建:十五年学术探索的回顾 [J]. 天津市教科院学报,2000 (4):4.

育、独立性教育和个性化教育越来越成为创新的一个重要源泉，如果教师还在固守满堂灌输知识、一言堂的教学模式，还在试图用一个模式来培养学生，他的教学效果肯定是要大打折扣的。党的二十大报告提出："教育、科技、人才是全面建设社会主义现代化国家的基础性、战略性支撑。必须坚持科技是第一生产力、人才是第一资源、创新是第一动力，深入实施科教兴国战略、人才强国战略、创新驱动发展战略，开辟发展新领域新赛道，不断塑造发展新动能新优势。"新时代的教师应做到：一是注重学思结合，倡导启发式、探究式、讨论式、参与式教学，帮助学生学会学习。二是注重知行统一。坚持教育教学与生产劳动、社会实践相结合。开发实践课程和活动课程，增强学生科学实验、生产实习和技能实训的成效。充分利用社会教育资源，开展各种课外、校外活动。三是注重因材施教。关注学生的不同特点和个性差异，发展每一个学生的优势潜能。推进教学管理制度改革，建立学习困难学生的帮助机制。教师在教学中要贯彻上述教学改革精神，促使教学模式的多元化。

同时，"互联网＋"教学已成为教学发展的时代趋势，也是教学改革的必然趋势。教师要在充分掌握教育信息技术手段的基础上，加大教学改革与创新的力度，为进一步提高教育教学质量作出更大贡献。

本章小结

教师既是人类文明知识的传播者，也是学生道德的启蒙者、美好心灵的塑造者。《中小学教师职业道德规范》首次将"教书育人"列入基本条目，明确了"教书育人"是教师的基本职责，以及"怎样育人、育什么样的人"，更强调了教师的"育人"职责。"为人师表"强调教师要"言传身教""以身立教"。学生时代是学生的世界观、人生观形成的重要阶段，教师的一言一行对学生的成长都具有潜移默化的重要影响。因此，"为人师表"对教师工作具有重要意义，它是教师职业的内在要求。"终身学习"提出了教师专业发展的新理念。终身学习是知识时代发展的要求，更是由教师劳动的特点所决定的。教师是教育教学活动的组织者，只有高水平的教师才能培养出高素质的学生，教师的专业素养是新时期师德内涵的应有之义，提高教师的专业素养是师德建设的重要环节。

真题自测

【3.1】有位学生将几片纸屑随意扔在走廊上，王老师路过时顺手捡起并丢进垃圾桶，该学生满脸羞愧。王老师的行为体现的职业道德是（　　）。

  A. 廉洁奉公 B. 为人师表 C. 爱岗敬业 D. 热爱学生

【3.2】学校实施青年教师成长"导师制"，作为导师的李老师手把手地对青年教师进行"传""帮""带"。这体现了李老师（　　）。

  A. 廉洁从教，勤恳敬业　　　　　　B. 因材施教，乐于奉献

  C. 团结协作，甘为人梯　　　　　　D. 治学严谨，勇于创新

【3.3】某老师向学生推销课外辅导资料，要求学生必须购买。该老师的做法（　　）。
A. 反映了教学需要　　　　　B. 体现了敬业精神
C. 违背了教育规律　　　　　D. 违背了师德规范

【3.4】（　　）是教师专业发展不竭的动力，是时代发展的要求，也是教师职业特点所决定的。
A. 关爱学生　　B. 爱岗敬业　　C. 教书育人　　D. 终身学习

【3.5】材料分析题

材料：

刚参加工作的夏老师，承担高中一年级的英语教学。第一次上课时，夏老师正在用英语做自我介绍，其他同学都在认真地听，唯独坐在第一排的一个男生没有抬头，夏老师注意到这个男生正在看一本英文小说，他虽有些不快，但也未多想，就开始教学。夏老师朗读课文的时候，发现那个男生根本就没有把课本拿出来。"要不要提醒他呢？"夏老师一分神，结果读错了一个单词。"切！"那个男生发出了不屑的声音，夏老师感觉特别尴尬，上课也没了状态。课后，夏老师从别的老师那里了解到，这个男生叫李奇，曾经因父母工作的关系在国外上了几年学，英语水平已经很高了。

夏老师向有经验的老师请教，并主动找到李奇交流。夏老师了解到李奇非常喜欢外国文学，于是，夏老师找来许多最新的原版英文书籍，认真阅读、思考，并利用课外时间与李奇交流心得。渐渐地，李奇也喜欢主动找夏老师交流，夏老师让李奇担任班级英语课代表，还鼓励他在班上积极分享阅读体会和学习经验。一段时间后，夏老师发现，李奇不仅在课堂上积极发言，还主动带领其他同学一起学习，整个班级学习英语的氛围越来越浓厚了。

问题：

请结合材料，从教师职业道德的角度，评析夏老师的教育行为。

【3.6】材料分析题

材料：

送教下乡结束时，一个孩子拉着王老师怯生生地问道："老师，您明天还教我们吗？"看着孩子满怀渴望、充满期待的眼神，王老师心里一动，便决定到这所偏远乡村小学支教，没想到，这一教便是10年。

这所小学老师少，王老师利用业余时间，不断加强学习丰富自己。课堂上，他"十八般武艺"全都派上了用场，善教数学的他同样能演绎语文的精彩，美术、体育、科学等课也上得有模有样。课外，他带领孩子们练书法、打乒乓、办小报、玩双杠，于是，孩子们的许多"第一次"纷至沓来：第一次升旗仪式，第一次诗词朗诵会，第一次校园钢笔字展览，第一次乒乓球赛……在丰富的实践活动中，学校里的留守儿童也变得开朗多了。

王老师的幽默、热情、多才深深吸引了孩子们，他们变得越来越爱上学、爱读书，学习成绩大都突飞猛进。

毕业的学生在给王老师的贺卡上写道："王老师，是您给我们阳光般的温暖、前行的力量，让我们的童年多彩而快乐！谢谢您！"

问题：

请从教师职业道德的角度，评析王老师的教育行为。

---- 推荐阅读 ----

1. 雷明. 教师职业道德与教育法律法规 [M]. 北京：清华大学出版社，2022.

2. 朱小蔓. 教育职场：教师的道德成长 [M]. 北京：教育科学出版社，2004.

3. 檀传宝. 走进新师德：师德现状与教师专业道德建设研究 [M]. 北京：北京师范大学出版社，2009.

4. 葛明荣，李超. 教师职业道德与专业发展 [M]. 北京：高等教育出版社，2022.

第四章 教师职业道德问题

☞ 学完本章，应该做到：

- 了解当前中小学教师常见的道德问题。
- 理解中小学教师常见的道德问题存在的原因。
- 了解中小学教师职业倦怠对教师职业道德的消极影响。
- 理解师德困惑的表现。

☞ 学习引导：

本章学习要以理解、分析为主要学习方法。本章内容是按照"当前中小学教师常见的问题的具体表现"与"导致这些问题的原因"这两条主线而展开的。首先，分析当前中小学教师在教师与学生的关系、教师与教师的关系、教师与其从事的职业的关系等三个方面常见的道德问题；其次，分析了导致这些教师职业道德问题出现的原因；最后，分析了教师职业道德问题中最常见的职业倦怠及其对师德的影响，以及当前中小学教师对师德的困惑。本章的重点是结合《中小学教师职业道德规范》的具体内容和要求来分析中小学教师常见的道德问题的具体表现，要注意联系当前中小学教育的实际，运用相关的教育理论分析师德问题。

☞ 本章知识导图

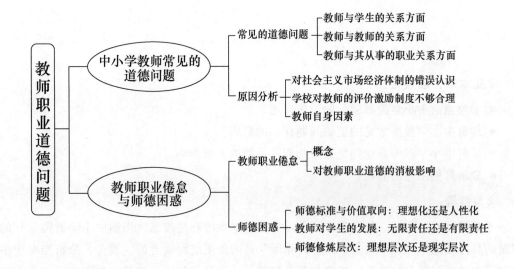

【引子】

不赞成对学生进行体罚

　　至于说到对学生的体罚，虽然这是公认的习惯，而克里希普也并不反对这点，但我是无论如何不赞成的。首先因为这是一种不光彩的惩罚，它只适用于对奴隶的惩罚，事实上它无疑是一种凌辱（试设想，如果将这种惩罚用于别的年龄，那就可以明显地看出来）；其次，如果孩子的倾向卑劣到不能以申斥矫正，他就如同最坏的奴隶，对鞭笞习以为常；最后，如果有人经常跟在他身边监督他勤奋学习，这样的惩罚就完全没有必要。[1]

　　长期以来，广大中小学教师忠诚于党和人民的教育事业，为人师表，无私奉献，为我国基础教育的改革和发展作出了巨大贡献，并涌现出了一大批师德垂范、爱岗敬业的优秀教师。然而，随着改革开放的不断深入，教师职业道德受到市场经济负面影响的冲击，当代教师群体中有一些人在职业道德素养方面出现了不同程度的问题，这给教师职业道德健康发展带来了极大的负面影响。本章重点探讨中小学教师常见的道德问题、存在的原因及师德困惑等。

第一节　中小学教师常见的道德问题

一、中小学教师常见的道德问题

　　教师职业道德问题是指教师在教育教学领域、人际交往领域与教育科研领域中违反教师职业道德规范或伤害学生身心健康、损害教师形象的行为或状态，是"教师职业道德范畴内的非正常行为"[2]。目前，中小学教师在职业道德方面常见的问题主要表现在以下几个方面。

（一）教师与学生的关系方面

1. 不尊重学生人格，没有做到关爱学生

　　现在的教师在工作中承受了很大的压力，包括来自社会舆论的压力、生存的压力、安全的压力、升学的压力等，这些压力导致部分教师的情绪调节力、心理承受力、环境适应力等出现了问题。在这种情形下，有些教师把自身的压力转移到学生身上。近年来，随着我国对教育内涵认识的深入，在教育教学过程中，教师不尊重学生人格，特别是辱骂、体罚学生等现象已经明显减少。但是这并不意味着我们不需要再关注这一问题。不尊重学生的现象在各地依然时有发生，主要表现在以下几个方面。

---

[1] 昆体良. 昆体良教育论著选 [M]. 任钟印, 选译. 北京：人民教育出版社, 1989：27—28.（题目为编者所加）
[2] 马和民. 新编教育社会学 [M]. 上海：华东师范大学出版社, 2002：167.

(1) 体罚和变相体罚

在实际教育工作中，由于教师对教育惩罚的内涵和适度性的认识不清，常常导致惩罚过度。教育惩罚是教育者对学生的不良行为予以否定，使其经受不愉快的情感体验以影响其行为或发展的教育手段。它以不损害学生身心健康为原则。合理的教育惩罚是一种正常的教育手段，是国家赋予教师管理学生的应有职权，是教师的专业权力之一，它能够强化学生的道德认知，提高学生辨别是非的能力，培养学生的道德意志，并能够达到说服教育所不能达到的教育效果。一般来说，评价教师惩罚的合理性采用两个标准：第一，不伤害学生的身体，也不伤害学生的心理；第二，通过惩罚可以矫正学生的某些不好的行为或者促进学生的学习。

体罚主要是指教师对学生的一种有意识的、造成学生身体或者心理上的痛苦来制止和预防学生某些问题行为的惩罚方式。体罚分为直接体罚和变相体罚。

直接体罚就是教师或教师指使他人伤害学生身体的体罚行为。目前中小学教师体罚学生的现象还是时有发生。据调查，教师直接体罚学生的手段花样百出，包括罚站、罚跑、打手心、揪耳朵、抽耳光、打屁股，逼学生下跪，在学生嘴上贴透明胶条，强迫学生打自己耳光，等等。

变相体罚就是教师利用其他手段，名义上是教育学生，实际上对学生的身心，尤其是心理产生严重伤害的行为。变相体罚具有较大的蒙蔽性和危害性。它主要有两种：一种是辱骂学生，这种体罚尽管没有直接伤害到学生的身体，但有时候对学生心理的伤害却大大超过身体的伤害；另一种是过度处罚，包括罚做清洁、罚留校、赶出教室不让听课、罚抄课文和作业等超过学生正常承受能力的处罚行为。

随着现代教育的发展，越来越多的人开始否定和批判体罚和变相体罚这样传统的教育方式。国家也制定了相关法律明确禁止教师对学生进行体罚或者变相体罚。《中华人民共和国义务教育法》第二十九条规定："教师应当尊重学生的人格，不得歧视学生，不得对学生实施体罚、变相体罚或者其他侮辱人格尊严的行为，不得侵犯学生合法权益。"《中华人民共和国未成年人保护法》第二十七条规定："学校、幼儿园的教职员工应当尊重未成年人人格尊严，不得对未成年人实施体罚、变相体罚或者其他侮辱人格尊严的行为。"《中华人民共和国教师法》第八条规定，教师应当"制止有害于学生的行为或者其他侵犯学生合法权益的行为"。但是，一些教师在实际的教育教学活动中，漠视学生的基本权利，违背法律以及《中小学教师职业道德规范》的相关规定，对学生进行体罚或者变相体罚，对学生的身心发展造成了不良的影响。青少年学生处在身心发育的关键时期，他们渴望社会上的阳光沐浴，更渴望得到教师的关怀，而教师的体罚或变相体罚行为常常给他们留下内心的创伤，使其自尊心受到极大的伤害。

(2) 对待学生漠不关心

对一些调皮捣蛋或学习成绩不好的学生，有的教师逐渐失去了耐心，早早地给这些学生贴上了"差生"的标签，以冷漠无情取代了循循善诱，以简单粗暴取代了诲人不倦。其实，再顽劣的学生身上也会有闪光点，他们的内心也充满着美好的追求和向往。少数教师对学生的生活状况和心理健康漠不关心，特别是面对家庭生活困难的学生和留守儿童时，不能细致入微地感受他们的情绪变化、生活冷暖,在学生需要关怀和帮助时不能及时地伸出援手。

(3) 不关心学生人身安全

有的教师只是在班会上强调学生人身安全的重要性,对学生人身安全的关心只是停留在口头上,在实际工作中缺乏对学生人身安全的关注。比如,校外人员进校寻衅滋事或者校内学生打架斗殴,有的教师害怕危险而坐视不管;有的学生翻越围墙、玩弄危险品、上下楼推搡冲挤,有的教师视而不见,没有及时采取相应的措施加以制止和教育。尤其是在面临突发事件时,有的教师抛下自己的学生只顾自己的安全。强化教师安全责任,保护中小学生的安全不仅是教师职业道德的底线要求,也是教师的法定义务。《中华人民共和国教师法》《中华人民共和国义务教育法》《中华人民共和国未成年人保护法》等对此都有相关的规定。教育部于2002年发布的《学生伤害事故处理办法》对学生人身安全也作了具体规定,明确了教师相应的教育责任。2008年,教育部首次将"保护学生安全"写进《中小学教师职业道德规范》,进一步强化了教师对学生安全的责任和义务。

(4) 讽刺、挖苦学生

讽刺、挖苦是对学生人格的侵犯和侮辱,是对学生尊严的侵害,是对学生的软暴力。有的教师不能正确对待犯错误的学生,爱使用侮辱性的语言;有的教师对学习成绩不好的学生时常会说:"这个题都不会做,真是笨蛋!""笨得像猪一样!"有些教师看到班级里个别学生穿着破衣烂衫、脏兮兮的,并没有及时去嘘寒问暖,更不会去问清楚其中的原因,不体谅、关心学生遇到的困难,反而大声呵斥:"瞧你那副样子,脏兮兮的,既影响我的心情还影响班级形象。"各种伤害学生自尊心的行为,使学生产生严重的厌学情绪和心理问题,甚至会导致学生产生违法违纪等不良行为。

(5) 侵犯学生隐私

现在的中小学生比较早熟,尤其是中学生处于青春期,对异性容易产生朦胧的爱意,导致"早恋"现象时有发生。有的中小学教师在教育这些学生时往往采取监控其信件、日记、短信、微信的做法,一旦发现"情况"就公布信件、日记、短信、微信的内容,希望以此作为教育批评的手段,并引起当事人的耻辱感,以杜绝"早恋"现象的发生。但是,教师却忘记了这是学生的隐私,这样做严重伤害了学生的自尊心,给学生造成了无法愈合的心理创伤,一些心理承受能力差的学生因为觉得丢脸甚至会作出自杀的极端行为。

2. 利用职务谋取不正当利益

教书育人、为党育人、为国育才是新时代人民教师的职责所在。然而,人性的弱点有时会导致一些教师利用自己的职务谋取不正当的利益,出现"重利轻义"乃至"见利忘义"的不良现象。教师利用职务谋取不正当利益主要表现为以下几种形式。

(1) 有偿推荐教辅资料

有偿推荐教辅资料是指教师在履行教学职责的过程中,向学生推荐特定的教育辅导资料,并从中获取经济利益。教师推荐教辅资料的行为如果基于经济利益,可能会忽视学生的实际需求和学习效果,导致教育资源的不公平分配。同时,教师推荐的书籍或资料未必是最适合学生学习需求的,这种以经济利益为导向的推荐会严重降低教育质量。

(2) 有偿补课

补课作为学校课堂教学的一种补充手段，是每位中小学任课教师工作职责之内的事，完全是因为教师对学生负责而进行的一种额外劳动。但是，一部分中小学教师却利用学生求知欲及家长望子成龙的心理，扮演了一个商人的角色，搞起了有偿补课，借补课之名行创收之实。虽然在教育行政部门的三令五申下，学校公开补课的现象少了，但教师家里的"小灶式"补课之风却依然存在。这些教师往往对本职工作草草了事，备课、讲课都匆匆而过，而把主要精力用于补课"创收"。"课上留一手，课外去创收"的教学观念严重影响了教学质量。2008年，教育部发布的《中小学教师职业道德规范》第五条明确规定教师应"自觉抵制有偿家教，不利用职务之便谋取私利"。2015年，教育部印发的《严禁中小学校和在职中小学教师有偿补课的规定》中，列举了有偿家教的形式并明令禁止，即"六条禁令"：① 严禁中小学校组织、要求学生参加有偿补课；② 严禁中小学校与校外培训机构联合进行有偿补课；③ 严禁中小学校为校外培训机构有偿补课提供教育教学设施或学生信息；④ 严禁在职中小学教师组织、推荐和诱导学生参加校内外有偿补课；⑤ 严禁在职中小学教师参加校外培训机构或由其他教师、家长、家长委员会等组织的有偿补课；⑥ 严禁在职中小学教师为校外培训机构和他人介绍生源、提供相关信息。2018年，教育部印发的《中小学教师违反职业道德行为处理办法（2018年修订）》中明确中小学教师"组织、参与有偿补课，或为校外培训机构和他人介绍生源、提供相关信息"属于违反职业道德的行为。2021年，中共中央办公厅、国务院办公厅印发的《关于进一步减轻义务教育阶段学生作业负担和校外培训负担的意见》再次重申"依法依规严肃查处教师校外有偿补课行为，直至撤销教师资格"。各地也纷纷出台意见、措施整治有偿家教，着力解决人民群众反映强烈的教师"课上不讲、课后讲"等问题。

(3) 收受礼金或者索要财物

在大众的认知中，校园本应是纯净之所。然而，受"拜金主义"等不良社会风气侵蚀，请客送礼之风侵入校园，迅速扩散且悄然恶变。例如，教师节的设立初衷是从精神维度倡导全社会尊师重教，提高教师的社会地位。但实际状况是，教师节在一定程度上偏离了预设宗旨，沦为学生家长的"送礼节"与教师的"收礼节"。在日益盛行的校园送礼现象背后，"送"与"收"已成为左右学生家长及教师观念和行为的"潜规则"。部分中小学教师借各种由头向学生或学生家长直接或间接索要财物，收受贿赂。例如，在某些学校，教师会暗示学生家长在教师节送上贵重礼物，否则可能对学生的关注减少。再如，有的教师在排座位时，将有权势家庭的孩子安排在较好的位置，而忽视其他学生的实际需求。这种现象严重破坏了教育的公平性和纯洁性。

3. 对学生不公正对待，产生教育歧视

公平合理地对待和评价每个学生是教育公正的最基本的要求。陶行知眼中的学生"只觉得各个不同，并找不出聪明人和愚笨人中间有什么鸿沟"[①]。教师在教育和评价学生的态

---

① 陶行知. 陶行知全集：第1卷 [M]. 成都：四川教育出版社，1991：141.

度和行为上应公正平等、正直无私，对待不同相貌、不同性别、不同智力、不同个性、不同出身、不同亲疏关系的学生，都应从其特点出发，全心全意地去教育好他们。然而，受应试教育的影响，部分中小学教师在教育活动中却有失公正，对学生不能一视同仁，而是亲疏有别、"因人而异"。有的教师关爱甚至偏爱学习成绩优秀的学生，忽视学业困难的学生；有的教师对学业困难的学生和行为不良的学生的教育转化工作缺乏耐心，有时甚至讽刺、挖苦这些学生，挫伤了他们学习的信心和积极性，造成师生情绪的对立。同样的错误，发生在学习成绩优秀的学生和"后进生"的身上，一些教师处理的方式往往大相径庭。他们喜欢拿放大镜看成绩优秀的学生的优点，对他们身上的缺点往往视而不见；而对"后进生"，他们处处看不顺眼。例如，某位班主任在批评一位"后进生"时说："你说学习委员也在睡觉，他是昨天晚上'开夜车'睡晚了，你呢？昨晚到哪儿去野了？"同样犯有错误，教师对自己喜欢的学生批评、惩罚得轻，而对自己不喜欢的学生批评、惩罚得重。有的教师为了提高班级成绩，甚至想方设法把"后进生"赶走；有的学校为了提高升学率，把毕业班的"后进生"提前"送"出校门。如果一个教师对"后进生"和家境一般的学生另眼相待，常常讽刺甚至挖苦、羞辱他们，会使学生产生自卑的心理，他们容易产生心理暗示："也许我真的不行，那就算了吧"，感到自己一无是处，丧失上进心，最后选择自暴自弃，甚至产生心理问题。此外，在教育教学过程中，有些教师习惯于不平等、不民主的师生关系，他们常常在学生面前盛气凌人，把出现问题的原因都归结为学生自身的因素，却从来不反思自己主观方面的因素。

4. 只教书不育人

教书育人是教师的基本职责，教师在向学生传授科学文化知识的同时，还要教会学生做人的道理，帮助他们形成良好的思想道德品质。在教育实践中，教师应当既当"经师"，又当"人师"。陶行知曾说：先生不应该专教书，他的责任是教人做人。学生不应当专读书，他的责任是学习人生之道。[①] 苏霍姆林斯基说过，教师不仅是自己学科的教员，而且是学生的教育者，生活的导师和道德的引路人。[②] 要培养一个全面发展的人，教师只拥有渊博的知识和耐心细致的教学态度是不够的，还要有意识地培养学生远大的理想、坚定的信念、高尚的品德、求实的精神和科学的态度。所以，教师要在教学过程中以身作则、为人师表，给学生以思想和品德上的熏陶。

但有些教师在教书育人的问题上存在严重的思想错误，他们把"教书"和"育人"割裂成两个不相关的部分，错误地把自己的职业角色看成是"教书匠"，在教育过程中片面地认为教书是教师的职业责任，而育人是"分外的事"。一些教师认为，只要学生考试通过，自己就算完成任务，于是对与课堂无关的事情一律采取反对和限制的态度。因此，在日常教育实践中，教师应当超越单纯完成课堂教学任务的局限，避免仅向学生传授刻板的书本知识，而应致力于将教材内容与实际情境相结合，深入挖掘教学中的教育元素。遗憾的是，部分教

---

① 陶行知. 陶行知全集：第5卷 [M]. 成都：四川教育出版社，1991：174.
② 蔡汀，王义高，祖晶. 苏霍姆林斯基选集（五卷本）：第2卷 [M]. 北京：教育科学出版社，2001：648.

师未能充分关注学生的思想道德发展，错误地认为提升学生的思想道德水平是学校领导及思想品德课教师的专属职责，从而削弱了自身的"育人"意识，使得"全员德育"的教育理念仅停留于理论层面而未得到有效实践。此外，一些教师与学生之间的交流互动匮乏，家访活动更是鲜见，导致学生反映除课堂时间外，与教师缺乏有效沟通，师生关系存在明显的隔阂。面对有过失的学生，不少教师倾向于将教育责任转嫁给班主任，这一现象在当下中小学中愈发显著，导致愿意主动承担班主任工作的教师数量不断减少。更为严重的是，部分教师忽视了自身作为榜样的重要作用，未能以身作则，通过个人行为和人格魅力来积极影响和引导学生。他们常常讽刺、挖苦学生，在学生需要指导的时候袖手旁观，尤其对待学习成绩不佳的学生更加严重。有些教师在课堂上对学校和社会上某些不良现象大肆渲染，甚至发表一些偏激乃至错误的观点。还有一些教师会给学生起绰号……凡此种种，说明一些教师还没有确立"每一个教师都应是德育工作者"的育人观。这些都反映出"只教书不育人"的现象。教师育人意识一旦弱化，就很难掌握学生的思想动态，也无法有针对性地对学生进行教育引导。

（二）教师与教师关系方面

教师的辛勤工作既具有群体性也具有个体性，学生的成长主要归功于教师集体的共同努力。因此，要想搞好教育工作，教师不仅需要处理好与学生之间的关系，还必须妥善处理与同事之间的关系。只有团结一致的教师集体，才能确保教育的一致性和完整性，使教育工作有序地进行，并为学生集体树立良好的道德榜样。在自然界中，"共生效应"说明了某些植物单独生长时可能会衰弱，而与其他植物共生时则能促进彼此的生长。教师之间的协同合作同样能够产生一种的"共生效应"。在追求个人需求满足的同时，教师应当兼顾并尊重其他教师的需求，肯定他们的专业能力与贡献，主动关怀并提供必要的援助，同时积极寻求他们的支持与协作。这样一个团结协作的教师群体，凭借其典范性的行为与高尚的职业风范，能够对学生产生深远的正面影响，进而在潜移默化中熏陶学生，助力他们塑造良好的道德品质。

然而，目前一些教师还是存在着这方面的问题。

1. 不尊重其他教师

在某些中小学校中，部分教师依然秉持着"同行即竞争对手"及"文人相轻"这一过时的职业观念。这些教师对同行缺乏应有的尊重与信任。他们深信，学生对知识的掌握完全仰赖于教师个人的知识水平与教学技能，却忽视了其他教师在学生学习过程中所提供的协助与支持。这一观念促使他们往往过度夸大自身的教学贡献，而轻视乃至否定其他教师的重要性。

此外，一些教师为了片面提升个人的教育权威，有意或无意地贬低同事的声誉，甚至损害其职业形象，进而导致了教师群体内部的不和谐与对立。这种竞争性的心态使得教师在日常工作中难以形成有效的配合与支持。部分教师错误地将教师之间的关系主要视为竞争关系，而非相互支持与协作的关系，这导致他们仅关注个人的教学任务，而忽略了集体的整体需求。例如，在一些中小学校中，新教师与资深教师之间缺乏必要的尊重，主科教师与副科教师之间缺乏合作，班主任与科任教师之间则存在相互指责的现象。

2. 缺乏团结合作精神和正确的竞争意识

教师不是"孤独的行者",而是一个职能共同体。[①] 在这个共同体中,每位教师在知识结构、教学风格、思维方式、认知水平以及品德修养等多个维度上均展现出独特的差异性。通过合作学习和研究活动,教师们能够在知识领域相互借鉴、取长补短,在情感层面实现深度融合,在思想交流中彼此启迪,并在行为上相互监督,从而共同塑造出科学且适宜的专业理念与高尚的师德风范。

教师的核心职责在于教书育人,旨在促进学生的德智体美劳全面发展。然而,受应试教育的影响,部分教师往往将提升学生的学业成绩视为唯一追求,忽视了现代教育所强调的合作精神与正确的竞争观念。这一现象导致了教师之间交流与合作的缺失,进而削弱了教师集体的凝聚力与团队精神。

在同科目教师的考核与评价过程中,个别教师为了保持自身的竞争优势,采取了诸如资料封锁、保密等不当手段。此外,还有部分教师为了在竞争中占据有利地位,不惜诋毁同事的人格与声誉,贬低其工作成果;在迎接检查、总结工作时,也存在部分教师弄虚作假的现象。这些行为不仅违背了教育的初衷,也损害了教师职业的整体形象与声誉。

(三) 教师与其从事的职业关系方面

1. 不热爱教育职业,缺乏敬业精神,出现职业倦怠

教师从事的教育事业是无比神圣且崇高的,它要求教师全心全意地投入与奉献。然而,现实中存在一部分教师对自身职业的责任感与使命感认知不足,未能将自己定位为"人类灵魂的工程师",也未将教育工作视为一项传承文化、传播科学真理、塑造美好心灵的光辉使命,而仅仅将其看作一种谋生手段。这种职业态度的偏差,导致他们缺乏进取心,满足于现状,不愿深入探索和研究新的教育思想、教学内容与方法。他们的教育科研意识淡薄,追求短期成效,不愿投入艰苦的探索过程,甚至有个别教师采取了抄袭、剽窃等学术不端行为。此外,一些教师不重视专业素质的提升,不深入钻研新课程标准和新教材,过度依赖网络下载的课件,致使课堂教学缺乏针对性和实效性。在作业批改方面,他们态度敷衍,未能充分发挥作业在巩固学生学习和检验学习效果方面的作用,课后辅导也流于形式。更有部分教师思想波动较大,热衷于跳槽或从事兼职工作,将教学视为次要任务。

这些现象充分表明,部分教师对教师职业持有无奈、困惑甚至轻蔑的态度,将教师职业道德规范视为一种束缚。这不仅影响了教师的专业成长,也对学生的全面发展造成了不利影响。

2. 与家长缺乏沟通与交流

在现代教育中,培养学生的任务需要学校教育和家庭教育的共同努力。家庭教育在孩子的成长中扮演着关键角色。随着社会的发展,家长对子女教育的重视程度越来越高,家庭教育逐渐趋于正规化和科学化。教师在进行教育教学时,首先必须与家长紧密协作,尤其是当学生的生活或学习出现问题时,应及时与家长沟通,了解学生的家庭学习和生活情

[①] 陈建. "教师专业理念与师德"的定义、内涵与生成:基于《中学教师专业标准(试行)》[J]. 教学月刊·中学版(教学管理),2014 (6):31.

况，从而更有效地实现教育目标。然而，在现实生活中，一些教师缺乏与家长的沟通和交流，他们很少主动向家长介绍学生的在校表现和学习情况，通常只在问题发生后才与家长联系。在这些互动中，有些教师的态度冷漠，甚至对家长进行责骂。学校召开的家长会往往没有达到预期的交流目的，而仅仅是教师单方面的汇报，缺乏双向交流，使得家长难以全面了解孩子的学习和生活状况。这种沟通的缺失直接削弱了学校与家庭在协同教育学生方面所作出的共同努力，阻碍了双方形成合力以促进学生的全面发展。

3. 奉献意识淡薄

陶行知曾言："捧一颗心来，不带半根草去。"这句话强调了教师职业的奉献性。然而，在市场经济的浪潮冲击之下，部分教师的职业观念发生了偏移，他们开始将教育工作仅仅视为一种职业选择，而非肩负的使命与责任，过分强调个人利益的获取，将教育降格为谋生的工具。据相关调查，有部分人选择投身教育事业，是出于就业压力的考量，将教师职业视为一个"避风港"。一旦面临更为优越的职业机会，他们便会毫不犹豫地选择转行。

这种奉献精神的缺失，导致一些教师在教育教学工作中心不在焉，投入不足。更有甚者，将教育工作视为"摇钱树"，热衷于从事与教学无关的经济活动，在校内外产生了极为不良的影响。他们未能坚守教师职业的底线，抵挡不住金钱的诱惑，忽视了教师职业应有的积极向上与敬业奉献精神。这不仅损害了教师队伍的整体形象，也对学生的成长与教育造成了不可估量的负面影响。

4. 为人师表存在缺陷

教师是学生的典范与引路人，其思想道德风貌、言行举止及专业素养深刻地影响着学生思想品德与文明行为的养成。学生常常视教师为崇拜的偶像、模仿的对象及学习的楷模。然而，现实中部分教师的表现却未能充分体现为人师表的高标准。

(1) 就行为举止而言，有的教师在课堂上随意接听电话，在校园及学生面前吸烟；一些教师缺乏基本的社会公德，如乱丢垃圾、不遵守公共秩序；还有的教师课堂纪律松散，经常迟到或早退。这些行为均不利于营造严谨有序的学习环境。

(2) 在言语表达方面，部分教师在批评学生时采用侮辱性词汇，如"你怎么这么笨"或"你是智障吗"，这类言语严重伤害了学生的自尊心与自信心，不利于其健康成长；有的教师在学生面前对其他教师进行贬低，将个人情绪带入课堂，忽视了言行对学生的影响；有的教师授课时随心所欲，发表偏激观点，甚至在课堂上发泄不满情绪；还有的教师过度渲染社会的负面现象，以片面知识误导学生，缺乏言语的积极引导。

(3) 关于仪表形象，一些教师常常衣着不整，忽视自身的教师形象；有的教师则过度追求时尚，穿着奇特或浓妆艳抹。这些都可能对学生的审美观念与价值观产生不良影响。

为了改进上述问题，教师应严格自律，在各方面树立正面榜样。在着装方面，应追求简洁得体，避免过度装饰；在行为上，应展现出端庄大方、富有亲和力的形象，以拉近与学生的距离；在授课时，应耐心引导学生，激发学生的学习兴趣；在与学生及家长沟通时，应秉持平等与尊重的原则，从而真正成为学生成长道路上的良师益友。

5. 故步自封，创新意识不足

党的二十大报告强调："创新是第一动力"，"坚持创新在我国现代化建设全局中的核心地位"，强调要把握发展的时与势，让创新贯穿党和国家一切工作，使全面创新成为加速社会主义现代化建设、实现中华民族伟大复兴的强大动力。创新依赖于人才，而教育是培养创新型人才的基础工程。实现立德树人的根本任务，为党育人、为国育才，推动教育的高质量发展，这些都要求教师队伍必须紧跟时代步伐，积极进取，努力学习新知识，转变教育观念，不断改革教学方法和模式。因此，新时代教师职业道德的一个鲜明要求就是教师的创新精神，这是"日新之谓盛德"的职业体现。叶澜指出："没有教师的生命质量的提升，就很难有高的教育质量；没有教师的主动发展，就很难有学生的主动发展；没有教师的教育创造，就很难有学生的创造精神。"①

加快建设教育强国、科技强国、人才强国，着力造就拔尖创新人才，亟须教师创新精神和创新能力的提升。然而，当前部分教师依然秉持着"学习—工作—退休"的传统观念，一旦踏上工作岗位，便放松了对自己的要求，不再积极吸纳新知识，也不再注重个人能力与素质的提升，而是依赖一套固定的教材和教案贯穿整个职业生涯。一些教师仍然以陈旧的教育教学观念指导日常工作，对新知识持漠视态度，对新兴的教学方法与教育理论拒之门外。这种缺乏创新与进取精神的问题不仅存在于资深教师群体中，新教师在学习借鉴老教师的教学方法时，也可能因盲目模仿而未能结合班级特点进行创新，导致教学方式僵化，缺乏主动性和创造性。

部分资深教师常常依赖自己以前的成功经验，认为可以一劳永逸，教学内容和教育手段多年不变，知识结构老化。他们很少深入学生群体去了解他们的学习和思想情况，仅凭个人经验解决问题，这与当今对教师的创新精神的要求不符。"教育创新不仅是教育方法的局部改革或是教育内容的简单增删，而是教育功能的重新定位，是带有全局、整体性和结构性的教育革新和教育发展的价值追求。"② 教师应运用教学智慧，充分调动学生的主动性、积极性和创造性，发掘和反思学生主体的情绪体验，保护学生的好奇心，鼓励学生的质疑和合理的批判，激发学生的想象力，培养学生的创造性思维，从而整体提高学生的创新能力。

二、中小学教师常见的道德问题存在的原因分析

我国正处于社会转型的关键时期，在此期间，民众的思想观念、价值取向、道德评判标准、行为抉择以及生活方式均经历了前所未有的深刻变革。教师的自我发展意识在这一过程中持续强化，对个人权益的关注度也日益提升。面对多元化的价值导向和丰富的选择机遇，如何妥善平衡个人、集体与社会之间的利益关系，常常使教师们感到困惑与迷茫，这无疑对教师的职业道德建设提出了严峻的挑战。

---

① 叶澜，白益民，王枬，等. 教师角色与教师发展新探 [M]. 北京：教育科学出版社，2001：1.
② 孙明英，彭鹏. 教育智慧的开启与教育诗性的回归：论教育创新视野下的师德修养 [J]. 长春工业大学学报（高教研究），2010（3）：9.

(一) 对社会主义市场经济体制的错误认识

社会主义市场经济体制的引入，为教师职业道德建设开辟了新的契机，为其注入了新的活力，并赋予了鲜明的时代内涵。然而，在市场经济发展的初期阶段，尤其是在新旧经济体制转换的过渡时期，市场经济的某些局限性和消极因素也对教师的职业道德观念产生了一定的负面影响。

首先，对于市场经济竞争性的误解。市场经济所倡导的竞争，是建立在公平、合理与合法原则基础之上的，其目的在于推动社会的持续发展与进步。然而，部分教师对这一理念存在误解，错误地将竞争等同于单一的报酬追求，导致奉献精神淡化。这种将市场中的庸俗人际关系引入校园的做法，严重损害了校风，降低了教育质量。

其次，对于市场经济等价交换原则的误解。市场经济的利益最大化趋势对以"奉献"和"取义"为核心的教师职业道德构成了冲击。一些教师过分强调"自我设计"与"个人奋斗"，实用主义与功利主义思想逐渐抬头。他们过分关注短期利益，忽视了长期目标与社会责任，导致个人价值实现与自我利益最大化成为其主要的追求目标。

最后，对于市场经济效率意识的误解。对效率的过度追求导致了一些教师拜金主义思想泛滥，敬业精神逐渐淡化。这种态度促使教师无法正确处理本职工作与兼职、有偿家教等之间的关系，导致本职工作被荒废，进而影响了教师队伍的稳定性与教育质量的提升。

(二) 学校对教师的评价激励制度不够合理

由于教师工作的复杂性和繁重性，建立一个有效的评价和激励制度不仅是培养优秀教师的关键，也是确保学校教育可持续发展的基础。然而，当前一些学校在教师的教育教学评价制度中，并未将教书育人作为衡量教师可持续发展的统一标准。国家要求培养德智体美劳全面发展的学生，但学校的评价制度却主要以"唯成绩论"为导向，将学生的考试成绩视为评价教师的主要或唯一标准。

目前的激励制度过分侧重于对教学工作的奖励，而忽略了对职业道德的奖励。学校普遍重视量化的教学成绩，如及格率、优秀率和升学率，却忽略了师德水平与教学成绩之间的内在联系。教师为提升教学质量所做的大量思想政治工作和帮助"后进生"的努力，常被单一的分数评价所掩盖。

在职称评定和晋职过程中，教学成绩、科研成果和班主任工作往往成为主要依据，而对教师职业道德的评价因缺乏严格、科学和系统的评价制度，常采用基于人际关系和模糊处理的方式进行。这种激励制度的不足导致"以德育为先"的原则难以落到实处，进而使一些教师的道德行为出现偏差，职业责任感减弱，职业荣誉感淡化，无形中助长了教师重业务、轻德育的倾向。学校德育工作重点的错位导致了教师的思想教育成为教育系统的薄弱环节，教师的行为缺乏必要的道德规范约束，从而造成了师德水准的下降。

(三) 教师自身因素

1. 职业信念动摇，敬业精神淡化

不少教师只是把教育当成一种职业来应付，没有将其视为一种事业来追求。受追名逐利、拈轻怕重的心理影响,有的教师缺乏职业自觉性和工作主动性,急功近利,不安心于自己的职业,常常敷衍塞责。

2. 教育理念陈旧,应试教育思想严重

受长期的"师道尊严"影响,一些教师常常有意或无意地采取居高临下的态度对待学生,导致师生间缺乏有效的交流和理解。教学活动以升学为最终目的,忽视学生的内心需求。

3. 忽视自身师德修养

在教师队伍中,有一些教师存在对职业道德修养重视不足的问题。他们片面地认为,只要没有犯下严重的错误,职业道德修养的程度高低并不重要。这种观念忽视了教师所承担的特殊历史使命的重要性和紧迫性,导致他们未能深刻理解增强职业道德修养的必要性。

客观来看,有些教师未能以教师的标准严格要求自己,尽管已经步入教师行业,他们的道德修养却并未达到师德标准。面对职业道德中的问题,这些教师往往不从自身找原因,而是通过各种借口来回避问题,不愿正视和纠正自己存在的问题。他们不进行自我反省和批评,而是将所有责任归咎于社会外部环境。

只有那些自觉进行道德修养的教师,才能真正达到师德标准。然而,在实际的工作和生活中,中小学教师中重视自身职业道德修养的比例并不理想。不少教师认为,只要能帮助学生提高成绩,维持班级稳定,就已足够称职,职业道德修养只是一种形式主义的表现。这种观念严重淡化了教师职业的核心价值和职责。职业道德修养不仅关系到个人职业生涯的发展,更是维护教育质量和学校声誉的关键。教师应将职业道德修养纳入日常工作的重要组成部分,不断提高自己的职业道德水平,以满足教育事业的发展需要。这要求教师不仅关注学生成绩的提高,更要通过自身的言传身教,为学生树立正确的价值观,从而促进学生全面发展。

4. 角色转换冲突

很多中小学教师毕业于师范院校,对教师工作怀有美好憧憬。然而,现实与理想的差距使他们在职业道德的定位上并不准确。有的教师因未能足够认同教师角色,从事教育工作后感到力不从心、烦躁不安。即便一些教师认同教师角色并有当好教师的意愿,但由于个人素质的限制,如人际交往、语言表达或组织教学能力不足,也会感到束手无策,心理承受巨大压力。这些角色转换的冲突经常导致教师在工作中出现思想困惑和心理矛盾。

第二节 教师职业倦怠与师德困惑

随着社会的进步和观念的更新,新时代的教育理论和实践面临着全新的挑战。从教育思想、体制改革到教学实践的变革,教师被要求在思想观念和行为方式上进行重大改变。这些变革为教师的职业发展提供了机遇,但同时也由于多种因素的复合作用,引发了包括职业倦怠和师德困惑在内的多种心理负面问题。探索这些问题的成因是提高教师职业道德的一项重要且迫切的任务。

一、教师职业倦怠

(一) 教师职业倦怠的概念

"职业倦怠"这一概念最早由美国临床心理学家赫伯特·弗登伯格在1974年提出。弗登伯格将职业倦怠描述为由于无法满足个人需求而导致的持续工作压力引起的耗竭和疲劳状态。随后,美国社会心理学家克里斯蒂娜·马斯拉奇在1981年进一步发展了这一概念,将"职业倦怠"定义为:在以人为服务对象的职业领域中,个体所表现出来的一种情绪耗竭、去人性化和个人成就感降低的症状。她认为职业倦怠由三个维度构成,即情绪衰竭、去人性化(也称为人格解体)和低个人成就感。其中,情绪衰竭是核心成分,是职业倦怠的压力维度,是指个体的情绪和情感处于极度疲劳、极度消耗的状态。去人性化是职业倦怠的人际关系维度,是指个体以一种否定的、消极的、冷漠的、麻木的、疏远的态度对待同事及工作对象。低个人成就感是职业倦怠的自我评价维度,是指个体对自己所从事的工作给予负面评价及工作效能感降低。

通常认为,教师职业倦怠是指教师在难以应对教育教学工作的压力时所产生的一种极端反应,表现为长期压力下而产生的情感、态度和行为的衰竭状态。教师职业倦怠不仅影响教师个人的身心健康,而且会妨碍教师履行职责,从而影响教学质量和学生的身心发展。因此,理解并应对教师职业倦怠对于保障教育质量和提升教师职业生活质量具有至关重要的意义。

(二) 职业倦怠对教师职业道德的消极影响

1. 影响教师"关爱学生"道德规范的履行

提倡关怀学生、爱护学生和尊重学生是教师职业道德规范的要求。然而,职业倦怠的教师可能表现出对学生的"行为攻击",包括冷嘲热讽地贬损学生,或对学生进行过度惩戒。这些行为难以让学生感受到关爱,反而会损害学生的身心健康。

2. 影响教师"爱国守法"道德规范的履行

职业倦怠可能导致教师在管理学生时情绪和行为控制能力减弱,教育方式可能侵犯学生的受教育权、人身权和人格权,严重时甚至可能违反《中华人民共和国义务教育法》《中华人民共和国未成年人保护法》等法律规定。

3. 影响教师"爱岗敬业"道德规范的履行

职业倦怠的教师可能体验到的价值认同感和自我效能感较低,长期缺乏成就感和价值感,对各项教学工作感到厌倦,仅仅是勉强应付。这与教师职业要求的"发自内心地热爱自己所从事的职业,并且愿意为自己从事的职业勤勤恳恳,任劳任怨,作出奉献"的标准相去甚远。

4. 影响教师"教书育人"与"为人师表"道德规范的履行

职业倦怠的教师可能对教育工作缺乏热爱,采取敷衍的态度对待教学,使用"言语暴力"伤害学生的自尊心,缺乏研究精神和创新意识,对学生、家长和同行情感冷漠,缺乏必要的信任、理解和尊重。这些行为不仅树立了不良的榜样,也不利于学生良好品德的塑造,违背了教师应严于律己、以身作则、语言规范、举止文明、团结协作、尊重同事、尊重家长的道德规范要求。

5. 影响教师"终身学习"道德规范的履行

职业倦怠状态下的教师可能表现出"生理耗竭""才智枯竭"或"情绪衰竭",在教育教学活动中表现为厌学状态,更新知识、创新意识和提高能力的动力不足,也缺乏探索精神、求真务实精神和批判精神。这种状态使教师难以实现"崇尚科学精神,树立终身学习理念,拓宽知识视野,更新知识结构。潜心钻研业务,勇于探索创新,不断提高专业素养和教育教学水平"的道德规范要求。

二、师德困惑

（一）师德标准与价值取向：理想化还是人性化？

在人类道德历史上,教师职业道德常被视为社会道德的最高标准,代表着社会成员的道德典范。教师被期望追求完美的德行,常被视为"道德家"。社会通常过分强调教师的奉献精神,赞扬其默默无闻和自我牺牲的精神。因此,教师被赋予多种光环：被称为"人类灵魂的工程师",被比喻为照亮他人而消耗自己的"蜡烛",或是到死丝方尽的"春蚕"。这种对教师职业的"神圣化"不仅反映了教书育人的重要性,更源于社会的道德需求和特定的教育观念。

社会对教师的超高道德期望一方面肯定了教师角色的重要性和师德的高尚,另一方面也不可避免地将教师置于一种理想化和"神圣化"的框架中。这种极端的道德要求忽略了教师的普通人属性,实际上构成了对教师的"非人性化"要求。这种过度的师德预设标准忽视了教师的双重身份,即作为普通人的需要和作为教师的责任,限制了教师个性的发展和创造性的发挥。在这种"伟大"的光环下,社会往往无法看清教师作为普通人的生活状况和感受。

教师首先是平凡的普通人,其次才是教师角色。社会对教师的评价和角色的理解应基于基本的人性,而非外加的"神性"。教师作为普通人,也有对基本生活资料的需求,面对生存危机和市场经济的诱惑时,出现心理失衡和追求合理物质回报的行为是可以理解的。虽然许多教师无私奉献,不计个人得失,但在他们被赞美的高尚精神背后,他们的生活常常困难重重,健康状况不佳,有时还会受到误解。

有时我们听到人们说："老师也是人。"这句话意味着社会不应对教师施加过分的要求和约束,即使教师在生活中犯了错误,也是可以理解的。所有人都可能犯错,不能因为某人是教师就对其加以过于苛刻的指责。一个文明社会,一个负责任的政府如果总是让教师处于政治上、经济上的弱势地位,不切实解决教师的待遇问题,却大张旗鼓地提倡教师奉献,这本身就是不道德的,也是不公平的。① 教师应当有道德,但教师个人道德对教育的贡献虽重要,也有其局限性。我们鼓励教师追求高尚道德,但不能期待教师道德的至高无上。许多学校用"耐得住清贫,经得住寂寞,挡得住诱惑"来激励教师,这种忽视基本需求的做法是不合理的。

---

① 杜时忠. 教师道德越高越好吗 [J]. 中国德育, 2010 (2): 74.

（二）教师对学生的发展：无限责任还是有限责任？

教师的角色和责任在教育中历来被赋予极高的期望。在传统观念中，教师不仅负责进行思想和道德教育，还要传授基本知识和技能，启迪思维，培养学生的能力，为其终身发展奠定坚实的基础。有一种说法是，"教学生六年，为学生六十年着想"，这似乎意味着教师对学生的发展负有几乎无限的责任。随着终身教育理念的普及，培养学生的良好习惯、兴趣、意志和思维品质，以及促进学生全面发展，自然也被视为教师的责任。

所以，当学生在学习或道德方面出现问题时，教师往往成为社会公众和媒体批评的对象，被视为影响学生发展的主要责任者。尤其是随着我国某些地区学校的布局调整和农村人口大量流入城市，一些中小学生和留守儿童需要在学校或私人设立的学生公寓中寄宿，教师除了传统的教育职责外，常常不得不承担起额外的监护和管教责任，这无形中加剧了教师的负担。

社会和家长对教师的过高期望与教师自身发展的需求之间的矛盾，使得中小学教师常常处于两难境地：若对学生要求过高、管理过严，担心学生无法承受压力，甚至出现极端行为；若管理过松，又担心学生成绩下滑，家长和学校不满意。这种两难境地常使教师感到无所适从。

实际上，学生的发展需要社会、家庭和学校的共同努力。教师的责任固然重要，但毕竟是有限的。家庭和社会教育责任的部分转移，无疑是导致教师责任过重的主要原因。因此，国家应通过健全和完善教育立法来明确学校、家庭和社会的教育责任，合理划分家庭、学校和社会各方的责任。对社会而言，充分利用社区教育资源，创造有利于学生成长和发展的环境，也是其不可推卸的职责。明确教育责任的归属可以在很大程度上解决教师教育责任无限扩大且过重的问题，从而更合理地平衡教师与学生发展的关系。

（三）师德修炼层次：理想层次还是现实层次？

在现代社会中，教师既是一个平凡的职业，也承担着非凡的责任。教师作为社会的一员，其道德形态的形成既受经济基础的影响，也与社会道德基础密切相关。显然，并非每位教师的道德水平都能达到典范标准或理想境界。因此，在当前我国师德师风的界定中，应避免简单的"一刀切"方法，而应展现师德水平的层次体系。根据教师对工作的认知和态度要求，可以把师德师风分为三个层次：责任、情感和信仰。

1. 以责任为基础的层次

这一层次构成了教师职业道德的基线，即成为一名合格教师所需达到的标准。具体而言，它要求教师完成学校分配的教学任务，遵守规章制度，维护教师群体的形象。这一层次强调教师应履行的基本责任，即使教师不对教育工作抱有热爱，也不能忽视职责、误人子弟；可能不对学生抱有深情，但必须排除个人好恶，公正地对待每一位学生，对学生的成长和进步负责。

2. 以情感为基础的层次

这个层次不仅要求教师能够履行自己的职责，还强调教师对工作的热爱，即教师不是把教育工作只当成没有选择的谋生手段，而是一种需要投入个人感情的工作。教师的热情具体到其工作对象上,表现为对学生的爱。北京师范大学教授林崇德认为,疼爱自己的孩子是本能,而热爱别人的孩子则是神圣。这是因为,"爱生,就是要全方位地关心每一个学生,不只是学习上,而是思想、学习、生活的各个方面"[①]。教师对学生的爱是一种没有血缘关系的爱,具体包含理解、宽容、关怀、给予、尊重、平等、责任等要素。这种爱不是无原则的宠人,也不是无目的的给予,而是为了学生身心健康发展,为了学生的成人与成才。所以,在原则上它是一种严慈相济的爱。爱生并不排斥"严",某种程度上,严格要求学生是一种更为实在的爱。

3. 以信仰为基础的层次

这是师德的最高境界。它要求教师不能简单地把教育教学看成自己的职业或工作,而应该将其视为一项终身追求的神圣而光荣的事业。要达到这个层次,教师不但要有孟子"得天下英才而教育之"所体现的浓厚情感,还要有鲁迅"俯首甘为孺子牛"的献身精神。在教学过程中,教师能自觉地把个体的人生价值实现与为社会培养栋梁之材的教育目标牢牢联系在一起,甘于贫困,乐于奉献,真正做到循循善诱、诲人不倦,虽呕心沥血却不计得失,虽默默无闻仍能孜孜以求。

本章小结

当前,我国中小学教师队伍整体师德水平良好,但违反师德的现象时有发生。中小学教师常见的道德问题具体表现在以下几个方面。(1)教师与学生的关系方面:不尊重学生人格,没有做到关爱学生;利用职务谋取不正当利益;对学生不公正对待,产生教育歧视;只教书,不育人。(2)教师与教师的关系方面:不尊重其他教师,缺乏团结合作精神和正确的竞争意识。(3)教师与其从事的职业的关系方面:不热爱教育职业,缺乏敬业精神;与家长缺乏沟通与交流;奉献意识淡薄;为人师表存在缺陷;故步自封,创新意识不足。中小学教师常见的道德问题存在的原因主要有对社会主义市场经济体制存在的错误认识,学校对教师的评价激励制度不够合理,以及教师自身因素。教师职业倦怠是指教师在难以应对教育教学工作的压力时所产生的一种极端反应,表现为长期压力下产生的情感、态度和行为的衰竭状态。教师职业倦怠对师德产生了一系列消极影响。而师德困惑表现为:师德标准与价值取向是理想化还是人性化?教师对学生的发展是无限责任还是有限责任?师德修炼层次是理想层次还是现实层次?

真题自测

【4.1】学生李某因在上课时嬉戏打闹,被班主任罚打手心30下。班主任的这种做法( )。

A. 正确,有利于维护课堂教学秩序　　B. 错误,不能对学生实施体罚或变相体罚

---

① 常爱芳. 论新时期师德内涵和师德监督机制构建[J]. 中国成人教育,2009(13):57.

C. 正确，这是教师惩戒学生的权利　　D. 错误，对学生的体罚应当适度

【4.2】家境困难的马老师辅导经验丰富，为了补贴家用，每周有4个晚上在家辅导学生，但所收费用不高，由于精力不济，只能推掉学校安排的活动课。马老师的做法（　　）。

A. 可以理解，因为学校的安排不合理　　B. 无可厚非，因为生活所迫而且收费不高
C. 应予制止，这已影响了师生关系和谐　　D. 应予处理，违规违纪且影响了正常教学

【4.3】初中生小虎平时纪律松散，经常迟到，上课还总与邻座讲话。班主任让小虎把桌椅搬到教室后面的角落里一个人坐。下列选项中，对该班主任行为评价正确的是（　　）。

A. 激励了学生的学习积极性　　B. 没有发挥学生的主体性
C. 没有尊重学生的人格　　D. 维护了教师的权威

【4.4】新入职的王老师想去优秀教师李老师班上随班听课，学习经验。李老师笑容可掬地说："你是名牌大学毕业的高材生，我的课上得不好，就不要去听了。"这表明李老师（　　）。

A. 缺乏专业发展意识　　B. 缺乏团结协作精神
C. 能够尊重信任同行　　D. 鼓励同事自我提升

【4.5】材料分析题

材料：

赵丽老师经常以班级的名义从个体书店以优惠价购买各科课程学习辅导资料，然后以全价卖给学生，几乎是人手一套。同时，她向学生家长暗示或明要礼物、礼品或礼金，特别是在各种节日的时候。此外，她还私下到本市某家教辅导中心等处兼课。在学校讲课时她会"留有一手"，只讲基本内容，对课程的重点往往一带而过，并直接或间接地介绍学生去家教辅导中心等处接受辅导或参加"补课"。当然，学生接受辅导或参加"补课"是要交高额学费的，某家教辅导中心等处给赵丽老师很多讲课费和介绍费。

问题：

从教师职业道德的角度，分析材料中赵丽老师的行为存在的主要问题。

推荐阅读

1. 教育部教师工作司. 为了未来：教师职业道德读本（中小学教师分册）[M]. 北京：高等教育出版社，2013.

2. 金忠明，林炊利. 教师，走出职业倦怠的误区[M]. 上海：华东师范大学出版社，2015.

3. 李新翠. 新时代师德建设的现实困境及其突围[J]. 当代教育科学，2020（4）：83.

4. 黄路瑶. "双减"背景下小学教师职业倦怠的归因探究：以社会性别为视角[J]. 广西师范大学学报（哲学社会科学版），2022（1）：16.

第五章 教师职业道德修炼

☞ 学完本章，应该做到：

- 了解教师职业道德修炼的意义。
- 熟记教师职业道德修炼的目标、内容。
- 运用教师职业道德修炼的各种途径与方法。
- 理解教师职业道德修炼的原则与境界。

☞ 学习引导：

　　本章学习要以理解分析、反思践行为主要学习方法。本章内容主要按照"师德修炼的意义—师德修炼的目标与内容—师德修炼的途径和方法—师德修炼的原则与境界"这样的逻辑关系展开。学习时，要以师德修炼的具体内容及其在师德修炼中的作用为基础，重点是树立师德修炼意识，增强自觉，在教育教学实践中运用师德修炼的方法，践行师德规范，陶冶教育情怀，提升师德修养的境界。

☞ **本章知识导图**

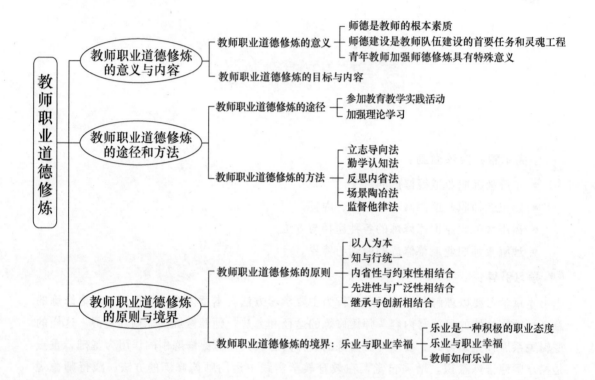

【引子】

做好老师，要有道德情操

老师的人格力量和人格魅力是成功教育的重要条件。"师也者，教之以事而喻诸德者也。"老师对学生的影响，离不开老师的学识和能力，更离不开老师为人处世、于国于民、于公于私所持的价值观。一个老师如果在是非、曲直、善恶、义利、得失等方面老出问题，怎么能担起立德树人的责任？广大教师必须率先垂范、以身作则，引导和帮助学生把握好人生方向，特别是引导和帮助青少年学生扣好人生的第一粒扣子。

"师者，人之模范也。"教师的职业特性决定了教师必须是道德高尚的人群。合格的老师首先应该是道德上的合格者，好老师首先应该是以德施教、以德立身的楷模。师者为师亦为范，学高为师，德高为范。老师是学生道德修养的镜子。好老师应该取法乎上、见贤思齐，不断提高道德修养，提升人格品质，并把正确的道德观传授给学生。[①]

习近平总书记在2014年9月9日于北京师范大学师生座谈会上强调："做好教师，要有道德情操。"教师应当学习优秀模范，不断提升自己的道德修养和人格品质。这是提升教师人格品质的基础。

教师职业道德修养是提升教师职业道德素质的核心。它要求教师不仅要理解教师职业道德建设的重要性，还需通过科学合理的规范来加以实践，并针对教师职业道德建设中存在的问题进行有效分析。本质上，教师职业道德的提升依赖于有效的培养和持续不断的修炼。在当代社会中，教师职业道德修炼的目标是培养忠实于《中小学教师职业道德规范》和《新时代中小学教师职业行为十项准则》的教师，形成学生爱戴、人民满意的教师队伍，帮助学生健康成长，并实现立德树人的教育目标。

第一节 教师职业道德修炼的意义、目标与内容

《中共中央 国务院关于弘扬教育家精神加强新时代高素质专业化教师队伍建设的意见》于2024年8月6日发布。该意见提出，"经过3至5年努力，教育家精神得到大力弘扬，高素质专业化教师队伍建设取得积极成效，教师立德修身、敬业立学、教书育人呈现新风貌，尊师重教社会氛围更加浓厚。到2035年，教育家精神成为广大教师的自觉追求，实现教师队伍治理体系和治理能力现代化，数字化赋能教师发展成为常态，教师地位巩固提高，教师成为最受社会尊重和令人羡慕的职业之一，形成优秀人才争相从教、优秀教师不断涌现的良好局面"。党的二十大报告强调："加强师德师风建设，培养高素质教师队

---

① 习近平. 做党和人民满意的好老师：同北京师范大学师生代表座谈时的讲话[N]. 人民日报，2014-09-10 (2).

伍。"加强中小学师德建设既是社会道德建设的要求，也是学校精神文明建设的需要；既是学生品德培养的必需，也是教师队伍建设和教师自我修养的必然。

一、教师职业道德修炼的意义

教师被誉为"人类灵魂的工程师"，其在社会发展中的巨大推动作用已被历史所证明。教师职业道德是教师素质的灵魂，现代社会普遍接受了"无德不可为师"的观念。加强教师职业道德修炼，提升教师践行师德的自觉性，对于教师自身、学生以及整个教育事业的发展都具有极为重要的意义。《中共中央 国务院关于弘扬教育家精神加强新时代高素质专业化教师队伍建设的意见》提出了加强理想信念教育、加强教师队伍建设党建引领、坚持师德师风第一标准、引导教师自律自强、加强师德师风培养、坚持师德违规"零容忍"。

（一）教师职业道德是教师的根本素质

要想提高教学质量，必须先提高教师的素质。教师的素质包括思想道德素质、学科专业素质、教育教学理念和技能等多个方面。其中，思想道德素质主要关乎教师的工作动机、精神境界和职业操守，涉及教师是否愿意从事教育工作，以及是否愿意并能够做好教育教学工作。学科专业素质决定了教师能教授什么内容。教育教学理念和技能则解决了教师如何进行教学的问题。思想道德素质作为教师素质的重要组成部分，其水平的高低直接影响教师整体素质的优劣。此外，思想道德素质也是教师其他素质发挥作用和不断提升的关键条件。教师要有效地完成自己的工作任务，不仅需要具备多方面的素质，而且必须确保这些素质之间的协调和平衡。在所有的素质中，思想道德质素是最为核心的部分，它是教师素质的灵魂。

（二）师德建设是教师队伍建设的首要任务和灵魂工程

教师队伍建设的首要任务和灵魂工程是师德建设。师德建设是所有教育行为的思想基础和行动准则，直接决定了教师的整体素质。师德建设不仅关系到个人职业生涯，更影响到学生的成长和社会的未来。各级党委政府以及教育主管部门历来把师德建设作为教师队伍建设的头等大事来抓，国家也出台了很多文件强化师德建设，并提出师德建设的要求。2005年，《教育部关于进一步加强和改进师德建设的意见》提出："教师是人类灵魂的工程师，是青少年学生成长的引路人。教师的思想政治素质和职业道德水平直接关系到大中小学德育工作状况和亿万青少年的健康成长，关系到国家的前途命运和民族的未来。我们要从确保党的事业后继有人和社会主义事业兴旺发达的高度，从全面建设小康社会和实现中华民族伟大复兴的高度，从落实科学发展观，落实科教兴国、人才强国战略的高度，充分认识新时期加强和改进师德建设的重要意义。"2013年，《教育部关于建立健全中小学师德建设长效机制的意见》提出："以社会主义核心价值体系为引领，充分尊重教师主体地位，大力弘扬高尚师德，切实解决当前出现的师德突出问题，引导教师立德树人，为人师表，不断提升人格修养和学识修养，努力建设一支师德高尚、业务精湛、结构合理、充满活力的中小学教师队伍。"2019年，教育部等七部门印发了《关于加强和改进新时代师德师风建设的意见》，进一步明确新时代师德师风建设的指导思想、基本原则、工作目标及任务举措，强调新时代师德师风建设工作要以习近平新时代中国特色社会主义思想为指导，把立德树人的成效作为检验学校一切工作的根本标准，把师德师风作为评价教师队伍素质的第一标准，将社会主义核心价值观贯穿师德师风建设全过程，严格制度规定，强化日常教育督导，加大教师权益保护力度，倡导全社会尊师重教。这些文件在论述师德建设地位时，不仅着眼于师德建设对学生健康成长和教育工作的深远影响，更是从国家发展、民族振兴以及社会主义现代化事业兴旺发达的战略高度，深刻阐述了师德建设的重大意义。实际上，师德建设是教育改革与发展的内在要求，师德建设的水平高低，已成为衡量人民群众对教育工作满意度的重要标尺。

（三）青年教师加强师德修炼具有特殊意义

青年教师作为中小学教师队伍的重要组成部分，其师德表现直接影响教师队伍的整体职业道德水平。近年来，青年教师的师德问题不仅成为教育界关注的焦点，也日益受到社会的广泛关注。

1. 青年教师已经成为中小学教师队伍的主力军和骨干力量

近几年，随着教师培养和招聘机制的持续完善，我国中小学教师队伍结构发生了显著变化，特别是越来越多的青年教师加入教师行列，使教师队伍呈现年轻化趋势。教育部资料显示，2022年专任教师人数与2021年相比新增35.99万人，与2017年相比增加了253.47万人。这些青年教师已成为中小学教师队伍的骨干力量。因此，加强中小学教师，特别是青年教师的职业道德修炼具有决定性意义，这是提升整个教师队伍职业道德水平的基础和保障。

2. 青年教师处于师德修炼的奠基时期

教师职业道德的培育和修炼贯穿于一名教师职业生涯的全过程。为了形成稳定而高尚的道德品质，教师必须经历长期的行为积累和实践磨炼。相较于资深教师，青年教师在教育岗位上的时间较短，其教学经验尚浅，对教书育人、为人师表等教师职业道德规范的深层含义理解还不够深入。这一阶段是教师职业道德培育和修炼的奠基阶段，是逐步学习、体会、认同和接受教师职业道德规范的关键时期。在这个阶段，教师对职业道德规范的认识和接受程度将直接影响其职业生涯的师德修养。如果青年教师能够在此时期认真学习职业道德规范的基本要求，准确理解其深刻内涵与精神实质，并在日常教学实践中不断磨炼和积累经验，便能为其未来的教师生涯奠定坚实的基础。

3. 青年教师特点与师德修炼的必要性

青年教师作为一支特殊的教师队伍，与资深教师相比，展现出独特的特点。首先，他们渴望实现个人价值。这一群体倾向于设定学习目标，崇拜榜样，追求职业成功和生活的圆满，特别注重个人幸福感。其次，青年教师热衷于学习现代知识。他们多出生于20世纪90年代以后，成长于改革开放时代，多数人思想开放、知识广博。在学习方法上，他们更倾向于掌握最先进的文化和最新的信息，以不断更新自己的知识储备。再次，他们崇尚物质生活的享受。与过去不同，青年教师喜欢享受生活，例如下班后与朋友聚餐、唱歌或逛街。最后，他们向往多样的职业选择。与前辈不同，大多数青年教师不将教育事业视为终身职业，而是根据个人职业满意度，选择多样的职业路径。

4. 青年教师加强师德修炼的现实需求

当前，青年教师已成为中小学教师队伍的中坚力量，他们普遍具备高学历、思想活跃、视野宽广以及勇于探索和创新的特点，是学校教育、科研及管理工作的核心成员。大多数青年教师能够恪尽职守、潜心育人，展现出崇高的职业道德风范。然而，我们也应清醒地意识到，在改革开放不断深入和市场经济快速发展的背景下，一些源自西方的消极思想文化观念，如享乐主义、拜金主义等，正逐渐对部分青年教师产生影响。同时，社会上存在的权钱交易、贪污腐败等不良现象，也在一定程度上侵蚀着青年教师的思想。由于心理成熟度有待提升及考虑问题不够全面，青年教师有时会对自身的职业前景感到迷茫和不安。在这些因素的共同作用下，一些青年教师开始偏离正确的人生观和价值观，轻视理想信念和职业道德修炼，缺乏应有的社会责任感；在教学工作中可能表现出急躁和敷衍的态度。这些问题不仅对学生的思想成长和价值观塑造构成困扰，甚至可能引发严重的后果。因此，提高青年教师的职业道德修养，提升其道德素质，已成为加强中小学教师队伍建设和师德建设的一项迫切任务。

二、教师职业道德修炼的目标与内容

（一）教师职业道德修炼的目标

目标是行动的指南和终点，其标准和高度决定了行动的程序和结果。教师职业道德修炼的目标旨在使教师根据一定的价值观和职业道德规范的要求，通过实践、教育或提升的过程，达到预期的师德境界或水平。确立教师职业道德修炼的目标，可以从多个视角和标准进行考量。在不同的历史时期和国家，教师职业道德修炼的目标各不相同。即便在同一国家，不同阶段的教师职业道德也呈现出各自的特征。

目前，我国关于教师职业道德修炼的目标主要有以下几种观点。檀传宝、姚尧认为，新时代我国教师职业道德修炼的目标在于以有效满足教师幸福生活需要作为提升职业道德修炼内驱力的重要突破口，以构建教师自我建构和自我完善机制为基础，增强促进自我修炼的教师职业道德建设自觉，使教师职业道德修炼成为教师的"为己之学"。林崇德、黄四林在研制《中小学教师培训课程指导标准（师德修养）》时，提出了以培养"有理想信念、有道德情操、有扎实学识、有仁爱之心"的"四有"好老师为目标导向，构建完整的目标体系。[①] 李翠新认为，新时代我国教师职业道德修炼的目标应该是在一定价值和精神引领下，引导和激励教师树立道德自觉的意识，并在教师职业道德规范等外界支持和内在努力下获得道德自觉的体验和行为，使道德自觉既成为教师的内在品质，更成为教师的持

---

① 林崇德，黄四林. 以培养"四有"好老师为目标涵养高尚师德修养：《中小学教师培训课程指导标准（师德修养）》有效实施的关键问题 [J]. 人民教育，2022（1）：45.

久、稳定的专业行为，促进自我成为优秀教师。①

借鉴上述研究成果，我们认为在新时代建设教育强国的背景下，中小学教师职业道德修炼的目标应至少从三个维度进行考量：规范准则层面、师德修养自觉层面和社会满意度层面。

1. 规范准则层面

规范准则即标准，规范准则即目标。在现阶段，由教育部颁布的《中小学教师职业道德规范》（以下简称"道德规范"）和《新时代中小学教师职业行为十项准则》（以下简称"十项准则"）就是中小学教师职业道德修炼的具体标准和目标。认真学习和领会"道德规范""十项准则"的精神实质和道德内涵，在实践中忠实履行"道德规范""十项准则"的具体要求，是广大中小学教师进行职业道德修炼，提升职业道德境界的基本任务。换言之，我们进行教师职业道德修炼的目标，就是培育以教师职业道德修炼自觉为基础，忠实履行爱国守法、爱岗敬业、关爱学生、教书育人、为人师表、终身学习等规范，忠实履行坚定政治方向、自觉爱国守法、传播优秀文化、潜心教书育人、关心爱护学生、加强安全防范、坚持言行雅正、秉持公平诚信、坚守廉洁自律、规范从教行为等准则的具有高尚道德品质的优秀教师。

为什么说忠实履行"道德规范""十项准则"就实现了教师职业道德修炼的基本目标呢？可以从以下三个方面理解。

（1）"道德规范"和"十项准则"的基本内容体现了教师职业特点对教师职业道德的要求。"爱国守法"是教师职业的基本要求，"爱岗敬业"是教师职业的本质要求，"关爱学生"是师德的灵魂，"教书育人"是教师的基本职责，"为人师表"是教师职业的内在要求，"终身学习"是教师专业发展的动力。可见，"道德规范"和"十项准则"的基本内容，每一条都紧扣教师职业的基本特点，反映出教师职业特点对教师职业道德的要求，因而能够成为中小学教师遵循的职业道德规范准则，成为中小学教师职业道德修炼的目标。

（2）"道德规范"和"十项准则"的基本内容涵养了教师职业活动的主要关系和方面。教师职业规范准则也是用来调节中小学教师职业活动的各种关系的重要依据。从"道德规范"和"十项准则"的基本内容来看，"爱国守法""坚定政治方向"调节教师与国家、人民的关系，是教师作为公民的一个基本道德责任；"爱岗敬业""秉持公平诚信"调节教师与教育事业、教师岗位、教学工作的关系，这一规范也是各行业活动的一个核心关系；"关爱学生""加强安全防范"调节教师与学生的关系，爱学生是教师职业道德的基础，因而也成为教师职业道德的灵魂；"教书育人""规范从教行为"调节教师与教育教学、教师与学生的关系，这一条最能体现教师职业的特点，也是教师职业与其他职业最鲜明的一个区别；"为人师表""坚持言行雅正""坚守廉洁自律"是一个内涵极为丰富的规范，能够调节教师与集体、教师与同事、教师与家长、教师与社会的关系，同时也体现教师自处的道德要求；"终身学习"作为教师职业生涯的基本保障，能够有效调节教师与专业发展以

---

① 李新翠. 新时代师德建设的现实困境及其突围 [J]. 当代教育科学，2020（4）：83.

及教师与知识进步之间的动态关系,它是确保教师有效教书育人的根本保障,也是教师不断提升自我、适应教育变革的必然要求。

(3)"道德规范"和"十项准则"的基本内容反映了经济、社会和教育发展对教师职业道德提出的新要求,具有与时俱进的精神品质。"道德规范"和"十项准则"不因循守旧、落后时代,而是紧跟时代步伐、与时俱进,完全可以指导现代中小学教师的职业道德修炼。"道德规范"和"十项准则"根据经济、社会、科技和教育发展的客观要求,增补了大量体现时代特征的新内容,为教师职业道德注入了全新的活力。按照"道德规范"和"十项准则"的要求进行教师职业道德修炼,不仅体现了传统教师职业道德的魅力,而且体现了时代趋势,反映了时代潮流,对于推进教师职业道德建设具有重要的指导价值。

2. 师德修养自觉层面

师德修养自觉是基于教师对职业道德修炼意义的深刻认识,积极主动地按照"道德规范"和"十项准则"的要求,进行职业道德的选择和构建,不断提升和完善自身的心理特征。这种自觉性是职业道德修炼的内在要求和驱动力。教师作为教师职业道德的实践者,只有通过内在的道德修炼、构建和选择,才能真正提升个人的道德意识和品质,形成稳定的道德人格,并实现职业道德的自觉自律。因此,教师是否具有师德修养自觉是职业道德修炼目标的重要标准。

养成师德修养自觉需要树立"德福一致"的道德信念,使师德修养成为促进教师全面发展的"为己之学"。教师要做一个配享幸福的教育工作者,就必然要求其自觉修炼专业道德。因为只有拥有良好的道德操守,教师才可能在事业上取得应有的成就、受人尊敬和爱戴,而一个在道德人格上遭人侧目的教师,则很难获得学生、同事和家长的真正认可,其事业成功的可能性也会大打折扣。[①] 教师应该自觉把职业道德规范准则的灵魂和精神实质体现在教学活动和与学生互动的过程中,实现以德立身、以德立教、以德育德、以德育人的目标。

3. 社会满意度层面

一名教师是否具备高尚的道德品质,并是否履行了职业道德规范,不应由教师自己来评判,而应由学生、家长以及社会大众作为评价者。教师是否受到学生的认同和爱戴,是否得到家长的满意,以及是否在同事和社区中具有一定的声望和影响,这些都是衡量教师职业道德修炼成效的重要标准。因此,受学生爱戴和让人民满意是衡量一名教师职业道德素养的基本标准,也是判断教师是否具备高尚职业道德的关键依据。

学生的崇敬和爱戴可视为对教师的最高赞赏。一名教师是否能成为受人民满意的教师,能否成为学生尊敬和信任的人,都与其自身的职业道德水准和自身人格魅力有着密切的关系。具有人格魅力和深厚学识的教师往往会被学生长久记住,这种印象能够经受时间的考验。在中小学,那些具有人格魅力、教学尽责并默默奉献的教师,最能赢得学生和家长的尊敬。教师的高尚人格是他们深受学生爱戴的一个根本原因。受学生爱戴、让人民满

---

① 檀传宝,姚尧. 论新时代师德建设的逻辑转型 [J]. 中国电化教育,2022(10):30.

意的教师就是能做到有理想信念、有道德情操、有扎实的学识、有仁爱之心的"四有"好教师。

(二) 教师职业道德修炼的内容

教师职业道德修炼的内容涵盖多个方面，主要包括提高师德认知、陶冶师德情感、磨炼师德意志、坚定师德信念、培养师德行为和习惯等五个关键领域。

1. 提高师德认知：师德修炼的基础和前提

师德认知亦称师德观念，是指教师个体对教书育人过程中职业道德的理论、规范和要求的理解与掌握。它关涉到教师对教育活动中职业道德行为的是非、善恶及其意义的认知。师德认知是形成和发展教师职业道德的知识基础，它引导教师职业道德能力的形成和发展，帮助教师理智地面对和解决职业道德问题，并在正确的自我意识和评价的基础上形成自尊、自律。在知与行的关系中，认知是行动的先导。对于教师而言，提高师德认知是职业道德修炼的起点和前提，是内化职业道德要求的首要步骤。提高师德认知主要涉及以下几个方面。

(1) 对教师职业道德价值的认识。教师职业道德修炼的关键在于自觉性。深刻理解职业的重要性和特殊性，认识提高职业道德修炼对于有序开展教育工作的意义和价值，是教师自觉加强职业道德修炼的前提。

(2) 对教师职业道德规范的认识。加强职业道德修炼首先需要学习和理解教师职业道德的内涵和基本原则，熟悉和掌握教师职业道德的规范和范畴，全面了解学校和社会对教师的基本职业道德要求。

(3) 提高对教师职业道德的评价判断能力。教师不仅要掌握职业道德的理论、规范和要求，还需在实际教育活动中清晰判断是非、美丑、善恶、荣辱，以提高教师职业道德的判断力。

2. 陶冶师德情感：师德修炼的重要因素

师德情感是教师在一定的职业道德认知基础上，根据职业道德标准对教育教学活动中的职业道德关系和行为所产生的内心体验。这种情感是教师个体在进行道德性质的活动中所体验的心理情绪反应和内心感受。师德情感的培养是一个潜移默化的过程，需要教师投入长时间的努力。因此，培养师德情感在复杂性上超过了师德认知的提升，但其形成的情感也更为稳定和深远。一旦师德情感得以形成，它将成为推动教师投身教育事业的重要动力，促使教师能够几十年如一日，教书育人，兢兢业业，诲人不倦。师德情感是教师积极工作、勇于创新的内在动力，对于培养教师的优秀道德品质和维持高尚道德行为至关重要。

培养师德情感应从以下几个方面进行。

(1) 对教育事业的追求。教师应深刻认识到自己从事的职业具有崇高的意义，关系到人才培养和国民素质提升，乃至民族振兴和国家强盛。教师只有培养这种职业情感，才能把自己的命运和前途与国家的教育事业紧密联系在一起，并做到无私奉献。

（2）对学生的关爱。对学生的关爱是师德情感中最核心的部分。教师的关爱不仅体现在对学生的教育中，更体现在影响和塑造学生的未来。爱是教育活动的核心动力，对学生的关爱是教师职业道德的基石。

（3）对同事的尊重。教育工作是一项庞大的系统工程，教师个体很难独立完成对学生全面教育的任务。这就需要教师加强同事之间的友谊，团结协作，相互尊重，形成教育合力。

（4）培养教师的自尊感、责任感、荣誉感。教师的自尊感是由自我评价引发的情感体验，反映了教师对自己工作的认同感和希望其得到社会认可与尊重的愿望。这种感觉表现为自重、自爱、自立、自信、自强、自主等多方面。教师的责任感则是对学生、社会和他人应承担的义务及职责的内心体验。这种责任感主要表现为教师自觉地对学生负责、对家长负责、对学校负责、对社会负责。责任感是一种高尚的职业情感，对于完成教育任务具有重要的推动作用。荣誉感则是教师在履行职责并对社会作出贡献后获得的社会评价，这种感觉使教师意识到自己的社会价值，并感受到由衷的愉悦。教师的荣誉感如同一个推动器，激励教师认真履行职业道德的义务，积极发扬拼搏精神，致力于培养合格的新一代。

3. 磨炼师德意志：师德修炼的关键性环节

师德意志是在师德认知和师德情感相结合的基础上形成的一种自我控制能力，是教师在践行道德原则和履行道德义务过程中，自觉克服困难并作出行为抉择的毅力和坚持精神。在师德实践中，师德意志表现为自律、自控等形式，表现为对教育事业和学生的热爱。[①] 教师所从事的教育工作既光荣又艰巨，不仅需要付出持续的努力和牺牲，而且还要面对现实条件的限制、一些误解以及来自亲朋的各种压力。因此，教师需要具备坚强的毅力和持续的坚持精神，以及不断履行职业道德规范的坚定意志。

师德意志主要在以下几个方面得到体现。

（1）自觉性。自觉性是指对行为目标有明确而深刻的认识，并使个人行为严格符合这些目标。这要求教师对其职业有清晰的理解和坚定的信念，积极自觉地投身于教育事业。教师应能在行为偏离教育目的时，及时进行自我调整，并在外界干扰时展现出抵抗和排除的能力。

（2）坚毅性。坚毅性是指坚定地追求目标，不畏困难地持续推进。教师在复杂的教育环境中，面对诸多不可预见的挑战和干扰，需要展现出非凡的勇气和毅力，以实现教育的目标。

（3）果断性。果断性是指在紧急情况下，经历复杂和激烈的思想斗争后，迅速作出正确的道德决策。教育活动的不可预测性要求教师必须具备即时决断的能力，以应对突发事件。果断性应建立在正确认知的基础上，并要求教师能预见行动后果并准备承担相应的风险和责任。

（4）自制性。自制性是指教师能够有效控制和调节自己的情感、动机和行为。在教育实践中，教师可能面临由客观现实引发的负面情绪冲动，强大的自制力能使教师在任何情况下都能保持冷静，合理控制自己的言行。教师的自制力越强，其行为越具理性，不因失败而精神萎靡，不因意外情况变化或教育行为受阻而悲观失望。教师在任何情况下都应理

---

① 李春秋，王引兰. 中小学教师职业道德修养 [M]. 北京：北京师范大学出版社，2012：177.

智地控制自己的情绪,把握自己的言行。

4. 坚定师德信念:师德修炼的核心

师德信念是指教师通过对社会道德规范和师德规范的认识和了解,在自身强烈的道德情感驱动下,对职业理想、职业人格、职业境界、职业规划坚定不移的信仰和执着追求,是教师为履行师德义务而产生的强烈的责任感。师德信念是深刻的师德认识、炽热的师德情感和顽强的师德意志的统一,是把师德认识转变为师德行为的中间媒介和内驱力。师德信念决定了教师行为的方向性、目的性,也影响了师德水平和师德内化的程度,具有稳定性、持久性的特点。

构建良好的师德信念对中小学生具有重要的影响,对社会发展有一定的引领作用。同时,师德信念是教师个体追求人生价值的一种积极的精神力量,也是教师自我监督、自我反省和自我强化的重要力量。教师只有认识到、体会到自己所从事的工作的重要性,意识到自己肩上担负着祖国和民族的未来,从而树立献身教育事业的坚定信念,他才能做到不论遇到多么大的困难,都能处处为教育事业着想,呕心沥血,矢志不渝,为培养社会主义事业的建设者和接班人默默地奉献自己的一生。

5. 培养师德行为和习惯:师德修炼的最终归宿

师德行为是指教师在职业道德认知、情感、信念、意志的支配下,在教育活动中对他人、集体、社会作出的有利于或有害于教育事业及他人、集体和社会方面的行为。师德行为就其动机和效果来看,可以分为道德的行为和不道德的行为。当良好的师德行为被持续坚持,它们便形成师德习惯。

师德行为和师德习惯属于道德品质的外部表现,是教师个体道德的具体表现。在师德品质的构成要素中,师德认知、师德情感、师德信念、师德意志均属于道德意识范畴,它们的作用在于指导和影响师德行为的抉择。但是,教师职业道德修炼如果仅仅停留在师德意识的修炼上,不用实际行动去履行道德义务,这就不是知行统一的道德修炼。师德行为和师德习惯的养成是职业道德品质形成的关键,教师只有在实践中贯彻道德原则和规范并且始终坚持下去,经过长期的锤炼,使其成为个人良好的行为习惯,道德品质才算达到了比较完善的水平。

第二节 教师职业道德修炼的途径和方法

人的道德水平与自我修养息息相关,缺乏个人的内在主观努力便无法形成高尚的道德品质。道德修炼是通过个人自我的道德教育和道德改造,形成优良品德的过程;是培养道德的自觉性,使个体不断促进自我向善的方向发展的过程。教师应加强自身道德修养,在自我规范、自我锻炼、自我改造的过程中培育道德品质,并以高尚的道德理念指导自己的言行,从而成为一个内外一致、德才兼备的优秀教师。

一、教师职业道德修炼的途径

教师职业道德修炼的途径是指教师为达到培养高尚师德的目标而遵循的路径或渠道。为达到教师职业道德修炼的目标，教师需采用正确的修炼途径。虽然道德修炼的途径众多，但最根本的途径仍是参与教育教学实践活动，而加强理论学习是教师职业道德修炼的重要途径。

（一）参与教育教学实践活动是教师职业道德修炼的根本途径

1. 只有参与教育教学实践活动，才能深刻理解和接受师德原则和规范

"社会存在决定社会意识，人们的正确认识从社会实践中来"，这一真理体现了长期的社会实践经验。在改造客观世界的实践中，人们才能改造自己的主观世界。离开了社会实践，人们的行为就无法界定为善或恶，故而也无从谈起道德修炼。教师职业道德原则和规范并非理论家的空想，而是在教育教学工作实践中形成的精神关系的正确反映。只有身处教育教学实践之中，教师才能将理论与实践有效结合，深刻理解这些关系的本质及教师职业道德原则和规范的必要性和合理性，从而接受并实践它们。这样的理解和接受是培养相应的职业道德情感、信念和意志，形成相应的职业道德行为和习惯的基础。

2. 只有参与教育教学实践活动，才能检验教师的职业道德品质

教师职业道德本质上是实践的道德，要求严格遵守言行一致的原则。教师职业道德品质的修炼程度应通过实践来衡量。我们判断一个人的标准不应仅是其声明或言论，而应是其实际行动和结果。古人云："听其言而观其行。"有些人言谈光鲜，实际行为却大相径庭，或者仅用道德原则对他人进行道德说教，自己却不付诸实践。这类人将道德修炼仅限于口头，被称为"言论的巨人，行动的矮子"。道德修炼的知行统一特点要求道德修炼必须深入实践，将表面的言语理解转化为深层的行为操作，乃至坚定的信念。

3. 只有参与教育教学实践活动，才能不断提高教师职业道德修养水平

客观事物不断发展变化，教师的教育教学工作实践亦是如此。教师在实践过程中遇到的关系不断发展变化，新情况、新问题不断涌现，这要求教师及时作出科学全面的回应。教师在教育教学实践活动中持续进行道德修炼，不断提升道德认识，并将之付诸行动，在实践中又继续提升自己的道德认识。这种循环往复的不断学习和锻炼，使教师的职业道德修养能够升华到更高的境界。

（二）加强理论学习是教师职业道德修炼的重要途径

教师职业道德修炼不仅需从实践中来到实践中去，还必须坚持学习。没有理论与实践的统一，教师的职业道德修炼便可能偏离正确的方向，达不到修炼的目的。

每一名合格的人民教师都应培养"活到老，学到老"的终身学习精神。教师是一项专业性和技术性极高的职业，教师理论和实践的发展迅速，如果不加强学习，就会跟不上时代的发展需求，难以胜任教师工作。例如，教学信息技术、互联网技术、人工智能技术等今天已被广泛应用于教育教学领域。随着改革开放，教师职业行为准则正在与世界接轨。

这些都要求教师自觉学习新知识，掌握新的教师职业技能，以适应教师职业发展的要求。此外，教师还应学习相关的法律法规，确保在专业活动中依法行事，并成为遵法守法的典范。

教师进行理论学习的主要途径目前包括以下三个方面。

1. 岗前职业道德教育

岗前职业道德教育包括师范生的专业学历教育和获取教师职业资格中的职业道德教育。

2. 岗位职业道德继续教育

继续教育是指教师从业后，必须重新接受一定形式的、有组织的、知识更新的教育和培训活动。这是强化教师职业道德教育的有效形式，应贯穿于整个教师继续教育过程。其具体内容主要包括形势教育、品德教育、法治教育、教学道德等。

3. 自我教育和修养

"师德需要教育培养，更需要老师自我修养。"[①] 自我教育是教师职业道德教育的重要形式，是教师职业道德顺利实现的关键环节。通过自我教育，教师可以培养职业道德情感，锻炼职业道德意志，树立职业道德信念，养成良好的职业道德行为，从而凝结成教师职业道德品质。其主要方式包括自我解剖法、自重自省法、自警自励法、自律慎独法等。

二、教师职业道德修炼的方法

教师职业道德修炼的方法是指教师为实现职业道德修炼的目标而采取的一系列具体方式和手段。

（一）立志导向法

立志导向法是指教师通过树立做一名新时代有高尚师德的受人民喜爱的好教师的远大志向，明确教师职业道德发展的正确方向的各种方式和手段。

目的性是人类所有活动的根本特征。目标不仅指引教师个体未来发展的方向，而且是教师个体发展和职业道德修炼的动力源泉。只有通过树立明确的职业道德目标，教师才能具有高远的志向，从而提高职业道德修炼的自觉性。因此，立志导向是加强教师职业道德修炼的首要方法。

在运用立志导向法时应注意以下几点。

1. 树立正确的师德观，充分认识教师职业道德修炼的重要性

职业道德是教师素质的核心，高尚的职业道德是壮大教师队伍的基础。古语有云：才者，德之资也；德者，才之帅也。教师职业道德修炼始于修心，教师需在事业中修炼自己，培养爱心、耐心和责任心，以及优良的道德品质。

---

① 习近平. 做党和人民满意的好老师：同北京师范大学师生代表座谈时的讲话［N］. 人民日报，2014-09-10（2）.

2. 确立教师职业道德修炼的发展目标

将教师职业视为追求个人幸福的最美好的舞台，并从中感受人生的自由和灵魂的愉悦，是历代教师职业道德修炼的理想境界。新时代教师职业道德修炼的目标包括忠实履行《中小学教师职业道德规范》和《新时代中小学教师职业行为十项准则》，成为一名受学生爱戴、让人民满意的好教师，这不仅是攀登教师职业道德高峰的起点，也是克服教师职业道德修炼过程中各种艰难险阻的精神动力。

3. 正确认识自我，根据自身特点设计教师职业道德修炼的策略

正确认识自己的优点和不足，有了自我认知，职业道德修炼就有了明确的目标和前提。教师应根据自身的专业特长和个人优势，如学科专业、教学或学生管理能力以及性格特征等，确立各自职业道德修炼的策略，从而减少修炼过程中的障碍，朝"四有好教师"的目标前进。

4. 立志核心在于确立教师职业道德自信，树立坚定信念

师德信念是教师对教师职业坚定不移的信仰和执着追求，是强烈的道德情感驱动下的责任感和归属感。这是教师道德行为内部的强大动力，能够稳定教师在面对各种挑战时的道德行为，保证教师职业道德修炼的连贯性和持续性。

(二) 勤学认知法

勤学认知法是指通过虚心学习来不断提高教师的职业道德认识，促进教师涵养良好的道德行为的方式和手段。勤学不仅是教师道德职业修炼的基本方法，也是实现道德修炼的重要途径。教育理论和职业道德规范能否有效内化为教师的教育教学理念，转化为实际的"师之德"，学习活动扮演着关键角色。通过有效学习，教师可以迅速提高道德认识水平和道德判断能力，将外在的道德要求转化为内在的道德信念和追求。

在运用勤学认知法进行教师职业道德修炼时，应注意以下几点。

1. 博学多识，不断提高教师职业道德认知水平

教师职业道德修炼反映了教师的综合素质，涵盖教育教学、社会服务、价值追求等多个方面。教师在学习教育理论和教师职业道德规范时，应达到以下几个目标。

(1) 学习教师职业道德有关规定。教师良好的职业道德行为和习惯，来源于对职业道德的正确认识。教师对职业道德的认识，包括对教师道德的重要社会作用的认识，对教师道德原则、规范和范畴的认识，以及对教师道德行为善恶、美丑、荣辱、是非的鉴别、分辨和评价。

(2) 学习各项教育法律法规，保证提高职业道德修养有一个良好的前提。教师提高职业道德修养的前提是要不断学习各项教育法律法规。教育法律法规中涉及的各项行为准则、规范，都是对教师职业道德的底线要求。教师只有认真学习，在明确知道自己应该做什么、怎么做的基础上，才称得上认真践行。因此，教师必须加强对各项教育法律法规的学习，尤其是与教师职业行为密切相关的各项教育法律法规，比如《中华人民共和国教育法》《中华人民共和国教师法》《中华人民共和国未成年人保护法》等，以及与之配套实施

的一系列规章制度,如《中小学教师职业道德规范》《新时代中小学教师职业行为十项准则》等。

（3）学习各项政治理论知识，为提高教师职业道德修养指明正确的政治方向。

（4）不断加强对业务知识的学习。苏格拉底说过：知识即美德。教师拥有了知识，就具备了拥有美德的可能性。而要把这种可能性变为现实性，并且不断提升这种美德，还需要不断学习各项业务知识，优化知识结构，更新教育理念，掌握科学的育人方法和沟通技巧，在优良品德的基础上具备高超的育人能力。

2. 向模范教师学习，提高师德修养境界

列宁指出："榜样的力量是无穷的。"教师应向历史上的教育家学习，从他们的崇高师德中汲取力量，提升自己的师德修养。自2010年起，教育部每年举办"全国教书育人楷模"评选，这不仅引起了广泛的共鸣，也极大地推动了教师向这些楷模学习的热潮。这些楷模教师胸怀祖国、情系人民、热爱教育、关怀学生、教书育人、为人师表、甘为人梯、乐于奉献，把满腔的热情和全部的精力奉献给人民教育事业，展现了新时代人民教师的理想情操、高尚师德和人格魅力，成为建设高素质教师队伍的重要资源，对教师的师德修养具有重要的引导作用。

3. 做好学习计划，提高学习效果

效果良好的勤学需要掌握正确的方法，做到循序渐进、由易到难，善于积累各种知识。教师应克服盲目性和职业懒惰，根据自己的发展阶段制订学习计划，加强职业道德政策法规、政治理论知识、业务知识的学习，养成终身学习的习惯，不断提升自身的职业道德理论素养。

（三）反思内省法

反思内省法是指教师根据教师职业道德规范和修养目标的要求，对自身或其职业道德活动是否达到这些要求进行自我反省和监督的一种方法。

反思对于教师职业道德修炼极为重要。常言道："金无足赤，人无完人。"即便是最杰出的人物也不可能在每个方面都表现得完美无瑕。教师作为教育者，虽然肩负着重大的责任，但同样不可能做到完美无缺，仍然存在着自我完善的空间。改正错误和克服缺点需要具备反思精神。所谓的反思精神，是指在实践中经常且冷静地寻找自身及工作中的不足与错误的一种精神状态。反思精神不仅显示了个人的谦逊与冷静，还体现了智慧。愚者常夸耀自己的成就，而智者则不断寻找并改进自身的不足。

自古以来，反思精神一直受到有识之士的赞扬。孔子提倡"吾日三省吾身"，毛泽东也主张经常思考自己的弱点和不足。无疑，教师也应具备反思精神，对待同事要严于律己、宽以待人；对待学生，则应以身作则，实现教学相长。只有通过不断的自我分析和修正，教师才能真正成为学生的榜样。

在运用反思内省法进行教师职业道德修炼时，应注意以下几点。

1. 以教师职业道德修炼目标为导向，反思自己的得失

反思应围绕教师职业道德修炼的目标，对教师职业道德活动的得失进行自我评价。教

师在实施反思内省法时，必须严格根据职业道德修炼的目标展开比较，发现问题，分析原因，提出修正和完善的对策，明确哪些方面做到了，有哪些进步和收获，哪些方面未能做到，今后应如何改进，等等。

2. 掌握反思方法，提高修炼成效

（1）开展批评与自我批评，严于解剖自己。教师职业道德修炼的本质是教师在心灵深处进行自我认识、自我教育、自我改造和自我提高。职业道德修炼中的批评与自我批评，相对而言，自我批评更重要，这是教师职业道德修炼的重要方法之一。

（2）在反思内容上，教师应根据教师职业道德修炼目标反思职业道德活动的目的是否合理，职业道德活动是否有计划，过程是否科学，以及职业道德修炼目标的条件需如何改善，职业道德活动的亮点与不足是什么，应如何进行改进，等等。

（3）在自我认识方式上，教师需虚心接受领导、同事和学生的意见和建议。教师应该善于从各种反馈信息中，审视自己，反思自己，寻找不足，加以改进。

（4）养成反思的习惯。教师职业道德修炼是一个持续的终身学习过程，它需要教师坚持不懈、持之以恒。教师应具备坚强的意志和毅力，从大处着眼、小处着手，长期努力并养成反思的习惯，最终实现"战胜自己"。

（四）场景陶冶法

场景陶冶法是指为了实现一定的教师职业道德目标，通过创设良好的教师职业道德情境，让教师投身其中，潜移默化地培养教师职业品德的方法。

在运用场景陶冶法进行教师职业道德修炼时，应注意以下几点。

1. 创设良好的环境

运用场景陶冶法，应为教师提供一个美观、朴实、整洁的工作和学习环境。这样的环境不仅包括物理条件，还应包括尊师重教、尊师爱生的社会风气和校风，以及天人合一、自然与人文和谐的生态环境。这种环境有助于培养教师职业道德。

2. 与勤学认知结合

场景陶冶法不应仅限于通过情境影响教师，还需要教师主动参与和学习，以加深对教师职业道德规范和准则的认识。通过这种方式，师德情感才得以升华，师德信念才得以坚定。

3. 引导教师参与情境的创设

良好的教育情境并非固有或自然存在，它需要被人为地创设。这一过程不应仅依赖于学校或社会机构，而应当鼓励和组织教师积极参与，为自己和同事创设良好的工作与生活情境。通过这种参与，教师能更深刻地理解和体验到教师职业道德的重要性和实际作用。

（五）监督他律法

监督他律法是指通过完善教师监督机制，构建多方位的、系统的师德监督体系，以促进教师职业道德自律的方法。在现代社会中，虽然涌现了许多爱国守法、爱岗敬业、奉献社会的教师典型，但也存在着一些教师以个人利益、享乐主义为导向的不良现象。这说明教师职业道德修养难免受到社会各种不良因素及教师个人私心杂念的影响，因此，建立一套有效的教师职业道德修炼监督机制是至关重要的。

在运用监督他律法进行教师职业道德修炼时，应注意以下几点。

1. 建立四方监督机制

（1）学生监督：学生对教师的监督是教师职业道德监督机制中的重要一环，包括对教师课内外的行为和态度进行监督，通过问卷调查、教师满意度测评等方式，确保教师的言行举止符合职业道德规范。

（2）家长监督：家长监督主要是从家长的角度对教师行为进行监督，包括通过家长会、教学观摩等活动来监督教师是否违背了教师职业道德和社会公德。

（3）教师相互监督：教师之间的相互监督，包括师德评议、师德测评和相互听课等，以增强团队协作并确保教师的教学质量和职业行为符合标准。

（4）社会监督：社会监督主要通过国家制定的相关教师职业道德政策和法规来实现，如《中小学教师职业道德规范》《新时代中小学教师职业行为十项准则》《中小学教师违反职业道德行为处理办法》等，以此来考核和奖惩教师的职业行为。

2. 监督他律与慎独自律相结合

监督他律是教师职业道德修炼的外在条件，目的是通过构建外在的教师职业道德修炼监督机制，进一步调动教师职业道德修养的主动性和积极性，强化师德自律的过程，规范和推动教师对自己的道德品质和职业行为进行反思和慎独。师范生要积极思考，接受监督，在反省中检验自己的思想和行为，发现并遏制不良倾向，增强自身的教师职业道德修养。在实施监督时，应避免单纯的监督行为，而应激发教师的内在积极性，充分尊重和信任教师。

第三节 教师职业道德修炼的原则与境界

一、教师职业道德修炼的原则

教师职业道德修炼的原则是教师职业道德修炼的基本指导思想，它确定教师职业道德修炼过程中应正确处理的一些基本关系，划定相应的道德界限，揭示教师职业道德修炼的不同境界，并提供教师职业道德素养评价的标准和尺度。认识和把握这些原则，对于有效进行教师职业道德修炼具有重要的指导意义。

（一）以人为本的原则

提倡以人为本的教师职业道德，是提倡回归教育的本源，其价值取向一方面体现着新的学生发展观,尊重学生个体的多样性发展;另一方面体现着对教师的幸福生存和终身发展的关怀。

贯彻"以人为本"的原则应该做到以下几点。

1. 以学生为本,解决好师生关系问题

育人是教师的首要职责和教育工作的核心。传统的师生关系往往基于服从与被服从的模式,导致学生成为被动的受教育者,这不利于学生的创新精神和个性化发展。随着教学管理模式改革的深入,教师应从学生的差异出发,尊重学生的个性,培养学生的主体意识、创造精神和实践能力。建立以学生为本的新型、民主、平等的师生关系,能够充分激发学生的主动性和创造性,使教学互动更加和谐,从而提高教学效果。教师应将"爱满天下""乐育英才"作为自己的崇高理想,对每一个学生充满爱心,以激发高度的责任感,实现丰硕的教育成果。

2. 以教师为本,处理好教师的利益关系问题

传统教师职业道德修炼重视提高教师的思想道德素质和发挥教书育人的作用,以期获得理想的教育效果。在此过程中,教师的人格魅力和道德自律性被强调,但教师的个人价值和发展需要常常被忽略,导致教师职业道德修炼与教师专业化发展的内在联系被割裂。以教师为本,就是要尊重教师的个人价值,保障其合法权利,并满足其合理需求。教师应成为教育建设的主动参与者,而不仅仅是工具性的对象。管理者应充分尊重教师的价值,调动教师的积极性,最大限度地发挥其潜能。教育事业应成为教师实现自我的平台,使教师在奉献中同时实现个人的成长和价值。教师职业道德修炼不应旨在塑造统一的楷模,而应使每位教师在满足社会道德标准的同时,能自由且充分地发展,形成独特的个性和教学风格。为此,国家和学校应关心和理解教师,帮助他们解决实际问题,尊重并促进教师个人价值的实现,从而提升教师职业道德修炼的影响力和号召力。

(二) 知与行统一的原则

教师职业道德修炼重在目标明确、每日精进,重在岗位磨砺、日积月累,更重在身体力行、知行合一。所谓"知",是指对教师职业道德的认识及其在此基础上形成的观念等,这构成了教师职业道德修炼的前提。所谓"行",则是指行为本身,即教师将职业道德的理论认识付诸实践,这是教师职业道德修炼的核心目的。

在教师职业道德修炼中,知与行的统一是基本要求。如果道德认知不能转化为具体行动,则无法评价道德水平的高低。在教师职业道德修炼的过程中,如果教师缺乏必要的道德知识,甚至基本的是非善恶也分不清,不明白哪些言行与自身职业道德相符,哪些与之相违,便无法形成正确的师德观。明代思想家王阳明强调,人们的道德理论和道德意识必须与自己的道德行为一致,实现"言行一致""笃实躬行"。因此,教师仅仅学习师德理论并不等于具备了某种职业道德。如果学而不用,或言行不一,即使表面上说得冠冕堂皇,也只是徒有其表,高尚的师德言行也仅是空谈。

坚持知行统一的原则要求将学习道德理论、提高教师职业道德修炼认识与个人行动相

统一，实现理论与实践的结合。教师在职业道德修炼过程中应特别重视品德实践，自觉培养道德行为习惯，真正成为道德高尚的人。总之，只有坚持知与行的统一，才能真正提高教师职业道德修炼水平。

（三）内省性与约束性相结合的原则

内省性也称自律性，是指教师依靠自身的信念对教育行为进行选择和调节，自觉地内化道德原则、规范和要求，并自觉地将其付诸行动。约束性也称他律性，是指在接受职业道德原则、规范和要求的过程中，教师的意志受到外界因素的影响和驱动，借助外在动力调节和控制自己的行为。任何事物的发展都是内因和外因共同作用的结果，良好的教师职业道德亦是内因和外因相统一的产物。外在规范和教育要求构成教师职业道德修炼的外因，而教师个体的内在信念则是教师职业道德修炼的内因。从师德建设所要达到的根本目标看，自律和他律二者在本质上是一致的，只是表现形式与采取的方法不同而已。师德自律是就教师内在责任而言，他律则是从教师外在义务上来提出要求。[1]

中小学教师职业道德品质的培养是一个循序渐进的过程，一般经历以下三个阶段。

第一个阶段：个体道德的他律时期。在这个阶段，个人的道德认识、道德义务和道德价值完全受外界支配，与个人的意愿无关。

第二个阶段：个体道德的自律时期。在这个阶段，道德行为从他律转变为自律，核心是道德义务向道德良心的转化。

第三个阶段：个体道德人格形成时期。这是以良心为核心的教师职业道德自律时期，目标是实现道德行为从他律转为自律，塑造优秀品质，追求崇高的精神境界，培养高尚的道德人格。

教师职业道德问题既是个人问题，也是社会问题，它反映了当今社会的多种价值观和价值取向。教师职业道德体现了社会的客观要求，具有他律性质，同时又必须依赖于教师的自觉意识，表现出自律的性质。教师职业道德修炼应将自律与他律有效结合，通过他律的加强，引导教师培养道德自律，使教师职业道德规范从外在的要求转化为内在的需求。因此，加强教师职业道德建设，离不开他律与自律的有机结合和相互作用。

（四）先进性与广泛性相结合的原则

教师专业化的发展是一个循序渐进的过程，这个过程展现出明显的阶段性。在不同的发展阶段，教师的职业道德修炼也处于不同的水平。叶澜根据教师的生存状态，将教师分为三种类型，即生存型教师、享受型教师和发展型教师。这一分类表明教师职业道德发展的特点和规律，提示我们在中小学教师职业道德教育中应关注教育对象的层次性，充分考虑不同阶段教师由于年龄、所处社会环境及教育工作经验的差异，在接受外部教育、自我修养、社会影响、个性特征等方面的不同表现。这些差异反过来会影响不同层次教师所具备的职业道德基础、构成、发展水平及师德境界。因此，在培养目标的定位、内容设计、

---

[1] 奚婷. 以强化"两律"来促进师德的整体提升［J］. 天津市工会管理干部学院学报，2015（3）：57.

提出要求方面应体现一定的层次性。

在教师职业道德修炼过程中，不能将职业道德的崇高性作为对每位教师的普遍要求，而应在要求教师遵守最基本的职业道德规范的基础上，引导教师迈向更高的道德境界。教师道德体系应是一个多层次的系统结构，鼓励先进、带动后进，反映教师职业道德的现状，体现教师职业道德先进性与广泛性的结合。

（五）继承与创新相结合的原则

几千年来，中华传统师德文化积淀丰厚，历代思想家与教育家如孔子、孟子、韩愈、朱熹、王守仁等，通过不断的丰富、完善与创新，共同筑构了一个相对系统且完整的师德理论体系，并孕育了独特的教育家精神。在新时代社会主义现代化建设中，教师职业道德修炼既承载着民族的传统，又展现了现代的特征。只有继承和发扬优秀的教师职业道德传统和教育家精神，我们才能保持浓厚的民族特色。同时，只有不断探索与新时代社会主义现代化相适应的教师职业道德规范，才能体现时代的特征。中华传统教师职业道德中"水善利万物而不争"的无私奉献精神，"诲人不倦"的敬业精神，"学无常师"的谦虚、好学精神等，与当今一些教师的消极思想形成了鲜明对比。教师职业道德与其他道德一样，具有极强的继承性，这是因为教育活动遵循的规律具有普遍性。教师职业的特殊性和教育规律的客观性，使得不同社会形态中的师德要求具有一定的共通性。因此，我们今天的教师职业道德建设应当继承和发扬这些经历千百年历史检验积淀下来的教师职业道德传统和教育家精神。通过对传统教师职业道德精髓理念和教育家精神的传承，可以有效地规范和引导教师"学为人师，行为世范"，促使他们形成优良的职业道德。

教师职业道德既有历史的继承性，又必须反映鲜明的时代特征。世界上的任何事物都是在不断变化和发展中的，教师职业道德修炼亦必须跟上时代的步伐。如果教师职业道德修炼方法一成不变，最终必然失败。教师职业道德修炼应在传统的继承与新时代需求的适应中不断进步。如果仅有继承而无创新，教师职业道德修炼就会墨守成规、故步自封，最终被时代淘汰。相反，如果创新时脱离历史、背离传统，教师职业道德修炼也会流于形式，被现实所抛弃。在新时期，我们更应跟上时代，适应新时代的需求，适应教育新形势、新任务的要求，借鉴世界先进的文明成果，在内容、形式、方法、机制等方面进行创新，探索新形势下教师职业道德建设的特点和规律，使教师职业道德建设不断达到新的高度。

教师职业道德修炼的创新应包括观念创新，坚持以人为本、因材施教，公平公正地对待学生。同时，教师应使教学方法与时俱进，主动了解现代教育模式，并在熟悉这些模式的基础上进行实际操作。教师应关注所授课程的最新发展，积极与同行交流，不断解答学生的问题，满足学生的求知欲。为适应课程改革的需求，教师还应不断进行自我提升，更新自身的知识结构。实践证明，只有通过不断的创新，我们才能培养出更多社会栋梁，并提升教师职业道德修养。

二、师德修炼的境界：乐业与职业幸福

教师不仅需要通过自身的积极教育实践为学生创造美好的精神家园，同时也应积极为自己拓展人生空间，享受教育生活的乐趣与职业人生的幸福，实现自我完善。幸福与教育内在相关：幸福应是教育的一个目的，优质教育应对个人和集体的幸福有所贡献。[1] 这种自我完善使教师不仅将教学视为谋生手段，甚至无须依赖道德良心或所谓的奉献精神，而是出于自然、精神的充实与满足，以及自身生命成长的需求。

（一）乐业是一种积极的职业态度

乐业，即以业为"乐"，享受职业生活，从中获得人生的快乐与幸福。具体而言，教师乐业意味着将教育视为一种职业体验，乐于与学生分享知识、经验、智慧、情感，并与学生共同成长，从教育职业中获取人生的乐趣。梁启超在《敬业与乐业》中提道："敬业即是责任心，乐业即是趣味。"教师的职业趣味让他们将教育视为生活的一部分，从内心深处享受教育的过程和结果。乐趣主要源于学生的发展、教育教学活动本身的乐趣以及自身成长的喜悦。

这种积极的职业态度和情感体验作为一种道德情感，源于对教师职业活动的内在兴趣、职业理想和对职业的深刻理解。教师的职业兴趣是在从事教育活动中显现的特殊个性倾向，它使教师对教育职业产生向往，乐于从事这种职业，进而产生愉悦的情感体验。只有当我们将这份工作视为乐趣，由此使人生变得丰富时，我们才能成为真正优秀的教师。这种"优秀"不仅是道德意义上的优秀，更是教师生命状态的充实与完善。

《论语·雍也》提出："知之者不如好之者，好之者不如乐之者。"若能从自己的职业中领略出趣味，生活才有价值。教师的职业是崇高而神圣的，但同时也是平凡且艰苦的。乐业的核心不仅在于职业本身，而且在于教师个人的生命状态——从职业中获得生命的充实、和谐和完满。乐业的本质是生命境界的提升，核心在于教师职业对教师个人生命的安顿，即教师能从其职业中找到人生的精神依据，妥善安顿自己的心灵。

（二）乐业与职业幸福

我们之所以称乐业为教师职业道德修炼的理想境界，是因为它从利人与利己两个角度出发。

从利人的角度来看，教师职业道德修炼的理想境界意味着教师在职业道德修炼的积极实践中能最大限度地促进学生的发展。乐业的教师因其积极的职业态度而能更深刻地认识和理解教育活动，准确把握其过程和结果的意义。因此，在相同的专业水平下，这些教师将以自己的生命投入到教育中，用生命点燃生命，用生命启发生命，用人格感染人格。因此，学生获得的不仅是知识与能力，他们的学习过程不仅是一个发展的过程，而且是一个对生命的感悟和对生活的欣赏的过程。

---

[1] 侯晶晶. 关怀德育论［M］. 北京：人民教育出版社，2005：129.

从利己的角度来看，乐业使教师的职业道德遵从一种自觉自愿的愉快行为，而不只是出于社会责任、良知或理性自觉。处于乐教境界的教师会将教师职业视为追求幸福的最佳人生舞台，并能从中感知人生的自由和灵魂的愉悦。在这种愉快的教育实践中，教师将充分享受到个人生活的幸福与职业生活的完满。处于乐教境界的教师，其职业情感达到了很高的层次，在教育劳动中始终保持崇高的职业尊严感、成就感、荣誉感和人生价值的实现感，并不断感受作为教师带来的幸福感。

（三）教师如何乐业

教师的乐业，依赖于合理的物质回报和和谐的社会环境，但更重要的是教师自身的努力。一位教师是否能真正发现教师职业的内在乐趣，关键在于其内在素养。

1. 用心理解教育

梁启超在《敬业与乐业》一文中提道："凡职业皆是有趣味的，只要你肯继续做下去，趣味自然发生。为什么呢？第一，因为凡一件职业，总有许多层累、曲折，倘能身入其中，看它变化、进展的状态，最为亲切有味。"具体到教育领域，这意味着教师应当用心去理解教育的本质、感受教育的动态，从中发掘教育的乐趣。通过用心理解教育，教师不仅能发现教育的魅力，还能在自觉的状态下理解教育的深层意义和目标，进而使自己的生命意义与教育活动的目标相协调，从而提升教育活动的质量和自身的职业境界。

2. 用心从事教育

一旦选择了教育事业，教师就应全力以赴，以饱满的热情和强烈的责任感，用心从事教育工作，主动增强教育实践的丰富性，并在此过程中感受教育实践的乐趣。

（1）乐于教学。乐于教学意味着教师认真履行备课、授课、批改、辅导等常规教学任务。这种教学态度并非仅由外部规范推动——仅仅为了完成任务或履行职责，也不是追求功利或机械地参与。真正的教学热情来源于内心，这样的教师在教学过程中始终充满对学生的关怀和期待。教师备课时需全心投入，遵循"三精"原则：精读教材、精选教法、精心研究学生。只有全心投入，教师才能深化教学内容，使传授的知识生动且富有意义，点燃学生的学习热情，激发他们对自然、社会、人生和生活的热爱。在授课中，教师应实现三个教学境界：第一境界是"形动"，努力吸引学生，使他们喜欢上课程；第二境界是"心动"，用真诚的情感打动学生，创造特定的课堂情感氛围；第三境界是"神动"，将个人的领悟转化为学生的思维和情感。

（2）乐于育人。乐于育人是指教师不仅传授知识和发展技能，而且热心于引导学生形成健全的人格和理解人生的道理，从而促进学生的精神成熟。乐于育人的教师善于利用课堂内外的每一个机会来丰富学生的精神世界，启发学生理解为人处世的道理，增进他们的人生智慧。这种对学生的精神和人格引导不是刻意的灌输，而是通过师生间平等的交往自然发生的，体现了教师的教育智慧和真情。

（3）乐于和学生交往。学校是知识和生命的共同乐园，也是师生交往和共同生活的场所。教师应积极与学生交往，不限于课堂教学。在教学之外的时间，教师应扩大与学生的接触，了解和参与学生的日常生活，不仅仅是完成教学任务后便匆匆离开。通过增强师生之间的情感联系，师生交往能够有效地促进双方的沟通，使教师更深入地理解学生，进入他们的内心世界，并与他们建立真正的友谊关系，从而实现教育的共同成长。师生间的交往可以通过多种方式，如课后与学生共同参与体育活动，或通过社交媒体与学生保持联系，等等。

（4）乐于和同事、家长及社区成员进行交流合作。从促进学生全面发展的角度看，教师应积极与同事、家长及社区成员交流合作。这不仅能够扩展教师的教育视野和增强教育的合力，还能通过相互沟通更好地理解学生，提高教育效果。积极的交流合作有助于教师从多个角度了解学生的成长环境，共同解决教育过程中遇到的问题，并形成一个支持学生发展的强大网络。这种合作应当包括定期的教师与家长会议，与社区成员的合作项目，以及与同事之间的经验分享和策略讨论。

（5）乐于学习、反思和研究。苏霍姆林斯基在《给教师的建议》中提出：把每个学生引导到书的世界中去，培养他们热爱书籍，使书籍成为智力生活的指路明灯——这有赖于教师，有赖于书籍在教师本人的精神生活中占什么地位。[①] 今天的教师应当热衷于学习、反思和研究。教师的自我反思是在教育教学实践中对自己的行为进行批判性考察的过程。这包括通过回顾、诊断和自我监控，对自己的行为进行肯定、支持、强化或否定、思索、修正，从而持续提升教学效能。如苏霍姆林斯基所言，教师要有长远的视角和深远的洞察力，因为教育是一个长期的过程，其成果可能需要多年才能显现。因此，教师需要有耐心，将自己的职业快乐建立在学生的长期进步和成长上。这种耐心和坚持是教师职业生涯中的重要素质，有助于维持教师在长期教育实践中的心理平衡和职业满足感。

3. 用心享受教育

用心从事教育的教师不仅甘于奉献，更懂得享受教育过程及其带来的结果。上海师范大学刘次林教授在《幸福教育论》中指出：有一种"无私"的教师认为自己不需要任何东西，他只是为了学生而活着，他认为自己无足轻重，只要学生幸福，宁肯做牛做马。但是使他百思不得其解的是，尽管他是无私的，他却并不幸福。[②] 这样的教师还未真正达到乐业的境界。真正乐业的教师不仅关注学生，还关心自我，自觉享受教育的每一环节。

（1）享受学生成长带来的喜悦。教师的首要职责是育人，教育的成功和职业理想的实现构成了教师幸福的重要来源。教师不仅享有生活中最大的乐趣，还享有其他职业所不具备的特有乐趣，即学生的爱和成长。学生的生命进展深刻地影响着教师的内心。教师将自己的情感、态度、人格、智慧投入到教学实践中，不仅影响学生的成长，也在学生的成长中寻找自己的价值。能有什么比看到自己的学生茁壮成长更让教师感到幸福的呢？

[①] 蔡汀，王义高，祖晶. 苏霍姆林斯基选集（五卷本）：第2卷[M]. 北京：教育科学出版社，2001：624-625.
[②] 刘次林. 幸福教育论[M]. 北京：人民教育出版社，2003：210.

(2) 享受"教学生活"。教学不仅是学生获取知识的手段，也是教师和学生共同生活的方式。当教师努力启发学生的心智时，学生同样在追寻有意义的人生。这个过程本身就充满了教学的乐趣。教师如果能以欣赏的态度进入课堂，真正享受教学的过程，就能与学生建立更深的情感联系，使教学不仅是职责的履行，而且是一种共享的人生体验。

(3) 享受教育的自由与幸福。教师能在极大程度上张扬个性，在与学生的互动中肯定自我，展现自己的才华，使个人的生活和精神世界更加丰富多彩。当教师将日常工作与个人价值实现联系起来，超越了纯粹的物质追求，他们便会体验到精神上的自由和职业生涯中的幸福。历史上，孔子以诲人不倦的热情成为"万世师表"；孟子则将"得天下英才而教育之"视为人生幸事，被尊为"亚圣"。教师只有把教育视为一项快乐的事业，才能不断探索教育活动的内在魅力，使教育成为通往诗意人生的桥梁。

(4) 在"学习、反思与研究"中享受职业幸福。教师的学习不仅是为了提升专业水平和保持良好的思维状态，更重要的是通过学习和思考来拓展精神境界，在应对现实事务中找到心灵的安顿，在与外界的精神互动中得以立足。这样的教学生活使生命更加充盈，使教师享受到职业的幸福和生活的乐趣。教师从事反思与研究也不仅仅是为了提高教育水平，研究本身即是一种乐趣。只有研究和分析事实，才能使教师从平凡的事物中看出新内容、新特征、新细节，才能感受教育工作的真正意义，享受教育的快乐和幸福。[1] 研究能使我们从生活的喧嚣中抽离，享受心灵的宁静和充实。将教育视为追求的事业而非单纯的谋生手段，教师才能领悟"学而不厌，诲人不倦"的境界，体验"得天下英才而教育之"的自豪与幸福。教育的快乐和幸福，与教育者的神圣职责结合后，工作不再是负担，而是一种享受，一种崇高的实践。

本章小结

教师职业道德的提升关键是教师自身加强道德修炼。教师职业道德修炼的意义体现为教师职业道德是教师的根本素质，教师职业道德建设是教师队伍建设的首要任务和灵魂工程，加强职业道德修炼对于青年教师具有特殊意义。教师职业道德修炼的内容主要包括提高师德认知、陶冶师德情感、磨炼师德意志、坚定师德信念、培养师德行为和习惯。教师职业道德修炼最根本的途径是参与教育教学实践活动，而加强理论学习是教师职业道德修炼的重要途径。教师职业道德修炼的方法主要有立志导向法、勤学认知法、反思内省法、场景陶冶法和监督他律法等。教师职业道德修炼要坚持以人为本、知与行统一、内省性与约束性相结合、先进性与广泛性相结合、继承与创新相结合的原则。教师职业道德修炼的境界是达到乐业，直至职业幸福。

---

[1] 肖川. 教师的幸福人生与专业成长 [M]. 长沙：岳麓书社，2014：35.

真题自测

【5.1】一直受学生喜欢的韩老师每次板书后,习惯性地将剩余的粉笔头"潇洒地"投向教室后面的垃圾桶,只要一投中就会引起学生啧啧称赞,此举被很多学生模仿,现已成为学生们课后常玩的一个游戏——"旋风粉笔"。这表明韩老师要注重(　　)。

A. 加强职业归属感　　B. 道德心理优化　　C. 增强职业安全感　　D. 道德行为内化

【5.2】拥有三十多年丰富教学经验的段老师,特别重视外出学习,一有机会就向其他老师取经,观摩别人的课堂,反思自己的教学方法,努力提高教育教学水平。这说明段老师具有(　　)。

A. 模仿其他老师的意识　　　　　　B. 关心学生的意识
C. 实施素质教育的意识　　　　　　D. 追求进步的意识

【5.3】一年来,任老师的家人接二连三地生病住院,她每天下班后都要到医院去照顾。可是,她仍认真地上好每一堂课,耐心地解答学生的困惑。任老师的做法体现的教师职业行为选择标准是(　　)。

A. 功利性与超功利性的统一　　　　B. 主观性与客观性的统一
C. 根本性与确定性的统一　　　　　D. 全局性与稳定性的统一

【5.4】为了促进学生更好地完成作业,余老师经常将班上学生的优秀作业和不合格作业及名单公布在班级家长群里,引起部分家长的不满。余老师向家长耐心解释这样做的目的,并保持此作业发布方式。余老师的做法不妥,体现出他和家长的冲突是(　　)。

A. 道德情感的冲突　　　　　　　　B. 道德意志的冲突
C. 道德认知的冲突　　　　　　　　D. 道德信念的冲突

推荐阅读

1. 刘次林. 教师幸福论[M]. 北京:人民教育出版社,2003.
2. 苏霍姆林斯基. 给教师的建议[M]. 杜殿坤,编译. 北京:教育科学出版社,2022.
3. 朱小蔓. 教育职场:教师的道德成长[M]. 北京:教育科学出版社,2004.
4. 檀传宝. 走向新师德:师德现状与教师专业道德建设研究[M]. 北京:北京师范大学出版社,2009.
5. 葛明荣,李超. 教师职业道德与专业发展[M]. 北京:高等教育出版社,2022.

下编

教育法律法规

第六章 教育法基础

☞ 学完本章，应该做到：
- 理解教育法的含义、特性和法律渊源。
- 理解教育法律关系的概念、类型、构成要素，并能结合实例进行分析。
- 理解教育法律责任的概念、类型及其归责要件；了解教育法律救济的概念、途径，并能进行案例分析。
- 了解教育法从制定到实施的整个运作过程。

☞ 学习引导：

本章主要介绍教育法的基础知识，这是学好教育法律法规知识的前提。应理解本章的名词术语及其概念、特征（类型）、构成要素等，并结合案例运用相关的概念、原理进行分析，才能全面理解和掌握本章内容，为后面章节的学习打下牢固的基础。

此外，还要在课外查阅并熟悉与国家教师资格考试内容相关的法律条文，如《中华人民共和国教育法》《中华人民共和国教师法》《中华人民共和国义务教育法》《中华人民共和国未成年人保护法》《中华人民共和国预防未成年人犯罪法》《学生伤害事故处理办法》等，并熟知各项教育法律法规颁布的宗旨。

☞ **本章知识导图**

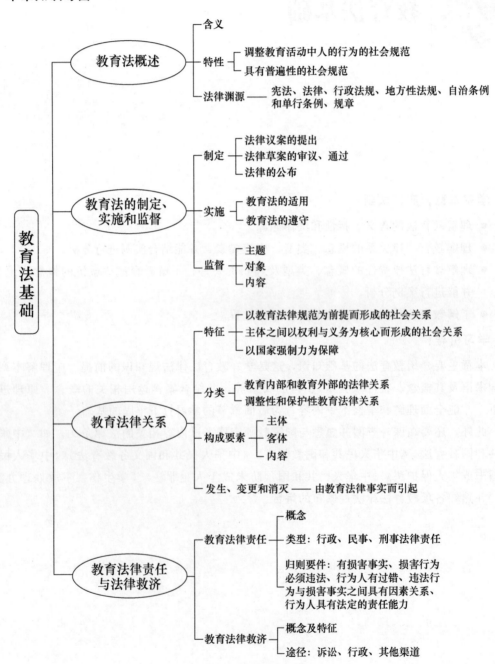

【引子】

学生损坏学校公物能罚款吗?

某校高中学生杨某在教学楼内玩球,将一个价值300元的吊灯打坏。学校在查明事实经过后,依据学校有关"损坏公物要赔偿和罚款"的规章制度,对杨某作出三点处理决定:给予警告处分,照价赔偿吊灯,罚款300元。

对此,学校、教师、学生家长都没有感到不妥。该校校长还在全校师生大会上以此事为案例,重申依法治校、从严治校的重要性。

依法治教是我国依法治国的重要组成部分,是教育法治的主旋律。那么,对校长、教师来说,"法"是什么?怎么做才不违法?这就要求我们首先掌握我国相关的教育法基础知识,进而才能有效地遵守法律并合理运用法律。

第一节 教育法概述

一、教育法的含义

教育法是国家制定或认可,并由国家强制力保证其实施的,调整教育活动中各种社会关系的法律规范的总和。

教育法有广义、狭义和最狭义之分。广义的教育法是由国家制定或认可,并以国家强制力来保证教育活动顺利实施的行为规则的总称。它包括国家立法机关、地方立法机关和政府部门制定和颁布的各种教育法律、法规、决定、命令等。狭义的教育法是指国家最高立法机关制定的教育法律,在我国是指由全国人民代表大会及其常务委员会制定的教育法律。最狭义的教育法在我国专指1995年由全国人民代表大会制定的《中华人民共和国教育法》。[①]

二、教育法的特性

教育法的特性是指教育法与其他社会现象、社会规范相比所具有的特殊性。

1. 教育法是调整教育活动中人的行为的社会规范

调整教育活动的规范既有技术性的,也有社会性的。技术性的规范调整的是人与自然之间的关系。社会性的规范调整的是人与人之间的社会关系。教育法是一种社会规范,它调整的是人与人之间的社会关系。作为调整人的行为的社会规范,它不同于其他的社会规

---

① 尹力.教育法学[M].2版.北京:人民教育出版社,2015:9.

范,因为它以公共权力为后盾,以强制性为根本特性,以维护和形成基本的社会秩序为目的,这是其他社会规范所不具有的特殊性。

2. 教育法是具有普遍性的社会规范

法的普遍性表现在三个方面:

(1) 在国家权力所及的范围内,法具有普遍的约束力。这种普遍的约束力是一种普遍的国家强制性,它来源于国家权力所具有的形式上的公共性。在其约束下,如果违反了法则就被视为危害了公共利益。

(2) 法律面前人人平等。无论谁违反了法律,都应受到法律的制裁。

(3) 法的内容具有与人类普遍要求相一致的趋向。因为法所调整的是人与人之间的社会关系,它要受到一定的社会发展规律的制约。因而,法所反映的内容必然要与人的普遍要求相适应,否则就会受到规律的惩罚。

3. 教育法是由国家强制力保证其实施的社会规范

不同的社会规范都有保证其实施的社会方式,但其实施的范围、程度、性质是不同的。例如,对不道德的行为可能通过舆论进行谴责,通过信念进行纠正等,而对违法的行为则要通过军队、警察、监狱等暴力手段进行强制处理。所以,法是具有外在强制性的社会规范。同样,教育法也需要通过强制手段保证其实施。

三、教育法的法律渊源[①]

法的渊源是指法的表现形式。由于法的来源不同,如制定机关不同、外部形式不同,因而法的表现形式、效力范围等也不同。教育法的渊源是指根据法律效力的来源不同而形成的各种形式的教育法。由于"制定"是我国教育法的形成方式,所以成文法是我国教育法的表现形式。

根据《中华人民共和国宪法》(以下简称《宪法》)和《中华人民共和国立法法》(以下简称《立法法》)的规定,教育法的法律渊源包括:

1. 宪法

宪法是国家的根本法,是法律的最高表现形式,具有最高的法律效力,宪法的制定具有最严格的程序。宪法是一切法律、法规的渊源,是法律体系中的"母法"。宪法规定了教育法的基本指导思想和立法依据,规定了教育教学活动应当遵循的基本规范。

(1) 宪法规定了教育法的基本指导思想和立法依据。

《中华人民共和国宪法》序言规定:"我国将长期处于社会主义初级阶段。国家的根本任务是,沿着中国特色社会主义道路,集中力量进行社会主义现代化建设。中国各族人民将继续在中国共产党领导下,在马克思列宁主义、毛泽东思想、邓小平理论、'三个代表'重要思想、科学发展观、习近平新时代中国特色社会主义思想指引下,坚持人民民主专

---

① 本部分内容结构参考杨颖秀. 教育法学 [M]. 4版. 北京:中国人民大学出版社,2019:34-37.

政,坚持社会主义道路,坚持改革开放,不断完善社会主义的各项制度,发展社会主义市场经济,发展社会主义民主,健全社会主义法治,贯彻新发展理念,自力更生,艰苦奋斗,逐步实现工业、农业、国防和科学技术的现代化,推动物质文明、政治文明、精神文明、社会文明、生态文明协调发展,把我国建设成为富强民主文明和谐美丽的社会主义现代化强国,实现中华民族伟大复兴。"

《宪法》第二条规定:"人民依照法律规定,通过各种途径和形式,管理国家事务,管理经济和文化事业,管理社会事务。"

《宪法》第四条规定:"中华人民共和国各民族一律平等。国家保障各少数民族的合法的权利和利益,维护和发展各民族的平等团结互助和谐关系。禁止对任何民族的歧视和压迫,禁止破坏民族团结和制造民族分裂的行为。""国家根据各少数民族的特点和需要,帮助各少数民族地区加速经济和文化的发展。""各少数民族聚居的地方实行区域自治,设立自治机关,行使自治权。各民族自治地方都是中华人民共和国不可分离的部分。""各民族都有使用和发展自己的语言文字的自由,都有保持或者改革自己的风俗习惯的自由。"

(2)宪法规定了教育教学活动应当遵循的基本规范。

宪法规定了教育的性质和国家管理教育的原则。《宪法》第十九条规定:"国家发展社会主义的教育事业,提高全国人民的科学文化水平。""国家举办各种学校,普及初等义务教育,发展中等教育、职业教育和高等教育,并且发展学前教育。""国家发展各种教育设施,扫除文盲,对工人、农民、国家工作人员和其他劳动者进行政治、文化、科学、技术、业务的教育,鼓励自学成才。""国家鼓励集体经济组织、国家企业事业组织和其他社会力量依照法律规定举办各种教育事业。""国家推广全国通用的普通话。"

宪法规定了教育目的和任务。《宪法》第四十六条规定:"国家培养青年、少年、儿童在品德、智力、体质等方面全面发展。"《宪法》第二十四条规定:"国家通过普及理想教育、道德教育、文化教育、纪律和法制教育,通过在城乡不同范围的群众中制定和执行各种守则、公约,加强社会主义精神文明的建设。""国家倡导社会主义核心价值观,提倡爱祖国、爱人民、爱劳动、爱科学、爱社会主义的公德,在人民中进行爱国主义、集体主义和国际主义、共产主义的教育,进行辩证唯物主义和历史唯物主义的教育,反对资本主义的、封建主义的和其他的腐朽思想。"

宪法规定了公民受教育的权利和义务。《宪法》第四十六条规定:"中华人民共和国公民有受教育的权利和义务。"

宪法规定了教育管理的权限。《宪法》第八十九条规定了国务院的行使职权,其中包括领导和管理教育工作的权限;《宪法》第一百零七条规定了县级以上地方各级人民政府有依照法律规定的权限管理本行政区域内的教育工作的权限;《宪法》第一百一十九条规定了各民族自治地方的自治机关自主管理本地方的教育工作的权限。

宪法规定了对特殊群体的教育保护原则。《宪法》第四条规定:"国家根据各少数民族的特点和需要,帮助各少数民族地区加速经济和文化的发展。"《宪法》第四十八条规定:"中华人民共和国妇女在政治的、经济的、文化的、社会的和家庭的生活等各方面享有同男子平等的权利。"《宪法》第四十五条规定:"国家和社会帮助安排盲、聋、哑和其他有残疾的公民的劳动、生活和教育。"《宪法》第四十九条规定:"父母有抚养教育未成年子女的义务,成年子女有赡养扶助父母的义务。"

宪法规定了不得利用宗教进行妨碍国家教育制度的活动。《宪法》第三十六条规定:"中华人民共和国公民有宗教信仰自由。""国家保护正常的宗教活动。任何人不得利用宗教进行破坏社会秩序、损害公民身体健康、妨碍国家教育制度的活动。"

2. 法律

法律有广义和狭义之分。广义的法律是指各种法律规范的总和,狭义的法律是指由最高国家权力机关及其常设机关按照立法程序制定的规范性文件。宪法规定,全国人民代表大会和全国人民代表大会常务委员会行使国家立法权,即有权制定法律。这里所说的法律即是指狭义的法律。法律的地位和效力仅次于宪法。

根据法律的制定机构和调整对象不同,法律又分为基本法律和基本法律以外的法律。基本法律是由全国人民代表大会制定和发布的,它规定和调整的是某一方面社会关系的根本性、普遍性的问题;基本法律以外的法律是由全国人民代表大会常务委员会制定的,它调整的是某一方面社会关系内容比较具体的问题。《中华人民共和国教育法》《中华人民共和国义务教育法》都是由全国人民代表大会制定的关于教育方面的基本法律,《中华人民共和国教师法》《中华人民共和国高等教育法》《中华人民共和国民办教育促进法》《中华人民共和国职业教育法》都是由全国人民代表大会常务委员会制定的关于教育方面的基本法律以外的法律。

3. 行政法规

行政法规是指最高国家行政机关依据宪法和法律,在其职权范围内制定和发布的有关国家行政管理活动的各种规范性文件。

行政法规是由国务院根据法律制定的,其名称有"条例""规定""办法"等。例如,《教师资格条例》《中华人民共和国中外合作办学条例》《学校卫生工作条例》《中华人民共和国民办教育促进法实施条例》《禁止使用童工规定》《高等教育自学考试暂行条例》《普通高等学校设置暂行条例》等,都属于行政法规。

4. 地方性法规

地方性法规是指省、自治区、直辖市以及设区的市的人民代表大会及其常务委员会依据法定权限,制定的规范性文件。《宪法》第一百条规定:"省、直辖市的人民代表大会和它们的常务委员会,在不同宪法、法律、行政法规相抵触的前提下,可以制定地方性法规,报全国人民代表大会常务委员会备案。"《立法法》第八十条规定:"省、自治区、直辖市的人民代表大会及其常务委员会根据本行政区域的具体情况和实际需要,在不同宪法、法律、行政法规相抵触的前提下,可以制定地方性法规。"《立法法》第八十一条规定:"设区的市的人民代表大会及其常务委员会根据本市的具体情况和实际需要,在不同宪法、法律、行政法规和本省、自治区的地方性法规相抵触的前提下,可以对城乡建设与管理、生态文明建设、历史文化保护、基层治理等方面的事项制定地方性法规,法律对设区的市制定地方性法规的事项另有规定的，从其规定。设区的市的地方性法规须报省、自治区的人民代表大会常务委员会批准后施行。省、自治区的人民代表大会常务委员会对报请批准的地方性法规，应当对其合法性进行审查，认为同宪法、法律、行政法规和本省、自治区的地方性法规不抵触的，应当在四个月内予以批准。"但《立法法》第八十一条规定："省、自治区的人民代表大会常务委员会在对报请批准的设区的市的地方性法规进行审查时，发现其同本省、自治区的人民政府的规章相抵触的，应当作出处理决定。"

5. 自治条例和单行条例

自治条例和单行条例是指民族自治地方的人民代表大会及其常务委员会依据法定权限制定的适用于本区域的规范性文件。《宪法》第一百一十六条规定："民族自治地方的人民代表大会有权依照当地民族的政治、经济和文化的特点，制定自治条例和单行条例。自治区的自治条例和单行条例，报全国人民代表大会常务委员会批准后生效。自治州、自治县的自治条例和单行条例，报省或者自治区的人民代表大会常务委员会批准后生效，并报全国人民代表大会常务委员会备案。"

6. 规章

规章包含两个层面。一是指部门规章，即指国务院所属各部、各委员会及具有行政管理职能的直属机构，依据法定权限制定的规范性文件。部门规章的效力低于国务院的行政法规、决定和命令等，但其涉及的范围更为广泛，是教育法不可缺少的渊源。《立法法》第九十一条规定："国务院各部、委员会、中国人民银行、审计署和具有行政管理职能的直属机构以及法律规定的机构，可以根据法律和国务院的行政法规、决定、命令，在本部门的权限范围内，制定规章。""部门规章规定的事项应当属于执行法律或者国务院的行政法规、决定、命令的事项。没有法律或者国务院的行政法规、决定、命令的依据，部门规章不得设定减损公民、法人和其他组织权利或者增加其义务的规范，不得增加本部门的权力或者减少本部门的法定职责。"二是指政府规章，即省、自治区、直辖市和设区的市的人民政府，依据法定权限制定的规范性文件。《立法法》第九十三条规定："省、自治区、直辖市和设区的市、自治州的人民政府，可以根据法律、行政法规和本省、自治区、直辖市的地方性法规，制定规章。"

第二节 教育法的制定、实施和监督

要保证教育事业健康有序地进行，必须走依法治教之路。教育法的制定是依法治教的前提，它解决的是教育"有法可依"的问题。在教育法治的过程中，除要有法可依外，还要"有法必依、执法必严、违法必究"，即有效实施教育法。

一、教育法的制定

(一) 教育立法的含义

教育法的制定又称教育立法,它有广义和狭义两种解释。广义的教育立法是指国家机关依据法定的权限和程序,制定、修改、补充和废止规范性教育法律文件的活动。狭义的教育立法是指最高国家权力机关及其常设机关依据法定的权限和程序,制定、修改、补充和废止教育法律的活动。教育立法是加强教育法治建设、依法治教的前提,为实现教育法律的调整提供根据。

(二) 教育立法程序

立法程序是指由宪法和法律规定的享有立法权限的国家机关制定、修改、补充和废止法律或规范性法律文件的步骤。最高国家权力机关及其常设机关的立法程序可分为以下四个步骤。

1. 法律议案的提出

法律议案的提出是指依法享有专门权限的国家机关或人员向立法机关提出制定、修改、补充和废止某项法律的有效建议,这是立法程序的第一阶段。根据我国宪法和法律的规定,享有立法提案权的机关和人员如下:

(1) 有权向全国人民代表大会提出宪法修正案的机关和人员有:全国人民代表大会常务委员会、1/5 以上的全国人民代表大会代表。

(2) 有权向全国人民代表大会提出属于全国人民代表大会职权范围内的法律议案的机关和人员有:全国人民代表大会主席团、全国人民代表大会常务委员会、全国人民代表大会各专门委员会、一个代表团或 30 人以上的全国人民代表大会代表、国务院、中央军委、最高人民法院、最高人民检察院。

(3) 有权向全国人民代表大会常务委员会提出属于全国人民代表大会常务委员会职权范围内的法律议案的机关和人员有:委员长会议、全国人民代表大会各专门委员会、全国人民代表大会常委会组成人员 10 人以上、国务院、中央军委、最高人民法院、最高人民检察院。

法律议案形成后,经过审查、讨论,被通过的法律议案则作为拟定法律草案的依据,以此形成可以提交法律制定机关审议的正式法律草案。

2. 法律草案的审议

法律草案的审议是指法律制定机关对列入议程的法律草案正式进行讨论和审议的活动。这是立法程序中最关键的阶段。对法律草案审议的程序一般分为两步:其一,听取提案人关于法律草案的解释、说明,包括法律草案的立法理由、起草经过、指导思想和原则以及立法中的主要问题;其二,通过各种具体形式,审议法律草案。向全国人民代表大会提交的法律草案,一般要先经过全国人民代表大会常务委员会的审议再提交全国人民代表大会审议。向全国人民代表大会常务委员会提交的法律草案,一般采取初步审议和再次审议，然后由全国人民代表大会常务委员会会议决定是否通过。

3. 法律草案的通过

法律草案的通过是指立法机关对于经过审议的法律草案正式表示同意与否的活动。这是具有决定性意义的阶段。《中华人民共和国宪法》第六十四条规定："宪法的修改，由全国人民代表大会常务委员会或者五分之一以上的全国人民代表大会代表提议，并由全国人民代表大会以全体代表的三分之二以上的多数通过。"又根据《中华人民共和国宪法》第六十四条规定："法律和其他议案由全国人民代表大会以全体代表的过半数通过。"法律议案的通过方式，一般采取无记名投票方式或举手表决方式或其他方式。目前我国在全国人民代表大会会议和全国人民代表大会常务委员会会议中，经常采取电子计算机的表决方式，不仅提高了效率，而且增加了准确性。

4. 法律的公布

法律的公布是指立法机关将通过的法律以法定形式公布出去，这是立法的最后阶段。《中华人民共和国宪法》第八十条规定："中华人民共和国主席根据全国人民代表大会的决定和全国人民代表大会常务委员会的决定，公布法律，……发布动员令。"《中华人民共和国立法法》第六十二条规定："法律签署公布后，法律文本以及法律草案的说明、审议结果报告等，应当及时在全国人民代表大会常务委员会公报和中国人大网以及在全国范围内发行的报纸上刊载。"

二、教育法的实施

法律的制定只是将社会关系上升为法律规范，而更重要的是使已经制定的法律规范在社会生活中得以贯彻实施，规范人们的行为，调整社会关系，维护国家利益。

教育法的实施主要有两种方式，即教育法的适用和教育法的遵守。

教育法的适用通常有广义和狭义之分。从广义上讲，教育法的适用是指国家权力机关、国家行政机关、国家司法机关及其公职人员依照法定的权限和程序，将教育法运用于具体的人或组织的专门活动。从狭义上讲，教育法的适用是专指国家司法机关依照法定的权限和程序，运用教育法处理各种案件的专门活动。

教育法的遵守是指教育法律关系主体严格按照教育法律规范行事，使教育法得以实施的活动。守法是针对一切组织和个人的义务。《中华人民共和国宪法》第五条规定："一切国家机关和武装力量、各政党和各社会团体、各企业事业组织都必须遵守宪法和法律。一切违反宪法和法律的行为，必须予以追究。"《中华人民共和国宪法》第三十三条规定："任何公民享有宪法和法律规定的权利，同时必须履行宪法和法律规定的义务。"

三、教育法的监督

教育法的监督也有广义和狭义之分。从广义上讲，教育法的监督是指各类国家机关、政治或社会组织和公民依法对教育法运行情况进行的审查、督促、纠正等活动。从狭义上讲，教育法的监督是指国家专门法制监督机关依照法定权限和程序对教育法运行情况进行的审查、督促、纠正等活动。实施教育法的监督的目的是防止和纠正教育法实施中出现的失误和偏差，保障依法治教的顺利进行，促进我国教育事业的健康发展。

教育法的监督包括监督主体、监督对象和监督内容。监督主体是指教育法律监督权的实施者，它又有来自国家机构内部的自上而下或自下而上的国家监督和来自国家机构以外的各种组织与个人的社会监督之分。国家监督是由国家权力机关、行政机关和司法机关进行的具有国家强制力并能直接产生相应法律后果的监督。社会监督是由执政党、民主党派、社会团体和公民个人依法进行的不具有国家强制力而具有舆论作用的监督。监督对象是指在教育法运行过程中负有责任和义务的组织和个人。监督内容是指教育法的运行情况，主要就行为的合法性进行监督。

第三节 教育法律关系

一、教育法律关系的概念及特征

（一）教育法律关系的概念

教育法律关系是教育法律规范在调整人们有关教育活动的行为过程中形成的权利和义务关系。这一关系可以从以下几个方面来理解。

（1）教育法律规范是由国家机关制定或认可，并以国家强制力保证实施的关于教育方面的行为规则。

（2）教育法律关系的产生以教育法律规范的存在为前提，只有适用教育法律规范调整的教育关系才能转化成为教育法律关系。

（3）教育法律关系是一种权利义务关系。所谓的权利义务关系，首先要以法律规范为前提，在法律规范的基础上调整主体之间的利益关系。

（二）教育法律关系的特征

教育法律关系不同于习惯、道德、信仰等形成的社会关系，它具有以下特征。

1. 教育法律关系是以教育法律规范为前提而形成的社会关系

教育法律关系的存在是以教育法律规范的存在为前提的，没有教育法律规范的存在，就没有教育法律关系的存在；一旦社会关系纳入教育法律规范调整的范畴，这种社会关系就成为一种教育法律关系。

2. 教育法律关系是主体之间以权利与义务为核心而形成的社会关系

教育法律规范的确定，就是要通过权利与义务的确定将当事人纳入教育法所调整的范围之内，使之成为权利与义务的享有者与承担者。明确当事人的权利与义务，也就明确了相互之间由法律所调整的社会关系。除此之外，当事人之间所具有的其他社会关系，不属于教育法律关系。

3. 教育法律关系的存在以国家强制力为保障

教育法律规范要明确当事人可以做什么、不可以做什么和必须做什么，这是国家意志的体现，有国家强制力作保障。但当教育法律关系受到破坏时，国家强制力是否立即发挥作用，则要取决于教育法律关系的性质。这种性质有强制性的，有任意性的。前者受国家强制力直接保障，后者则需通过权利人的请求，国家强制力才会发挥作用。

二、教育法律关系的分类

（一）教育内部的法律关系和教育外部的法律关系

依据教育法律关系主体的社会角色不同，教育法律关系可以分为教育内部的法律关系和教育外部的法律关系。

教育内部的法律关系主要是指适用教育法律规范调整的教育系统内部各类教育机构、教育工作人员、教育对象之间的关系。例如，学校与教师的关系、学校及其管理人员与教育行政机关及其工作人员之间的关系等。教育外部的法律关系主要是指适用教育法律规范调整的教育系统与其外部社会各方面之间发生的法律关系，这种关系的具体表现也是多种多样的。

（二）调整性教育法律关系和保护性教育法律关系

根据教育法律规范的职能不同，教育法律关系可以分为调整性教育法律关系和保护性教育法律关系。

调整性教育法律关系是不需要使用法律制裁，主体权利就能正常实现的法律关系，它建立在主体的合法行为的基础上，是法的实现的正常形式。例如，教师按照《中华人民共和国教师法》允许或要求的限度行使教育职权等。保护性教育法律关系是在主体的权利与义务不能正常实现的情况下通过法律制裁而形成的，它是在违法行为的基础上产生的，是法的实现的非正常形式。例如，当地政府未能依法保障义务教育阶段的适龄儿童在户籍所在地学校就近入学。保护性教育法律关系的主体一方是国家，另一方是违法者。

三、教育法律关系的构成要素

教育法律关系的构成要素有主体、客体和内容，三者相互制约、缺一不可，其中任何一个要素的改变都会导致原有法律关系的变更。

（一）教育法律关系的主体

1. 含义及其种类

教育法律关系的主体是指在教育活动中依法享有权利承担义务的法律关系的参加者。这里的参加者主要包括自然人和法人。自然人是指有生命并且取得民事主体资格的人，也可以理解为具有民事权利能力，依法享有民事权利，承担民事义务的人。自然人包括公民、外国人和无国籍人。法人是与自然人相对的概念，是指具有民事权利能力和民事行为能力，依法独立享有民事权利和承担民事义务的组织。法人的民事权利能力和民事行为能力，从法人成立时产生，到法人终止时消灭。例如，学校的法人地位从批准之日起取得，到学校的撤销时终止。

教育法律关系主体的种类繁多，概括起来主要有三种：一是公民（自然人），二是机构和组织（法人），三是国家。

（1）公民（自然人）。公民包含两类：一类是我国公民，另一类是居住在我国境内或在我国境内活动的外国公民和无国籍人。我国公民享有我国法律规定的公民所享有的所有权利，因此能够参加相关的教育法律关系。而外国人和无国籍人则只能参加我国的部分教育法律关系，其范围由我国法律以及我国与其他国家签订的条约及国际公约规定。

（2）机构和组织（法人）。机构和组织主要包含两类：一类是国家机关，如权力机关、行政机关、司法机关等，其具有权力特征；另一类是社会组织，包括政党、企事业单位和社会团体等。这些组织的教育法律关系广泛，无论是在教育民事法律关系中，还是在教育行政法律关系中，都可以依法成为教育法律关系的主体。

（3）国家。国家也是教育法律关系的主体。从国际法方面讲，国家主要以国际法主体的名义参与国际教育活动、签署国际教育协议等。从国内法方面讲，国家主要通过各级权力机关、各级司法机关、各级行政机关等来行使国家的教育立法权、教育司法权和教育行政权，从而成为具体的教育法律关系主体。

2. 教育法律关系主体构成的资格：权利能力和行为能力

教育法律关系主体只有同时具备权利能力和行为能力，才具有主体的资格。不具备行为能力的人，只能由其父母或者其他监护人代替其承担主体的资格。

（1）权利能力

权利能力是指由法律所确认的，能够参与一定的法律关系，依法享有一定权利或承担一定义务的资格。它是法律关系主体参加一切教育法律关系所必须具备的前提条件。

公民的权利能力可以从不同角度进行分类。第一，根据享有权利能力的主体范围不同，权利能力可以分为一般权利能力和特殊的权利能力。第二，按照法律部门的不同，权利能力可以分为民事权利能力、政治权利能力、行政权利能力、劳动权利能力、诉讼权利能力等。

（2）行为能力

行为能力是指由法律确认的，法律关系主体能够通过自己的行为行使权利和承担义务的能力。公民的行为能力问题是由法律予以规定的。一般而言，自然人民事行为能力人可以分为以下三类：

①完全行为能力人。18周岁以上的公民，具有完全民事行为能力，可以独立进行民事活动，是完全民事行为能力人；16周岁以上不满18周岁的公民，以自己的劳动收入为主要生活来源的，视为完全民事行为能力人。

②限制行为能力人。8周岁以上的未成年人为限制民事行为能力人，实施民事法律行为由其法定代理人代理或者经其法定代理人同意、追认；但是，可以独立实施纯获利益的民事法律行为或者与其年龄、智力相适应的民事法律行为。不能完全辨认自己行为的成年人也是限制民事行为能力人，实施民事法律行为由其法定代理人代理或者经其法定代理人同意、追认；但是，可以独立实施纯获利益的民事法律行为或者与其智力、精神健康状况相适应的民事法律行为。

③无行为能力人。不满8周岁的未成年人，以及不能辨认自己行为的8周岁以上的未成年人和成年人是无民事行为能力人，由其法定代理人代理实施民事法律行为。

由上可知，未成年学生在学校学习生活期间发生的法律纠纷通常由其父母或者其他法定监护人承担法律责任。

（二）教育法律关系的客体

教育法律关系的客体是教育法律关系的权利与义务所指向的目标或对象。教育法律关系的客体一般包括物质财富、非物质财富、行为三个大的方面。教育领域中存在的法律纠纷，往往都是因之而起的。

(1) 物质财富。物质财富简称物。它既可以表现为自然物，如森林、土地、自然资源等，也可以表现为人的劳动创造物，如建筑、机器、各种产品等；既可以是国家和集体的财产，也可以是公民个人的财产。物一般可分为动产与不动产两类。不动产包括土地、房屋和其他建筑设施，动产包括资金、教学仪器、小型设备等。

(2) 非物质财富。非物质财富包括创作活动的产品和其他与人身相联系的非财产性的财富。前者也被称作智力成果，在教育领域中主要包括各种教材、著作在内的成果，各种有独创性的教案、教法、教具、课件、专利、发明等。其他与人身相联系的非财产性的财富，包括公民或组织的姓名、名称，公民的肖像、名誉、身体健康、生命等。

(3) 行为。行为是指教育法律关系主体实现权利和义务的作为或不作为。一定的行为可以满足权利人的利益和需要，也可以成为教育法律关系的客体。在教育领域中，教育行政机关的行政行为、学校的管理行为和教育教学行为都是教育法律关系赖以生存的最基本的行为。

学校、教师、学生的物质财富和非物质财富以及这些主体依法进行的教育行为和教育活动都受法律的承认和保护，都是教育法律关系的重要客体。

（三）教育法律关系的内容

教育法律关系的内容是教育法律关系的主体依据法律规定而享有的权利与义务。教育法律关系一旦产生，其主体间就在法律上形成了一种权利与义务关系。

权利与义务是法律关系的核心，它由法律规范所确认并由国家强制力保证实施，是教育法律关系的重要构成要素之一。权利与义务相互依存，不可分割。

教育法律权利指的是教育法律关系的主体依据教育法律规范享有的某种权能或利益，表现为教育法律关系的主体可以作出一定的作为或不作为，也可以要求他人作出一定的作为或不作为。

教育法律义务是指教育法律关系的主体依据教育法律规范的规定必须承担或履行的某种责任，表现为教育法律关系的主体必须作出一定的作为或不作为。

四、教育法律关系的发生、变更和消灭

（一）教育法律关系发生、变更和消灭的概念

教育法律关系的发生，是指教育法律关系的主体之间形成了一定的权利、义务关系。例如，某个适龄儿童进入某校学习，即该儿童和该校发生了一定的权利、义务关系。

教育法律关系的变更，是指教育法律关系构成要素的改变，包括主体、客体或内容等要素的改变。如，甲乙两校签订了联合办学合同，在履行合同的过程中，由于遇到了新情况，甲乙两校经过协商修改了合同中的某些条款，从而引起了原合同关系内容的部分改变。

教育法律关系的消灭，是指教育法律关系的主体、客体的消灭，主体间权利、义务的终止。例如，某学校向某一企业借款而形成了民事法律关系（债权关系），学校为债务人，企业为债权人。届时学校依照合同返还了借款，则与该企业的债权债务民事关系归于消灭。

（二）教育法律关系发生、变更和消灭的根据

教育法律关系的发生、变更和消灭是由一定的客观情况的出现引起的，即教育法律事实。教育法律事实是由教育法律加以规定的，能够引起法律后果的事实，而不是普通的事实。教育法律事实是教育法律关系发生、变更和消灭的根据。它主要分为两种形态：一是教育法律事件，二是教育法律行为。

教育法律事件是指与当事人意志无关，能够引起教育法律关系发生、变更或消灭的事实。导致事件发生的原因，既可以来自社会，如战争等，也可以来自自然，如火山喷发、地震、海啸等，另外也可能来自时间的流逝，如各种时效的规定等。

教育法律行为是引起教育法律关系发生、变更或者消灭的最普遍的法律事实。它包括合法行为和违法行为。合法行为引起肯定性的法律后果，违法行为引起否定性的法律后果。行为一旦作出，也是一种事实，它与教育法律事件的不同之处在于，当事人的主观因素是引发此类事实的原因。教育法上所说的"行为"，仅指与当事人意志有关且能够引起教育法律关系后果的那些行为。例如，教师体罚学生是一种违法行为，这种行为导致教师对学生受教育权、人身权等权利的侵犯，从而使"教师不得体罚学生"的法律规范所确认的教师与学生之间的法律关系从可能变为现实。[1]

---

[1] 杨颖秀. 教育法学 [M]. 4 版. 北京：中国人民大学出版社，2019：59.

第四节　教育法律责任与法律救济

一、教育法律责任

（一）教育法律责任的概念

法律责任有广义、狭义之分。广义的法律责任与法律义务同义，如每个公民都有遵守法律的责任（义务），人民法院有责任（义务）保护当事人的合法权利等。狭义的法律责任，专指违法者对自己实施的违法行为必须承担的某种法律上带有强制性、惩罚性的责任。这种法律责任同违法行为密切联系，即凡是进行了违法行为的人，都必须承担相应的法律责任。

教育法律责任主要是指教育法律关系主体因实施了违反教育法的行为，依法应承担的带有强制性的法律后果。这一概念主要包含以下几层含义：

第一，存在违法行为是承担教育法律责任的前提，是因违反法律上的义务（包括违约等）关系而形成的责任关系。

第二，教育法律责任具有内在逻辑性，即存在前因与后果的逻辑关系。

第三，法律责任与法律制裁紧密相连。法律责任的追究是由国家强制力实施或者潜在保证的。法律责任作为一种否定性的法律后果，体现在国家对违反教育法律、法规行为的制裁方面。

（二）教育法律责任的类型

教育法根据违法主体的法律地位和违法行为的性质，规定了承担法律责任的三种主要类型，即行政法律责任、民事法律责任和刑事法律责任。

1. 行政法律责任

行政法律责任是指行政法律关系主体因违反行政法律法规而应承担的法律后果，简称行政责任。根据我国的教育法律法规的有关规定，承担违反教育法律法规的行政法律责任的方式主要有两类：行政处分和行政处罚。

行政处分是由国家机关或企事业单位对其所属人员予以的惩戒措施，包括警告、记过、记大过、降级、降职、降薪、撤职、留用察看、开除等。行政处分有时也称纪律处分。

行政处罚是指国家行政机关依法对违反行政法律规范的组织或个人进行的行政制裁。行政处罚的种类有很多，根据1998年国家教育委员会发布的《教育行政处罚暂行实施办法》的规定，教育行政处罚的种类主要有10种：（1）警告；（2）罚款；（3）没收违法所得，没收违法颁发、印制的学历证书、学位证书及其他学业证书；（4）撤销违法举办的学校和其他教育机构；（5）取消颁发学历、学位和其他学业证书的资格；（6）撤销教师资格；（7）停考，停止申请认定资格；（8）责令停止招生；（9）吊销办学许可证；（10）法律、法规规定的其他教育行政处罚。

2. 民事法律责任

民事法律责任是指行为人由于民事违法行为所应承担的法律后果。教育法的民事法律责任是教育法律关系主体因违反教育法律法规，破坏平等主体之间正常的财产关系或人身关系，依照法律法规的规定应承担的民事法律责任。它是一种以财产为主要内容的责任。

3. 刑事法律责任

刑事法律责任是指行为人由于刑事违法行为所应承担的法律后果。教育刑事法律责任是指行为人实施了违反教育法和刑法的行为，达到犯罪程度时，所应承担的法律后果。刑事责任是一种惩罚最为严厉的法律责任。

根据《中华人民共和国教育法》第七十一、七十二、七十三、七十七、七十九、八十、八十一条的规定，对挪用、克扣教育经费，扰乱学校及其他教育机构教育教学秩序，破坏校舍、场地及其他财产，明知校舍或教育教学设施有危险，而不采取措施，造成人员伤亡或重大财产损失，在招生、考试工作中徇私舞弊等行为，且构成犯罪的，对其直接责任人员依法追究刑事责任。此外，《中华人民共和国义务教育法》第六十条，《中华人民共和国教师法》第三十五、三十六、三十七、三十八条中也规定了违法情节严重、构成犯罪的行为要承担的刑事责任。

在具体到某一违反教育法的行为时，追究法律责任的方式并不限于一种，可以同时追究两种甚至三种法律责任。例如，在招生工作中徇私舞弊的，对直接负责的主管人员和其他直接责任人员，可依法给予处分；构成犯罪的，可依法追究刑事责任。这就同时规定了行政责任和刑事责任两种责任形式。

（三）教育法律责任的归责要件

所谓归责，是指法律责任的归结，它要解决的是法律责任应该由谁来承担的问题。教育法律关系主体只有具备以下五个教育法律责任的归责要件，才被认定为教育法律责任主体，并要承担相应的法律后果。

1. 有损害事实

有损害事实是指行为人有侵害教育管理、教学秩序及从事教育教学活动的公民、法人和其他组织合法权益的客观事实存在。这是构成教育法律责任的前提条件。

违法对社会所造成的损害有两种情况：一种是违法行为造成了实际的损害，如体罚学生致学生身体受到伤害；另一种是违法行为虽未实际造成损害，但已存在这种可能性，如有关部门明知学校房屋有倒塌的危险，却拒不拨款维修。

违法行为造成的损害后果表现为物质性的后果和非物质性的后果两种。物质性的后果具体、有形、能够计量，如挪用学校建设经费，其数额可以计算。非物质性的后果抽象、无形、难以计量，如教师侮辱学生，造成学生的精神上、心理上长期的伤害，则无法计量。

2. 损害行为必须违法

行为违法即行为人实施了违反教育法律法规的行为。这个要件包括两个方面的含义：

一方面是指行为的违法性，只有行为违反了现行教育法律法规的规定才是违法行为；另一方面，违法必须是一种行为，如果内在的思想不表现为外在的行为，则并不构成违法。

3. 行为人有过错

所谓行为人有过错，是指行为人在实施行为时，具有主观上的故意或过失的心理状态。所谓故意的心理状态，是指行为人明知自己的行为会发生危害社会的结果，但希望或放任这种结果的发生。例如，某高校招生办公室主任收受贿赂后，有意招收分数低的学生，不招收分数高的学生，致使分数高的学生落榜。所谓过失的心理状态，是指行为人在本应避免危害结果发生时，由于疏忽大意或者过于自信而没有避免，以致发生危害结果。例如，教师教育方式不当，对学生进行人格侮辱，学生因不堪忍受而自杀，该教师的行为即有过失的因素。

4. 违法行为与损害事实之间具有因果关系

违法行为是导致损害事实发生的原因，损害事实是违法行为造成的必然结果，二者之间存在着内在的必然的联系。前者决定后者的发生，后者是前者的必然结果。因果关系是承担法律责任的重要条件之一。

5. 行为人具有法定的责任能力（权利能力和行为能力）

公民和法人要能够成为法律关系的主体，享有权利和承担义务，就必须同时具有权利能力和行为能力，即具有法律关系主体构成的资格。

二、教育法律救济

（一）教育法律救济的概念及特征

教育法律救济是指教育法律关系主体的合法权益受到损害时，特定机关通过一定的程序和途径对其利益进行恢复和补救的一种法律制度。

教育法律救济的特征如下：

（1）教育法律救济是以宪法为依据的。《中华人民共和国宪法》第四十一条规定："中华人民共和国公民对于任何国家机关和国家工作人员，有提出批评和建议的权利；对于任何国家机关和国家工作人员的违法失职行为，有向有关国家机关提出申诉、控告或者检举的权利，但是不得捏造或者歪曲事实进行诬告陷害。""由于国家机关和国家工作人员侵犯公民权利而受到损失的人，有依照法律规定取得赔偿的权利。"宪法从国家根本大法的高度为法律救济的存在提供了基础和保障。

（2）权利受到损害是教育法律救济存在的前提，如果权利未受损害，就无所谓救济。在法律救济中，必须有侵权行为的存在，相对人只有在合法权益受到侵害的基础上才可提出救济的请求。

（3）教育法律救济具有弥补性，它是对受损害的权利的弥补，包括司法救济的方式、行政救济方式、组织内部或民间渠道进行救济的方式。

（4）教育法律救济的根本目的是实现合法权益并保证法定的义务履行。

（二）教育法律救济的途径

教育法律救济的途径是指相对人认为其合法权益受到损害时，请求救济的渠道和方式。一般教育法律救济的途径有三种：一是诉讼渠道，即司法救济渠道；二是行政渠道，即行政救济渠道；三是其他渠道，主要是机构内部或民间渠道。后两种渠道相对于诉讼渠道来说，又称为非诉讼渠道。

1. 诉讼渠道

从我国现行法律制度看，凡符合《中华人民共和国民事诉讼法》《中华人民共和国刑事诉讼法》和《中华人民共和国行政诉讼法》受案范围的，都可以通过诉讼渠道求得司法解决。

2. 行政渠道

我国规定了明确的教育行政申诉、教育行政复议和教育行政赔偿制度。

（1）《中华人民共和国教育法》规定了教师和学生都享有申诉权，受教育者申诉和教师申诉两种行政救济方式。教育行政申诉，即指作为教育法律关系主体的公民，在其合法权益受到损害时，向国家机关申诉理由、请求处理的制度。

（2）教育行政复议是指教育行政管理相对人认为教育行政机关作出的具体行政行为侵犯其合法权益，依法向作出该行为的上一级教育行政机关或原处理机关提出申诉，受理行政机关对该具体行政行为进行复查并作出裁决的活动和制度。

（3）教育行政赔偿是指教育行政机关及其工作人员在执行职务过程中，侵犯了公民、法人或其他组织的合法权益并造成损害，依照法律规定，由国家承担损害赔偿责任的制度。

3. 其他渠道

在人民调解制度的基础上，随着教育法制的健全，根据《中华人民共和国教育法》和《中华人民共和国教师法》的基本精神，正在逐步建立校内调解制度。

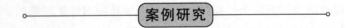

教师体罚学生

初三教师罗某在讲解数学试卷时，发现学生杜某既没有听讲，也没有拿出试卷，而是一直与同桌讲话。罗某看了杜某几眼，以示警告，但杜某仍我行我素，罗某便走到杜某的课桌旁，用脚踢向杜某的左腰部，并打了他一巴掌。杜某伏在课桌上呈痛苦状，被同学扶回寝室休息，后因伤情严重，被送往医院抢救治疗。杜某入院后，经医院诊断为脾脏破裂，只能手术摘除。杜某住院治疗23天，伤残程度经鉴定为重伤。罗某的行为造成各项经济损失共计23 883元。

问题：

1. 试分析本案中所涉及的法律主体有哪些。

2. 当事人违反了哪些法律？应当承担什么责任？

3. 本案对你有什么启示？

【案例分析】

法律主体即当事人。本案中所涉及的法律主体有学校、教师罗某、学生杜某及其家长。学校是法人，是教师的管理者，应对教师的职务行为（包括错误的职务行为）以及产生的后果承担法律责任。教师罗某受学校管理，是教育授课的执行者。学生杜某属于未成年人，是受教育者；其家长是未成年人的法定监护人，在本案中其监护的权利和义务均依附于杜某。

本案中的当事人教师罗某在执行教师职务工作中，违反了《中华人民共和国教师法》《中华人民共和国义务教育法》《中华人民共和国未成年人保护法》中禁止教师体罚、变相体罚学生的有关规定。教师体罚学生，根据情节轻重，应承担三类法律责任：一是行政责任，由学校或教育行政部门给予行政处分或者解聘；二是民事责任，即教师体罚学生造成损失的，应当赔偿损失；三是刑事责任，即教师体罚学生情节严重构成犯罪的，依法追究刑事责任。案例中的教师罗某体罚学生致其重伤，已触犯刑法，应追究刑事责任；同时，罗某体罚学生还造成经济损失等，应承担赔偿损失的民事责任。在本案中，学校对于教师罗某的错误行为承担管理失职的责任，对其所造成的后果承担连带民事赔偿责任。

本案的启示：可以从教师"以德治教"与"依法执教"相结合的角度，阐发自己的感想。

本章小结

本章简要概括了教育法的基础知识和基本原理。理解教育法的基本原理，首先要理解教育法的含义、特性、法律渊源。其次，要了解教育法的制定、实施和监督的含义，理解教育法的制定、实施、监督等运作过程的原理。再次，要理解教育法律关系的含义与特征，把握构成教育法律关系的三大要素——教育法律关系的主体、客体和内容，了解教育法律关系的发生、变更和消灭是由教育法律事实引起的。最后，要理解教育法律关系主体违法必须承担相应的教育法律责任。当教育法律关系的主体的合法权益受到侵犯并造成损害时，必须进行教育法律救济。

真题自测

【6.1】下列选项中，不属于全国人民代表大会行使的职权是（　　）。

A. 领导和管理国防建设事业

B. 修改宪法和监督宪法的实施

C. 决定特别行政区的设立及其制度

D. 审查和批准国家的预算和预算的执行情况的报告

【6.2】16岁的学生王某放学途中不慎将同学孙某眼部戳伤,依据《学生伤害事故处理办法》,对于该事故承担损害赔偿责任的主体是(　　)。

A. 学校　　　　B. 班主任　　　　C. 王某本人　　　　D. 王某的监护人

【6.3】某初级中学违反国家有关规定向学生收取补课费。依据《中华人民共和国教育法》,有权责令该校退还所收费用的是(　　)。

A. 教育行政机关　　B. 纪检部门　　C. 公安机关　　D. 物价部门

【6.4】国家机关工作人员陈某因参与小学语文教科书的编写工作被当地人民政府给予行政记过处分,并处没收全部违法所得。当地人民政府作出这一处分的法律依据是(　　)。

A.《中华人民共和国教育法》　　　　B.《中华人民共和国教师法》
C.《中华人民共和国义务教育法》　　D.《中华人民共和国未成年人保护法》

【6.5】中学教师黄某认为当地教育行政部门侵犯其权利而提出申诉。依据《中华人民共和国教师法》,受理其申诉的机关是(　　)。

A. 同级教育行政部门　　　　B. 同级人民政府
C. 上级人民政府　　　　　　D. 同级纪律检查部门

推荐阅读

1. 郝世文,贾春明,费骈闯. 教育政策与法规[M]. 北京:清华大学出版社,2022.

2. 刘若谷. 教育政策与法规[M]. 北京:高等教育出版社,2024.

3. 苏艳霞,孟宪景,贾晓静. 教育政策与法规(修订版)[M]. 北京:北京师范大学出版社,2024.

第七章 国家——依法治教

☞ **学完本章，应该做到：**
- 理解依法治教的内涵。
- 了解教育的基本原则。
- 了解我国教育经费筹措体制的基本框架。
- 了解我国教育行政机关及教育行政行为，并能结合实例进行评析。

☞ **学习引导：**

本章按依法治教概述、国家的权利与义务、教育行政管理和教育行政机关的法律责任四部分内容展开学习。"依法治教概述"的学习可以根据依法治教的"内涵—意义—主体—内容—实现条件"这个主线梳理相关要点。"国家的权利与义务"的学习可根据"义务教育的基础地位与基本性质—教育的基本原则—教育投入与条件保障的法律规定—教育的社会责任与参与"展开，其中重点梳理教育的基本原则、教育投入与条件保障的法律规定部分的知识点。"教育行政管理"的学习根据"教育行政机关—教育行政行为"梳理相关知识点。"教育行政机关的法律责任"根据"教育行政机关承担法律责任的方式—教育行政侵权与赔偿责任"展开学习，其中重点梳理教育行政侵权的知识点。

☞ 本章知识导图

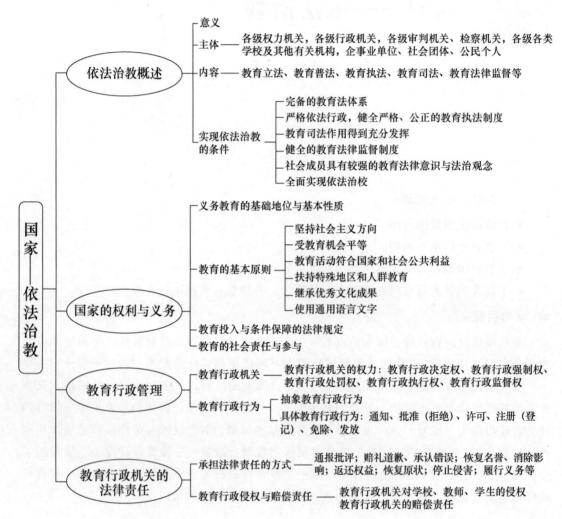

【引子】

《中华人民共和国未成年人保护法》第三十九条规定：

学校应当建立学生欺凌防控工作制度，对教职员工、学生等开展防治学生欺凌的教育和培训。

学校对学生欺凌行为应当立即制止，通知实施欺凌和被欺凌未成年学生的父母或者其他监护人参与欺凌行为的认定和处理；对相关未成年学生及时给予心理辅导、教育和引导；对相关未成年学生的父母或者其他监护人给予必要的家庭教育指导。

对实施欺凌的未成年学生，学校应当根据欺凌行为的性质和程度，依法加强管教。对严重的欺凌行为，学校不得隐瞒，应当及时向公安机关、教育行政部门报告，并配合相关部门依法处理。

随着校园恶性暴力事件不断见诸报端，如何依法治教，避免这些恶性案件再次在校园发生，维护校园的安全，成为一个现实问题。各种冲突的焦点是学生的权利是否得到尊重或侵害。实践表明，只有依法治教，才能维护和保障学校、教师与学生的利益，使得教育工作有序进行。

第一节　依法治教概述

现代社会是法治社会，现代社会的教育是在法治轨道上运行的教育。依法治教是教育法治的内在要求。依法治教是指依照法律法规管理教育事业，它既包括国家和国家机关对教育事务的管理，也包括学校的内部管理。也就是说，全部的教育活动都应当符合有关教育法律法规的规定，所有教育法律关系主体在从事各类教育活动时都应当遵守或不违背教育法律法规的规定和精神，使教育工作逐步走上法治化、规范化、科学化。

一、依法治教的意义

依法治国反映了党在新的历史条件下治国理政新理念新思想新战略的要求与趋势。依法治教是依法治国方略在教育领域的体现，是社会主义市场经济条件下教育法律关系日趋复杂化的必然要求，是教育在社会主义现代化建设中的地位和自身不断发展的需要。作为依法治国方略的重要组成部分，依法治教就是要紧紧围绕社会主义现代化建设的全局，通过教育法治建设，保证教育工作按照党和人民的意志全面依法进行，保证教育的社会主义方向和党的教育方针的贯彻实施，保障教育优先发展战略地位的落实，推动和保障教育改革与发展的健康有序进行，着力造就教育强国。

(一)依法治教是发扬社会主义民主,加强党的领导在教育领域的直接体现和必然要求

党的二十大报告从"坚持全面依法治国,推进法治中国建设"的战略目标出发,深刻指出:"全面依法治国是国家治理的一场深刻革命,关系党执政兴国,关系人民幸福安康,关系党和国家长治久安。必须更好发挥法治固根本、稳预期、利长远的保障作用,在法治轨道上全面建设社会主义现代化国家。我们要坚持走中国特色社会主义法治道路,建设中国特色社会主义法治体系、建设社会主义法治国家,围绕保障和促进社会公平正义,坚持依法治国、依法执政、依法行政共同推进,坚持法治国家、法治政府、法治社会一体建设,全面推进科学立法、严格执法、公正司法、全民守法,全面推进国家各方面工作法治化。"

教育事业是人民的事业,受教育的权利是宪法赋予我国公民的基本权利,教育同广大人民群众的切身利益息息相关,是实现社会主义民主的广阔、重要的领域。广大人民群众密切关注着教育的发展,对接受高质量、多层次的教育,有着越来越强烈的需求。因此,坚持以人民为中心发展教育,加快建设高质量教育体系,发展素质教育,促进教育公平,依法保障人民群众在党的领导下,通过各种途径和形式参与管理教育事业,既是贯彻依法治国方略的必然要求,也是在教育领域发扬社会主义民主的具体体现。

(二)依法治教是在社会主义市场经济条件下,教育进一步改革与发展的客观需要

我国社会主义市场经济体制的逐步建立与完善,使教育领域的社会关系与管理范畴发生了深刻变化,目前正在由权力高度集中的教育行政管理体制向分级管理、中央与地方共同负责的管理体制转变。学校与教育行政部门,正在由单纯的隶属关系转变为自主权与行政权相互协调、相互制约的关系。学校与学校之间,学校与教师、学生以及其他社会组织之间,正在不断产生大量的民事关系和新型的权利、义务关系。此外,社会力量办学迅速发展、教育国际交流与合作日益广泛等教育领域的新变化,导致出现新情况、新问题,这些问题能在法治的基础上,综合运用法律、行政、经济等手段予以调整和解决。纵观世界现代教育的发展历程,加强法治建设也是各国为促进教育适应经济和社会变革的要求普遍采取的重要措施。借鉴发达国家发展教育的经验,从中国国情出发,依靠法治来调整教育活动中各方面的关系,保障教育在增强我国综合国力中的基础地位。

(三)依法治教是教育行政部门改变领导方式,依法行政,提高行政管理效率与水平的必然选择

依法行政是实施依法治国基本方略的基础。实践证明,在教育行政管理领域日趋复杂、管理对象日趋多元的情况下,只有按照法律法规的规定,统一行政行为,建立完善的监督与制约机制,才能保证贯彻执行党和国家方针、政策的连续性和稳定性,切实提高行政效率和管理水平。推进依法治教对教育行政部门来说最主要的要求就是要严格依法行政。只有通过制定规章等立法手段确立教育活动的规则,通过执法和监督手段规范各方面

的教育行为,才能提高教育行政管理的效率与水平,使教育事业健康、有序发展。教育行政管理涉及的面非常广泛,热点、难点问题很多,涉及学校、教师、学生和广大公民的切身利益。当前,随着法治的扎实推进和公民法律意识的日益增强,教育领域的诉讼案件呈上升的趋势,教育部门不依法行政就要承担相应的法律责任。

(四)依法治教是培养未来高素质人才的有力保证

要保证教育方针和一系列教育改革决策的贯彻落实,需要全党、全社会以及广大教育工作者共同努力,形成依法治教的宏观环境,以法治手段巩固改革的成果,推进改革的进程。同时,现代的法律意识、法治观念及法治思想也是未来高素质人才必须具备的基本素质。在社会、学校中创造良好的法治环境,让广大青少年学生在日常学习、生活中,逐步培养法律意识、树立法治观念、养成守法习惯,提高依法保护自身权利、参与国家和社会事务的能力。这既是实施素质教育的重要内容,也必将对提高国民素质、推进我国的民主法治进程产生重大而深远的影响。

二、依法治教的主体

依法治教的主体就是参与教育法律关系的主体。教育法律关系的主体有:

(1)各级权力机关,即各级人民代表大会及其常务委员会,它们有权制定教育方面的法律法规,听取政府有关教育工作的报告,审议有关教育经费的预算和决算;对政府的教育工作提出质询;检查、监督教育法的实施情况。

(2)各级行政机关,即各级人民政府及其职能部门,各级教育行政部门及其他有关行政部门。它们在各自的职责范围内,行使自己的管理职权,履行自己的管理责任,依法行使教育管理职能。

(3)各级审判机关、检察机关,即各级人民法院和人民检察院。其中,人民法院依法审理有关教育的案件,人民检察院依法进行检察监督。

(4)各级各类学校及其他有关机构。学校及其他教育机构依法进行学校管理。

(5)企事业单位、社会团体、公民个人等。企事业单位、社会团体及公民依法参与教育事业的管理和监督。

三、依法治教的内容

依法治教的内容主要包括教育立法、教育普法、教育执法、教育司法、教育法律监督等方面。

教育立法就是教育法的制定,是指国家机关依照其法定职权制定(修改和废止)教育规范性文件的活动。根据《中华人民共和国宪法》和有关法律的规定,全国人民代表大会及其常委会行使国家立法权,有权制定教育法律;国务院作为国家最高行政机关有权制定教育行政法规;国务院各部、各委员会有权制定部门教育规章;省、自治区、直辖市的人民代表大会及其常务委员会,省、自治区人民政府所在地的市和经国务院批准的计划单列城市人民代表大会及其常委会，根据本地的具体情况和实际需要，在不与宪法、法律相抵触的前提下，有权制定地方性教育法规；省、自治区、直辖市，省、自治区人民政府所在地的市和经国务院批准的计划单列城市人民政府有权根据法律和行政法规，制定地方政府教育规章。

教育普法主要是指教育法律常识的宣传与普及，增强人们的教育法律意识，培养人们维护和遵守教育法律法规的行为习惯等。促进教育守法建设的一个重要手段是教育普法。教育普法是全民法制宣传教育的重要组成部分，开展此项活动，对增强公民的教育法律意识，提高教育管理人员和教育工作者的法治素养，保证教育法律法规的贯彻实施，具有重要意义。

教育执法是教育法实施的关键所在。法律一经制定，就应付诸实施。教育法的实施应该以法律执行为主，以法律适用为辅。

教育司法是国家机关依照法定权限和程序运用法律处理教育违法案件和裁决教育纠纷的专门活动。这里所言的教育司法不仅包括国家司法机关处理教育案件的专门活动，还包括国家行政机关依法作出裁决的活动。

在加强教育立法、教育执法的同时，必须进行教育法律监督，以保证教育法律法规的有效实施。国家机关、社会组织和公民有权对教育法律、行政法规、规章、地方性法规的实施情况予以监督。我国目前教育法律监督的方式主要有权力机关监督、行政机关监督、司法机关监督、政党监督、社会组织监督、社会舆论监督、人民群众监督等。

四、实现依法治教的条件

借鉴国外依法治教的经验，结合我国的实际情况，全面实现依法治教，应当具备以下条件。

（一）完备的教育法体系

依法治教的重要条件是有法可依。在此意义上，教育立法是依法治教的基础。只有健全完备的教育法体系，才能为依法治教工作提供全面的法律依据，才能使依法治教工作做到有法可依、有章可循。

（二）严格依法行政，健全严格、公正的教育执法制度

依法行政是依法治教的重要组成部分，是对教育行政部门及其他有关部门提出的基本要求。是否具有严格而公正的教育执法制度，具有一支秉公廉洁的执法队伍，是决定依法治教能否全面实现的关键因素。

（三）教育司法作用得到充分发挥

依法治教要求充分发挥司法机关解决教育纠纷、制裁违法行为的作用。司法机关应认真查处教育违法案件，运用司法手段合理、公正解决教育纠纷，制裁违法行为，并对教育行政机关的具体行政行为予以监督，做到有法必依、执法必严、违法必究。

（四）健全的教育法律监督制度

建立对教育工作进行监督的各项制度和有效的监督机制。充分发挥国家权力机关监督、行政监督、司法监督、社会监督的作用，明确监督标准和程序，综合运用各种监督手段，保证做到监督工作经常化、制度化。

（五）社会成员具有较强的教育法律意识与法治观念

教育法律意识是人们对于教育法律现象的思想、观点、知识和心理的总称，不仅包括人们对教育法律的本质和作用的理解和评价，而且也包括对教育执法和司法的信任程度以及守法、用法的自觉性等。公民具有良好的教育法律意识与法治观念，才能够对教育法律进行正确的认识和评价，具有较高的守法、用法的自觉性。

（六）全面实现依法治校

依法治校是依法治教的重要组成部分和标志之一，也是依法治教在学校管理工作中的具体体现。各级各类学校及其他教育机构应依照有关的法律法规组织实施教育教学活动，实现学校管理与运行机制的制度化和规范化。全面实现依法治校，需要具备以下条件：

1. 学校具有明确的法律地位

学校的法律地位主要是指学校在法律上具有的主体资格，包括在民事法律关系中作为民事主体的法律地位，在教育行政法律关系中作为行政相对人的法律地位，以及在教育刑事法律关系中作为刑事法主体的法律地位。例如，在民事法律关系中，首先，学校可以是法人。《中华人民共和国教育法》第三十二条规定："学校及其他教育机构具备法人条件的，自批准设立或者登记注册之日起取得法人资格。学校及其他教育机构在民事活动中依法享有民事权利，承担民事责任。"具备法人条件的学校，一旦依法取得法人资格，就意味着学校能够以独立的法人身份广泛地参与民事和经济活动，同时也意味着学校必须以独立法人身份依法承担一切因自己的民事行为引起的民事责任。由于学校具有公益性特征，相对于一般法人而言，学校法人是一种特殊法人。例如，学校法人与企业法人就有所不同，虽然学校以独立民事主体资格参与到学校与社会的各类关系中，但学校不能像企业那样去营利，不能用学校资产进行抵押、担保等，学校的民事行为受到一定的限制。

2. 依法行使学校权利，严格履行学校义务

依法行使学校的权利和义务是依法治校的核心条件。学校作为专门的教育机构和场所，是教育法律关系的重要主体之一，有其特定的权利和义务。依照《中华人民共和国教育法》及有关法律的规定，学校在教育活动中，可以按照章程自主管理；可以按照国家规定，自主确定、实施本机构的教学计划，全面组织实施教育教学活动；有权依照国家有关规定，制定具体的招生办法，确定本机构招生的具体数量及招生范围；有权根据主管部门的学籍管理规定和国家有关学生奖励、处分的规定，结合本校实际，制定具体的学籍管理办法和奖励、处分办法，并对受教育者实施具体的管理；有权依照国家有关规定，向其学

生颁发相应的学业证书；有权根据国家有关教师及其他职工管理方面的法规及主管部门的规定，制定本校教师及其他职工的聘任办法，自主决定聘任、解聘，并有权对教师及其他员工实施包括奖励、处分在内的具体管理活动；学校对其占有的场地、房屋、设施、设备、经费及其他有关财产，享有管理权和使用权，必要时可对其占有的财产进行处分；学校对来自社会上的其他组织及个人等任何方面的非法干涉教育教学活动的行为，有权加以拒绝和抵制。

权利和义务是统一的，学校及其他教育机构在享有权利的同时，也必须履行自己的义务：学校必须遵守法律、法规；认真贯彻国家的教育方针，执行国家教育教学标准，保证教育教学质量；采取积极措施，维护受教育者、教师及其他职工的合法权益；通过合法、有效的途径，为受教育者及其监护人了解受教育者的学业成绩及其他有关情况提供便利；学校要从办学的公益性质出发，严格按照国家有关收费规定收取费用，并公开收费项目；学校对于权力机关、行政机关依法进行检查、监督等职务行为以及社会各界依法进行的社会监督，应积极予以配合，不得无理阻挠和拒绝。

3. 依法管理学校各项事务

学校在教学、管理和服务等方面实行依法管理。具体地讲，就是依法进行教学管理、教职工管理、学生管理等。学校在教学管理方面，应按照《中华人民共和国教育法》《中华人民共和国教师法》《教师资格条例》《教学成果奖励条例》及教育部有关教学方面的规定和计划去执行，严格贯彻执行国家的教育方针，遵循国家规定的教育教学标准，科学地进行课业组织、师资配备、教学环节管理、学籍管理、科研管理及课外活动的管理等，充分调动教师、学生的教与学的积极性和主动性，提高教学质量。在对教师管理方面，学校应根据《中华人民共和国教育法》《中华人民共和国教师法》及其他有关法律法规实施管理，学校不仅要尊重教师的权利，而且要注意改善教师的工作、生活条件，提高教师素质，充分发挥教师在学校管理中的主体作用。在学生管理方面，学校要正确认识和处理学校与学生的法律关系，重视学生在教育法律关系中的主体地位，充分发挥学生的主体作用，尊重和保护学生的权利，并督促他们依法履行其义务。

4. 依法保护学校及师生员工的合法权益

学校应严格遵守法律、法规，用法律、法规规范自己的行为，不得侵犯教师、学生的合法权益，也不得侵犯社会上其他组织和个人的合法权益。当社会上其他组织或个人侵犯了学校的合法权益时，要敢于运用法律的手段依法保护自己；当教师、学生的合法权益受到侵害时，要积极协助有关单位，查处违法行为的当事人，保护师生的合法权益。

第二节 国家的权利与义务

一、义务教育的基础地位与基本性质

(一) 义务教育的基础地位

我国学校教育体系包括学前教育、义务教育(主要包括小学、初中)、普通中等教育(主要是指高中)、高等教育四个阶段。义务教育属于基础教育。《中华人民共和国义务教育法》第二条规定:"国家实行九年义务教育制度。"义务教育是面向全体公民的教育。义务教育的普及程度及质量优劣直接关系到整个社会与经济发展所需的各级各类专门人才的质量,关系到社会全面进步的程度及我国的教育声誉。

(二) 义务教育的基本性质

《中华人民共和国义务教育法》明确了我国义务教育的公益性、统一性和义务性。这是义务教育的三个基本性质。

1. 公益性

公益性的主要体现之一就是免费性。《中华人民共和国义务教育法》第二条规定:"实施义务教育,不收学费、杂费。国家建立义务教育经费保障机制,保证义务教育制度实施。"为实现义务教育的免费性,义务教育经费由国务院和地方各级人民政府予以保障,义务教育走向"人民教育人民办"到"义务教育政府办"的转变道路。

2. 统一性

《中华人民共和国义务教育法》第二条规定:"义务教育是国家统一实施的所有适龄儿童、少年必须接受的教育,是国家必须予以保障的公益性事业。"第七条规定:"义务教育实行国务院领导,省、自治区、直辖市人民政府统筹规划实施,县级人民政府为主管理的体制。"统一性是贯穿《中华人民共和国义务教育法》始终的一个新理念。在《中华人民共和国义务教育法》中,从始至终强调在全国范围内实行统一的义务教育,这个"统一"包括要制定统一的义务教育阶段教科书设置标准、学生公用经费标准等。这些与"统一"相关的内容以不同的形式反映到具体的法律条文中。例如,《中华人民共和国义务教育法》第四条规定:"凡具有中华人民共和国国籍的适龄儿童、少年,不分性别、民族、种族、家庭财产状况、宗教信仰等,依法享有平等接受义务教育的权利,并履行接受义务教育的义务。"

3. 义务性

义务性也称强制性。义务教育是国家用法律形式规定的对适龄儿童、少年实施一定年限的强制的学校教育。《中华人民共和国义务教育法》第五条规定:"适龄儿童、少年接受

义务教育是学校、家长和社会的义务。适龄儿童、少年的父母或者其他法定监护人应当依法保证其按时入学接受并完成义务教育。"谁违反这个规定，谁就要受到法律的惩罚。

二、教育的基本原则

教育的基本原则是指法律规定教育事业必须遵循的基本要求与准则。根据《中华人民共和国教育法》的规定，教育应遵循的基本原则如下：

（一）坚持社会主义方向的原则

《中华人民共和国教育法》第三条规定："国家坚持中国共产党的领导，坚持以马克思列宁主义、毛泽东思想、邓小平理论、'三个代表'重要思想、科学发展观、习近平新时代中国特色社会主义思想为指导，遵循宪法确定的基本原则，发展社会主义的教育事业。"第五条规定："教育必须为社会主义现代化建设服务、为人民服务，必须与生产劳动和社会实践相结合，培养德智体美劳全面发展的社会主义建设者和接班人。"这些规定保障了社会主义方向的原则。

（二）受教育机会平等的原则

《中华人民共和国教育法》第九条规定："中华人民共和国公民有受教育的权利和义务。公民不分民族、种族、性别、职业、财产状况、宗教信仰等，依法享有平等的受教育机会。"这一规定确定了公民受教育机会平等原则。

受教育机会平等原则一般包括受教育起点上的机会平等、受教育过程上的机会平等和受教育结果上的机会平等三个层面。首先，受教育起点上的机会平等是指每个公民在入学机会上享有平等的权利。《中华人民共和国宪法》第四十六条第一款规定："中华人民共和国公民有受教育的权利和义务。"这一规定，以国家根本法的形式明确了公民受教育起点上的机会平等性。其次，受教育过程上的机会平等是指公民在接受教育的过程中，有获得教育条件、教育待遇等方面的平等权利。最后，受教育结果上的机会平等是指公民在接受教育后，有获得学校和社会公正评价的平等权利。这种平等主要体现为学业成绩和品行评价上的平等、进一步求学机会上的平等、就业机会上的平等。《中华人民共和国教育法》第三十七条规定："受教育者在入学、升学、就业等方面依法享有平等权利。学校和有关行政部门应当按照国家有关规定，保障女子在入学、升学、就业、授予学位、派出留学等方面享有同男子平等的权利。"

（三）教育活动符合国家和社会公共利益的原则

《中华人民共和国教育法》第八条规定："教育活动必须符合国家和社会公共利益。"教育的公共性是现代教育的重要特征之一。我国是社会主义国家，教育活动必须符合社会主义国家和社会公共利益的原则。其主要体现在以下几个方面：（1）在我国境内举办学校与其他教育机构应当坚持公益性，不得以营利为目的举办学校及其他教育机构。（2）教育必须面向全体公民，对国家、人民和社会公共利益负责。（3）教育活动应当依法接受国家、社会的监督，任何人从事教育活动，必须遵守宪法和法律，不得违背和损害国家利益、人民利益和社会公共利益,否则,将会受到法律的制裁。(4)任何组织和个人不得利用宗教进行妨碍国家教育制度的活动。即在国民教育和公共教育中,不允许宗教团体和个人办学进行宗教教育,不允许利用宗教进行妨碍国家教育制度的活动。这也是对"教育活动符合国家和社会公共利益原则"的体现之一。

(四)扶持特殊地区和人群教育的原则

《中华人民共和国教育法》第十条规定:"国家根据各少数民族的特点和需要,帮助各少数民族地区发展教育事业。国家扶持边远贫困地区发展教育事业。国家扶持和发展残疾人教育事业。"我国地域辽阔,民族众多,区域之间的经济、文化、教育的发展很不平衡,教育的基础也有很大差别,尤其是少数民族地区和边远贫困地区,教育条件较为艰苦,教育水平也相对较低。这些地区的教育不仅关系到我国整体教育事业的发展,而且关系到民族团结和社会安定。为了提高这些地区的教育发展水平,促进各民族、各地区共同繁荣,国家必须对少数民族地区给予特殊的扶持与帮助。

残疾人作为我国公民的一部分,其与正常人一样享有受教育权、发展权。《中华人民共和国宪法》第四十五条规定:"国家和社会帮助安排盲、聋、哑和其他有残疾的公民的劳动、生活和教育。"因此,必须对残疾人教育采取特殊扶持和帮助的政策,以保护这一弱势人群的受教育权。

(五)继承优秀文化成果的原则

《中华人民共和国教育法》第七条规定:"教育应当继承和弘扬中华优秀传统文化、革命文化、社会主义先进文化,吸收人类文明发展的一切优秀成果。"中华民族历史悠久,创造了光辉灿烂的历史文化。这些文化至今仍显示着巨大的生命力与积极的影响。继承与发扬中华民族的优秀传统文化,这是人类文明向前发展的不竭动力,也是中国经济和社会发展的重要支撑。

(六)使用通用语言文字的原则

《中华人民共和国教育法》第十二条规定:"国家通用语言文字为学校及其他教育机构的基本教育教学语言文字,学校及其他教育机构应当使用国家通用语言文字进行教育教学。民族自治地方以少数民族学生为主的学校及其他教育机构,从实际出发,使用国家通用语言文字和本民族或者当地民族通用的语言文字实施双语教育。国家采取措施,为少数民族学生为主的学校及其他教育机构实施双语教育提供条件和支持。"这一规定既有利于沟通与交流,也有利于社会进步与经济发展,也是我国团结统一的象征。

三、教育投入与条件保障的法律规定

《中华人民共和国教育法》第七章"教育投入与条件保障"中对教育经费筹措体制进行了较为全面的规定,构建了我国筹措教育经费体制的基本框架,即国家建立以财政拨款为主、其他多种渠道筹措教育经费为辅的体制。

（一）教育经费筹措体制的基本框架

1. 国家财政性教育经费支出

国家财政性教育经费支出是筹措教育经费的主要渠道，包括中央财政拨款和省、市、县各级地方政府的教育拨款、城乡教育费附加、企业用于举办中小学的经费和校办产业减免税部分。《中华人民共和国教育法》第五十五条规定："国家财政性教育经费支出占国民生产总值的比例应当随着国民经济的发展和财政收入的增长逐步提高。具体比例和实施步骤由国务院规定。全国各级财政支出总额中教育经费所占比例应当随着国民经济的发展逐步提高。"各级人民政府要做到"全国各级财政支出总额中教育经费所占比例应当随着国民经济的发展逐步提高"，就必须遵循《中华人民共和国教育法》第五十六条中规定的"三个增长"，即"各级人民政府教育财政拨款的增长应当高于财政经常性收入的增长，并使按在校学生人数平均的教育费用逐步增长，保证教师工资和学生人均公用经费逐步增长"。"三个增长"原则从根本上保证了教育投入绝对量和相对量的增加。

2. 城乡教育费附加

教育费附加是根据国务院有关规定，在全国城乡普遍征收的主要用于实施义务教育的专项费用，分为城市教育费附加和农村教育费附加，并分别征收。其作用是发展地方性教育事业，扩大地方教育经费的资金来源。教育附加费作为专项收入，由教育部门统筹安排使用。《中华人民共和国教育法》第五十八条规定："税务机关依法足额征收教育费附加，由教育行政部门统筹管理，主要用于实施义务教育。省、自治区、直辖市人民政府根据国务院的有关规定，可以决定开征用于教育的地方附加费，专款专用。"

《中华人民共和国义务教育法》第四十二条规定："国家将义务教育全面纳入财政保障范围，义务教育经费由国务院和地方各级人民政府依照本法规定予以保障。国务院和地方各级人民政府将义务教育经费纳入财政预算，按照教职工编制标准、工资标准和学校建设标准、学生人均公用经费标准等，及时足额拨付义务教育经费，确保学校的正常运转和校舍安全，确保教职工工资按照规定发放。国务院和地方各级人民政府用于实施义务教育财政拨款的增长比例应当高于财政经常性收入的增长比例，保证按照在校学生人数平均的义务教育费用逐步增长，保证教职工工资和学生人均公用经费逐步增长。"第四十四条规定："义务教育经费投入实行国务院和地方各级人民政府根据职责共同负担，省、自治区、直辖市人民政府负责统筹落实的体制。农村义务教育所需经费，由各级人民政府根据国务院的规定分项目、按比例分担。"第四十六条规定："国务院和省、自治区、直辖市人民政府规范财政转移支付制度，加大一般性转移支付规模和规范义务教育专项转移支付，支持和引导地方各级人民政府增加对义务教育的投入。地方各级人民政府确保将上级人民政府的义务教育转移支付资金按照规定用于义务教育。"由此，义务教育将由多渠道筹措经费、依靠人民办教育转向主要依靠政府投入办教育转变。这是一个重大的历史性转变。

3. 校办产业与社会服务收入

《中华人民共和国教育法》第五十九条规定："国家采取优惠措施，鼓励和扶持学校在不影响正常教育教学的前提下开展勤工俭学和社会服务,兴办校办产业。"需要指出的是,学校的一切工作均要以教学为中心。所以,开展勤工俭学、兴办校办产业要在不影响正常的教育教学秩序的前提下进行,而且这项工作的开展应有利于学校教学条件的改善、教学质量的提升及教师福利待遇的提高。

4. 社会力量捐资

《中华人民共和国教育法》第六十条规定:"国家鼓励境内、境外社会组织和个人捐资助学。"随着社会经济的发展、对外交流的增多、社会各界对教育的日益重视与支持,境内、境外民间组织及个人捐助教育事业的逐年增多。这对于增加教育投入、改善办学条件起到了积极的作用。捐资是属于高度主动性与自觉性的行为,捐资助学应遵循自愿原则,对捐助的数额、用途等应充分尊重捐助者的意愿,同时也应注意捐赠的方式和内容应符合中国的法律法规和相关政策,不能妨碍教育事业的发展。

5. 金融与信贷手段融资

《中华人民共和国教育法》第六十二条规定:"国家鼓励运用金融、信贷手段,支持教育事业的发展。"运用金融与信贷手段融资,通常是设立教育银行、教育投资公司等金融机构,开展以为筹措教育积累资金为目的的存取、信贷、投资等多种业务,所得利润除用于自身发展外,应用于教育事业。

6. 设立教育专项资金

《中华人民共和国教育法》第五十七条规定:"国务院及县级以上地方各级人民政府应当设立教育专项资金,重点扶持边远贫困地区、少数民族地区实施义务教育。"教育专项资金主要是指扶持边远贫困地区、少数民族地区实施义务教育的专项资金。设立教育专项资金,一是有利于推动贫困地区基础教育的发展,二是有利于引导与推动地方政府与人民群众办学的积极性。

(二) 教育经费的管理与监督

目前教育经费的投入与使用之间存在着突出的矛盾:一是教育经费的投入有限,二是教育经费使用中存在挤、挪、占等问题。要顺利促进教育事业的健康发展,必须解决这些问题,即必须加强教育经费的管理与监督。

《中华人民共和国教育法》第五十六条规定:"各级人民政府的教育经费支出,按照事权和财权相统一的原则,在财政预算中单独列项。"这项规定保障了教育经费依法落实到位,并为教育经费管理体制的改革和长期以来教育事业管理存在的财权和事权相分离的状况的改变提供了法律依据。

(三) 教育条件保障

《中华人民共和国教育法》第六十四条规定:"地方各级人民政府及其有关行政部门必须把学校的基本建设纳入城乡建设规划,统筹安排学校的基本建设用地及所需物资,按照国家有关规定实行优先、优惠政策。"这一规定为加快学校基本建设、保障学校的权益提供了法律依据。第六十五条规定:"各级人民政府对教科书及教学用图书资料的出版发行,对教学仪器、设备的生产和供应,对用于学校教育教学和科学研究的图书资料、教学仪器、设备的进口,按照国家有关规定实行优先、优惠政策。"第六十六条规定:"县级以上人民政府及其有关部门应当发展教育信息技术和其他现代化教学方式,有关行政部门应当优先安排,给予扶持。国家鼓励学校及其他教育机构推广运用现代化教学方式。"

四、教育的社会责任与参与

(一)教育的社会责任

《中华人民共和国教育法》第四十六条规定:"国家机关、军队、企业事业组织、社会团体及其他社会组织和个人,应当依法为儿童、少年、青年学生的身心健康成长创造良好的社会环境。"《中华人民共和国未成年人保护法》对广播电视、文化体育、新闻出版等相关领域提出了严格的要求,为青少年创设健康的社会环境提供了法律依据。

(二)社会对教育的参与和支持

社会参与教育,国家一方面通过法律赋予其权利,另一方面又要求社会承担一定的义务与责任。《中华人民共和国教育法》第四十八条规定:"国家机关、军队、企业事业组织及其他社会组织应当为学校组织的学生实习、社会实践活动提供帮助和便利。"

社会对教育的参与形式是多种多样的,如图书馆、博物院、少年宫、报刊、社会文化传媒、历史古迹等。值得注意的是,社会参与教育有时也会带来一些消极的影响。

第三节　教育行政管理

一、教育行政机关

(一)教育行政机关的职责

教育行政机关是国务院和地方各级人民政府担负教育行政管理职能的专门机关,是国家行政机关中专门从事教育行政管理的行政机关。按照权限与管辖范围,教育行政机关可分为国家教育行政机关和地方教育行政机关。国家教育行政机关即现在的中华人民共和国教育部,地方教育行政机关即各省、直辖市、自治区教育厅(教育委员会)、各地级市教育局、各县(市、区)教育局。《中华人民共和国教育法》第十五条规定:"国务院教育行政部门主管全国教育工作,统筹规划、协调管理全国的教育事业。县级以上地方各级人民政府教育行政部门主管本行政区域内的教育工作。"

教育行政机关是依法成立的、代表国家行使教育行政管理职能的行政机关。学校、其他组织与个人在教育管理中处于被管理的地位。我国教育行政机关按照相关法律确定的"分级管理、分工负责"原则,领导和管理教育工作。

（二）教育行政机关的权力

教育行政机关的权力是公共权力，具有国家强制性。我国教育行政机关主要有教育行政决定权、教育行政强制权、教育行政处罚权、教育行政执行权、教育行政监督权等。

1. 教育行政决定权

教育行政决定权，即教育行政机关依法对教育行政管理中的具体事件的处理权，以及教育法律、教育行政法规和教育规章未明确规定的事项的规定权。教育行政决定权主要涉及特定当事人能否取得某项权利或应否承担某项义务，能否取得某种资格以及教育机构人员的任免、处分等。

2. 教育行政强制权

教育行政强制权是指在教育行政管理中，法定义务人或某项具体行政法律关系的义务人不履行义务时，教育行政机关有权采取一些法定的强制措施，以促使法定义务的履行。

3. 教育行政处罚权

教育行政处罚权是教育行政机关执法职能的重要体现。教育行政处罚权是指在特定的国家行政机关对违反教育法律规范的公民、法人或其他组织给予的制裁处理。需要注意两点：一是被处罚者违反了教育法规，但尚未构成犯罪；二是教育行政处罚权是由特定行政机关实施的，主要是教育行政管理机关。

4. 教育行政执行权

教育行政执行权，即教育行政机关或其工作人员根据有关法律规定或上级决定、命令具体执行的行为。这是教育行政机关及其工作人员具体适用教育法律、法规的行为，法律保障教育行政机关独立行使教育行政执行权。

5. 教育行政监督权

教育行政监督权是指上级教育行政机关对下级教育行政机关的教育行政执法活动进行的检查和监督。

二、教育行政行为

教育行政行为是指教育行政主体在实施行政管理活动，行使行政职权过程中所作出的具有法律意义的行为。这种行为只能由教育行政主体作出，至于是教育行政主体直接作出，还是行政主体通过公务员或其他工作人员或依法委托其他社会组织作出，均不影响行政行为的性质。教育行政行为种类繁多、内容庞杂，根据不同的标准，可以进行不同的分类。在此，我们主要探讨抽象教育行政行为和具体教育行政行为，这是以其管理对象是否特定为标准划分的。抽象教育行政行为是以不特定的人或事为管理对象，而具体教育行政行为的管理对象是特定的人或事。

(一) 抽象教育行政行为

抽象教育行政行为是指国家教育行政机关针对不特定的人或事制定具有普遍约束力的规范性教育文件的行为，如制定教育行政法规和教育行政规章的行为。抽象教育行政行为相对于具体教育行政行为而存在，其核心特征就在于行为对象的不特定性，即行为对象具有抽象性，属于不确定的某一类人或某一类事项，并具有反复适用的效力。

按照规范程度和效力等级，抽象教育行政行为通常可分为教育行政立法行为和其他抽象教育行政行为。

1. 教育行政立法行为

教育行政立法行为即行政机关制定教育行政法规和教育行政规章的行为，二者具有不同层级和效力，其制定权也为一定的行政机关专属。

教育行政法规是国家最高行政机关为实施、管理教育事业，根据宪法和教育法律制定的规范性文件。教育行政法规在内容上是针对某一类教育管理事务发布的行为规则，而不是针对某个具体的事件和具体问题作出决定，在形式和结构上比较规范，在时效上有相对的稳定性。

2. 其他抽象教育行政行为

教育行政立法行为是一种最重要的抽象教育行政行为，但在教育行政立法之外，还存在着一种与之密切联系的抽象教育行政行为，即行政机关制定具有普遍约束力的决定、命令，规定教育行政措施的行为，也就是制定教育行政法规、教育行政规章以外的其他规范性教育文件的行为。例如，1998年1月8日国家教育委员会制定《教师和教育工作者奖励规定》就是一种制定其他规范性教育文件的行为。

(二) 具体教育行政行为

具体教育行政行为是指在教育行政管理过程中，行政主体针对特定的人或特定的事采取具体行政措施的行为，其行为的内容和结果将直接影响某一个人或组织的权益。具体行政行为一般包括行政许可与确认行为、行政奖励行为、行政征收行为、行政处罚行为、行政强制行为、行政监督行为、行政裁决行为等。

在日常的教育行政工作中，比较常见的具体教育行政行为有如下几种。

1. 通知

通知是教育行政机关依职权将已存在的教育法律事实或教育法律关系及可能采取的措施通知相对人，使之知悉的教育行政行为。应注意，作为具体教育行政行为的"通知"和作为规范性教育文件的"通知"，它们是两种不同的教育行政行为，前者针对特定的人或事，属具体教育行政行为，后者针对的是不特定的人或事，具有普遍性，是抽象教育行政行为。

2. 批准（拒绝）

批准是教育行政机关应相对人的申请，根据教育法的有关规定，同意相对人实施某种行为或赋予相对人实施某种行为能力的教育行政行为。前者如依相对人的申请，批准等建或举办各级各类学校，批准建校招生等；后者如依相对人的申请，批准授予教育系统的专业技术职务等。

与批准相对应的是拒绝，它是教育行政机关对相对人申请事项不同意的意思表示。批准与拒绝是教育行政机关实施对相对人一定行为的控制和管理的有效方式，在日常工作中大量存在。

3. 许可

许可是教育行政机关应相对人申请，依法赋予其从事某种活动的法律资格或实施某种行为的法律权利的行政行为。

按照目的形式划分，许可通常可分为行为许可和资格许可。行为许可是禁止的解除，即教育行政机关依法许可特定的相对人实施法律禁止一般人实施的行为。资格许可是指教育行政机关应申请人的申请，经过一定的考核程序后，给合格者核发证明文书，允许其享有某种资格或具备某种能力的许可。例如，教育行政部门应申请人的申请，经认定合格后，颁发相应的教师资格证书，申请人便具备了从事教师职业的资格，拥有了从事教育教学工作的基本条件。如果没有取得教师资格而从事这个职业，其行为是非法的，是在从事法律禁止其从事的工作。

4. 注册（登记）

注册是教育行政机关应相对人申请，登记相对人的某种情况或事实，并根据教育法予以承认的教育行政行为。例如，《中华人民共和国教育法》第二十八条规定："学校及其他教育机构的设立、变更和终止，应当按照国家有关规定办理审核、批准、注册或者备案手续。"在此明确规定了国家对学校设置的程序性规范，也就是说，学校及其他教育机构的设立，除具备法律规定的一般实体要件外，还要符合程序性规定，才能取得合法的地位。再如，教育行政机关在其登记册上记载其管辖的学校的毕业生，并在其毕业证上验印，也属注册的教育行政行为。

注册也叫登记，但并不是人们所误解的那种履行简单的登记手续，它是一种羁束的行政行为，应严格依法进行。对相对人来说，注册既是一种权利，又是一种义务。相对人具备某种情况或事实，符合法定条件，有权申请注册，教育行政机关不得拒绝。相对人取得教育行政机关的注册，意味着其注册的行为或事实获得注册机关的认可或证明，具有了行政法上的意义。相对人认为教育行政机关违法拒绝注册申请或逾期不予答复，有权提起行政复议或行政诉讼。

5. 免除

免除是教育行政机关应相对人的申请，依法免除相对人教育法义务的教育行政行为。教育行政机关只有在相对人提出免除申请，并且经审查确认相对人具有教育法上规定的免除义务的某种特定条件后，才可以依照职权程序作出免除决定。

6. 发放

发放是教育行政机关为相对人拨付退休金、补助金和各种津贴的教育行政行为。教育行政机关拨付民办教师补助费、中小学班主任津贴、学生的助学金和奖学金、普通高等学校的学生贷款等，都属于教育行政机关采取的"发放"行为。发放通常是教育行政机关应相对人的申请而采取的行政措施，相对人通过教育行政机关的发放行为取得退休金、各种津贴或补助，是其依法享有的一种权利。对这种权利，相对人可以享有，也可以放弃，但教育行政机关不得任意剥夺相对人的这种权利。

第四节 教育行政机关的法律责任

一、教育行政机关承担法律责任的方式

教育行政机关不依法作出行政行为，应承担一定的法律责任。教育行政机关承担法律责任的具体方式主要是行政处分与行政处罚。如果行为人在行政法律关系中涉及对他人人身权与财产权的侵害，则还要承担赔偿责任及其他一些附带的民事责任。

行政责任承担的具体方式主要有：（1）通报批评；（2）赔礼道歉、承认错误；（3）恢复名誉、消除影响；（4）返还权益；（5）恢复原状；（6）停止侵害；（7）履行义务；（8）撤销违法的行政行为；（9）纠正不当的行政行为；（10）行政赔偿。从上可以看出，行政主体承担行政责任的方式主要是补偿性的。

二、教育行政侵权与赔偿责任

（一）教育行政机关的侵权行为

1. 教育行政机关对学校的侵权行为

教育行政机关对学校的侵权行为，较常见的是侵害学校的办学自主权、财产所有权与土地使用权。

2. 教育行政机关对教师的侵权行为

在教育行政管理当中，教师作为教育行政管理的相对人，其合法权益也易受到教育行政机关的侵害。教师通常容易受到侵害的权益有教育教学权、获得报酬待遇和进修培训权等。

3. 教育行政机关对学生的侵权行为

教育行政机关在教育行政管理过程中对学生的侵权行为经常发生，如乱收费行为对学生财产权的侵害；考试工作组织不善，侵害学生获得公正评价的权利等。

（二）教育行政机关的赔偿责任

教育行政机关赔偿是指教育行政机关及其工作人员在教育行政管理过程中，违法行使职权，侵犯公民、法人或其他组织的合法权益并造成损害，依照《中华人民共和国国家赔

偿法》相关规定由国家给予的赔偿。

教育行政赔偿的主要特征：

（1）教育行政机关及其工作人员是侵权主体，这是教育行政赔偿的前提。

（2）侵权损害发生在执行职务过程中，职务行为是构成教育行政赔偿的基础。

（3）侵权行为源于教育行政机关及其工作人员违法行使管理权。

（4）教育行政赔偿的主体是国家，即教育行政侵权行为由国家向受害者承担责任，但这并不等于可以不对违法执行职务的工作人员进行纪律责任的追究。教育行政机关工作人员的职务行为是受教育行政机关委托并以行政机关的名义作出的，其行为视为教育行政机关的行为。

（5）教育行政赔偿是一种法律责任。这种责任通常有相关法律规定，如《中华人民共和国国家赔偿法》或其他法律、法规的侵权责任规范。这种责任的承担形式通常具有法律上惩戒的意义，如经济赔偿等。这种责任的承担是法律上的救济，即补救、恢复受害者的合法权益。

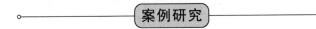

案例1

2012年12月18日，某中学在上第三节课时，高二（五）班任课教师张某因故未到教室上课，也未向学校领导请示派人代课，而是自己安排本班班长李某看管学生自习，并示意说："哪个学生捣乱，用棍子敲！"上课刚刚10分钟，该班学生王某斜坐在座位上削铅笔，李某以为他在吃东西，遂从讲台上将教师常用的教棍扔下打王某。王某出于本能，用手一挡，棍头正好刺往后排坐着的女同学严某的左眼，造成严某左眼失明。经市公安局法医鉴定，严某的左眼珠已萎缩，需摘除并安装义眼，属于重伤乙级，需花医药费数万元。而严某家庭困难，父母带着严某四处求医，费用累计达5.5万元。严某父母于2013年3月起诉到县人民法院，请求依法赔偿。

【案例思考】

1. 本案中，法律责任如何承担？依据是什么？
2. 教师张某违反了哪些规定？学校或教育行政部门对其应如何处分？

【案例分析】

该中学在上课期间由于任课教师擅离职守，造成学生伤害，学校应负主要责任；王某在李某用教棍打自己时，用手护头，出于本能，其正当防卫没有超过必要的限度，依法不承担民事责任；严某在学校期间受到伤害，请求赔偿，有理有据，应予以支持。法院依法判决学校赔偿严某各项费用4.4万元，李某赔偿严某各项费用1.1万元。在该事件中，学校的职责和任务是由管理人员和教师去履行和实现的。管理人员和教师在从事管理和教育教学活动时所代表的不是自己而是学校，其行为是职务行为而非个人行为，对于职务行为给他人造成的损害，民事赔偿责任应该由行为人所在的教育机构来承担。学校应坚持防重于治的原则，平时做好教师和学生的安全教育工作，通过积极行动尽可能减少学校伤害事故的发生。本案中，任课教师张某违反了《中华人民共和国教师法》第三十七条有关规定，教师故意不完成教育教学任务给教育教学工作造成损失的，应该由所在学校、其他教育机构或教育行政部门对该教师给予行政处分或者解聘。当然，在学校赔偿之后，学校可根据实际情况，向有过失的行为人李某行使追偿权，并要求教师张某承担部分或全部赔偿费用。

案例2

2015年5月，某小学进行了期末考试。六年级某班班主任将学生的考试成绩进行了排名。该班女生张某原来是班级尖子生，成绩一直名列前茅。但是这次期中考试却排在中游。班主任在全班同学面前公布考试名次时，不问青红皂白，严厉地批评了张某。张某因为妈妈住院而影响学习成绩自觉委屈，老师当面批评使她抬不起头。张某回家后，神情沮丧、少言寡语，躲进自己的房间不出来，并告诉父母她不想念书了。

【案例思考】
1. 本案中班主任的这种行为侵害了学生的哪些权利？依据是什么？
2. 学校应如何处理这件事？

【案例分析】
该班主任对学生的考试成绩进行排名，并"不问青红皂白，严厉地批评了张某"违反了以下法律：《中华人民共和国教育法》第三十条规定，学校应履行"以适当方式为受教育者及其监护人了解受教育者的学业成绩及其他有关情况提供便利"的义务；《中华人民共和国教育法》第四十三条规定，受教育者享有"在学业成绩和品行上获得公正评价"的权利；《中华人民共和国教师法》第八条规定，教师应"关心、爱护全体学生，尊重学生人格，促进学生在品德、智力、体质等方面全面发展"。所以，学校应责令班主任撤销成绩排名榜并向学生张某及其家长赔礼道歉。

本章小结

加强教育事业的管理与规范，促进教育改革与发展的深入，必须依法治教。本章主要阐述了依法治教的内涵、意义、主体、内容及其应具备的条件；重点探讨了义务教育的基本地位与基本性质、教育的基本原则、教育投入与条件保障的法律规定、教育的社会责任与参与。随着依法治教的推进、教育法体系的完善及人们教育法律意识的增强，人们对教育行政机关的教育执法水平也提出了新的要求。要实现依法治教，教育行政机关的权力与教育行政行为就要有法可依、有章可循。教育行政机关若不依法作出行政行为，就应承担相应的法律责任。

真题自测

【7.1】某地区教育行政部门未经公开招标,直接将当地两所较为薄弱的公办学校移交给一家民办教育集团承办,并规定对该校所有学生按市场价格收费。该地区教育行政部门的做法(   )。

A. 合法,有利于促进学校本身的内涵发展

B. 合法,有利于实现优质教育资源的均衡共享

C. 不合法,不得以任何名义改变或变相改变公办学校的性质

D. 不合法,不得以任何方式或理由规避公开招标的原则要求

【7.2】下列选项中,可以依法追究刑事责任的是(   )。

A. 违反有关规定招收高价生的 B. 违反有关规定向受教育者收取费用的

C. 侮辱、殴打学校教师,造成人员伤亡的 D. 侵占学校校舍、场地和财产的

【7.3】学生张某在高考中,由他人代考,依据《中华人民共和国教育法》规定,可由教育行政部门责令张某停止参加高考(   )。

A. 3年   B. 4年   C. 5年   D. 6年

【7.4】某初级中学向学生收取练习本费用,未向社会公开收费项目。该校做法(   )。

A. 不合法,义务教育学校不能收费 B. 不合法,学校必须公开收费项目

C. 合法,学校有自主管理权 D. 合法,学校是按规定收费

推荐阅读

1. 杨颖秀. 教育法学 [M]. 4版. 北京:中国人民大学出版社,2019.

2. 彭虹斌. 教育法学 [M]. 武汉:武汉大学出版社,2020.

3. 余雅风,姜国平,罗爽. 教育法学研究 [M]. 福州:福建教育出版社,2021.

第八章 学校——依法治校

☞ 学完本章，应该做到：
- 理解依法治校的内涵。
- 理解学校的法律地位及其特点。
- 了解学校举办的条件。
- 了解学校的权利与义务。

☞ 学习引导：

本章按"依法治校概述—学校的法律地位概述—学校的权利与义务—学校的管理"四个部分进行展开。"依法治校概述"的学习，可以根据依法治校的内涵与外延、依据与意义这两条主线梳理相关要点；在学习"学校的法律地位概述"时，可根据学校法律地位的含义与特点，学校举办的条件、程序与学校的法人地位展开，重点梳理与学校举办的条件相关的知识点；在学习"学校的权利与义务"时，应重点梳理学校的权利这一部分的知识要点；在学习"学校的管理"时，根据校长的法律地位、校长的权利与义务、依法治校的举措展开，重点梳理依法治校的举措。

第八章 学校——依法治校

☞ **本章知识导图**

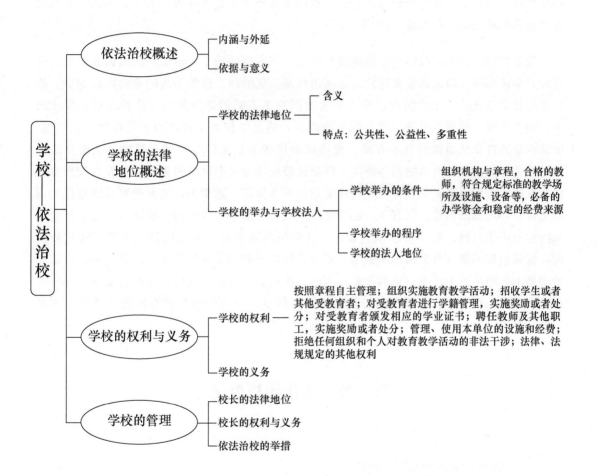

【引子】

2014年11月9日上午8点50左右，因开发商夜里强挖学校唯一的一条进出校园的必经之路，且在双方冲突中伤了学校一名门卫，安徽省六安市霍山县文峰学校小学部十多名教师带着三四十名小学生大声喊着"我要上学""还我学校"之类的口号，并举着"山水学府，不良开发商，不顾学生安全，夜间强拆"的条幅抗议，其间部分教师打砸售楼部，损坏售楼部的沙盘、桌椅等物品，售楼部经理被文峰学校教师领着学生打倒在地，该经理因耳朵等部位受伤，已住进医院。①

随着我国科教兴国战略的不断推进和依法治国方略的确立，依法治教成为我国教育管理和办学活动纳入轨道的重要保证。依法治校是依法治国、依法治教的重要组成部分，依法治校是贯彻党的二十大精神，推进依法治国基本方略的必然要求，是教育事业深化改革、加快发展，推进教育法治建设的重要内容，更是学校加强管理的必然选择。应该说，依法治校源自依法治国的基本方略，是依法治国派生出来的学校管理战略。实施依法治校，就是对依法治国方略的具体落实。依法治校是社会文明进步的表现，是教育按照自身规律发展的必然要求，是教育事业兴旺发达的根本保证。近年来，随着教育法治建设的逐步完善，各地依法治校工作有了一定程度的进展，创造了一些好的经验和具有地方特色的依法治校工作思路。但是从总体上看，一些学校的法治观念和依法管理的意识还比较薄弱，依法治校的制度和措施还不健全，依法治校还没有完全成为学校的自觉行为，与依法治国基本方略的要求还有一定的差距。因此，我们必须把依法治校放在教育发展的基础性地位来认识，促进学校管理与运行机制的根本转变，保证学校教育在法治的轨道上规范运行。

第一节　依法治校概述

一、依法治校的内涵与外延

（一）依法治校的内涵

依法治校是依法治教的重要组成部分。依法治校，即依照法律管理学校，它是相对于传统意义上的学校管理方式产生的新的科学的管理方式。依法治校就是要在依法理顺政府与学校的关系、落实学校办学自主权的基础上，实现学校管理与运行机制的制度化。具体地说，依法治校应当先行建立校长（第一责任人）负总责，党组织、行政、工会、共青团

---

① 刘盾．教师带学生打砸反思：依法治校应成为学校自觉［EB/OL］．（2014-11-18）［2022-01-01］．https://www.chinanews.com.cn/edu/2014/11-18/6788789.shtml.

等共同参与的领导体制。依法治校的主体是指与学校具有法律关系的公民和法人，包括教育行政部门、校长、教师、学生、家长以及相关的法人组织，应该明确他们的权利与义务。客体是主体的权利与义务所指向的对象，主要是指学校的物质财富、非物质财富和人的行为。

（二）依法治校的外延

依法治校的外延是指为确保依法治校的实现而采取的方法和措施。它主要包括：制定章程，使学校的一切工作纳入规范化、制度化轨道；加强普法，不断增强依法治校的责任意识；依法运行，逐级落实岗位职务责任制；明确标准，对依法治校各项工作提出相应的具体要求；监督检查，确保依法治校工作的全面落实，等等。弄清了依法治校的概念，划定了依法治校的责任范围和界限，有利于依法治校的规范化和制度化。

综上，实行依法治校，就是要全面贯彻国家教育方针，坚持教育为社会主义现代化建设服务，为人民服务，与生产劳动和社会实践相结合，培养德智体美劳全面发展的社会主义建设者和接班人。实行依法治校，就是要严格按照教育法律法规的规定，开展教育教学活动，尊重学生人格，维护学生合法权益，形成符合法治精神的育人环境，不断提高学校管理者、教师的法律素质，提高学校依法处理各种关系的能力。实行依法治校，就是要在依法理顺政府与学校的关系、落实学校办学自主权的基础上，完善学校各项民主管理制度，实现学校管理与运行的制度化、规范化、程序化，依法保障学校、教师、学生的合法权益，形成教育行政部门依法行政，学校依法自主办学、依法接受监督的格局。

二、依法治校的依据与意义

（一）依法治校的依据

《中华人民共和国宪法》从根本上规定了我国教育法律法规的基本指导思想和立法依据，也为我国教育教学活动确定了基本的法律规范和具体规则。后来，我国又制定了一系列法律法规促进我国的现代化教育发展。其中，《中华人民共和国教育法》的颁布和实施是由国家制定并以国家强制力保证实施教育活动的行为规范，其所确立的我国全部教育立法和一切教育活动应遵循的基本准则，反映了我国教育制度的基本性质和要求，也反映了教育工作的基本规律。为在教育系统深入贯彻落实习近平法治思想，深化依法治校，教育部于2022年4月印发了《全国依法治校示范校创建指南（中小学）》。全国依法治校示范校创建工作的开展，引导了学校运用法治思维和法治方式破解难题、推进改革，从而整体提升学校依法治理水平。

（二）依法治校的意义

依法治校既是教育改革与发展的必然要求，也是实现教育为人民服务宗旨的重要保障。依法治校有利于推动教育行政部门进一步转变职能，严格依法办事；有利于全面推进素质教育，提高国民素质；有利于保障各方的合法权益；有利于运用法律手段调整、规范和解决教育改革与发展中出现的新情况和新问题，化解矛盾，维护稳定。

第二节　学校的法律地位概述

一、学校的法律地位

（一）学校法律地位的含义

学校是指经教育行政主管机关批准或登记注册，以实施学制系统内各阶段教育为主的教育机构。我国学制系统内的基本教育阶段分为学前教育、初等教育、中等教育和高等教育。每一个教育阶段根据教育对象和培养目标的不同而设立不同类型的学校，其主要包括幼儿园、小学、初级中学、高级中学或完全中学、各类中等专业学校、职业学校、技工学校、普通高等学校、具有颁发学历证明资格的成人学校，以及其他专门实施学历性教育的教育机构。

从法律意义上讲，学校是专门从事学制系统内教育教学活动的社会组织。所谓学校的法律地位，是指法律根据学校这种社会组织的目的、任务、性质和特点而赋予其的一种同自然人相似的"人格"。我们可以从以下几个方面进一步理解这个概念的基本含义。

(1) 学校法律地位的实质是其法律人格。我们知道，自然人作为生命体，具有自己独立的人格。法学上借用"人格"一词，把社会组织体看成一个"人"（民法上称"法人"），其人格主要是指该社会组织从事某种活动的权利能力、行为能力及相应的责任能力，并主要以这三种能力在某种法律关系中取得主体资格。学校的法律人格主要从其从事教育教学活动的权利和义务中反映出来，是其办学自主权的抽象化、形象化。

(2) 学校法律地位的内容体现其任务、条件和特点。学校的法人权利能力的范围决定于成立该法人的宗旨和业务范围，法人无权进行违背它的宗旨和超越其业务范围的民事活动。《中华人民共和国教育法》规定的学校的具体权利，体现了学校培养社会主义建设者和接班人的育人宗旨。而对不同条件和特点的学校，如中小学和高等学校，其权利和义务的内容也不完全相同。

(3) 学校法律地位在形式上是由法律赋予的。学校是相对独立的组织教育活动的实体，必须具有相应的法律地位，这是毋庸置疑的。《中华人民共和国教育法》第三十二条明确规定了"学校及其他教育机构具备法人条件的，自批准设立或登记注册之日起取得法人资格"。这些规定，为进一步落实学校的法律地位，扩大学校依法办学的自主权，促使教育机构广泛参与民事活动，提供了基本的法律依据。应当指出，学校的法律地位不仅包括它在民事法律关系中的法人地位，而且包括它在行政法律关系中的法律地位。学校在行政法律关系中法律地位，则由宪法和行政法所规定。

(二) 学校法律地位的特点

1. 学校法律地位具有公共性

在许多国家，都有"公法人"的概念。所谓公法人，一般是指行使、分担国家权力或依属于公法的行政法等特别法，以公共事业为成立目的的法人。换言之，公法人是按照涉及公共利益的法律建立的，能够作为公权力并承担义务的组织，是为公共利益而存在的主体。国外教育立法中或明文规定学校为公法人，或强调其公共性。我国虽然没有"公法人"的概念，但学校却体现了"公"或者说国家的特点。其主要表现为：

(1) 学校法律地位是依据有行政法性质的《中华人民共和国教育法》确立的，学校设立、变更、终止有特殊的注册登记程序，必须经国家教育行政部门审批决定。

(2) 学校设立的目的是提高全民族素质，培养人才，促进物质文明和精神文明建设。因此，国家有权根据本国国情建立相应的教育制度，并为提高国民素质而采取必要的教育措施；同时，它也要为教育的发展提供必要的财政来源及其他条件。国家对教育的投入也体现了国家的利益。

(3) 学校行使的教育权，实质上属于国家教育权的一部分。《中华人民共和国教育法》第二十九条中明确规定学校行使的权利，如组织实施教育教学活动，招收学生或者其他受教育者，对受教育者进行学籍管理、实施奖励或处分，对受教育者颁发相应的学业证书，等等。对学校来说，组织实施教育教学活动的权利，既是国家授予的权利，又是国家交予的任务，只能正确行使，不能放弃。

2. 学校法律地位具有公益性

把学校规定为公益性机构是世界各国的惯例。《中华人民共和国教育法》第二十六条规定："以财政性经费、捐赠资产举办或者参与举办的学校及其他教育机构不得设立营利性组织。"同时，《中华人民共和国教育法》也在许多方面规定了对学校的优惠政策，如勤工俭学、学校用地、教学仪器设备的生产和供应、图书资料的进口等，体现了学校公益性的法律地位。

3. 学校法律地位具有多重性

我国学校根据条件和性质的不同，可以有多重主体资格。当其参与教育行政法律关系，取得行政上的权利和承担行政上的义务时，它就是教育行政法律关系的主体；当其参与教育民事法律关系，取得民事权利和承担民事义务时，它就是教育民事法律关系的主体。所谓教育行政法律关系，是指学校在实施教育活动中，与国家行政机关，或是当学校享有法律法规授权的某些行政管理职权，取得行政主体资格时，与教师、学生发生的关系。所谓教育民事法律关系，是学校与不具有行政隶属关系的行政机关（此时行政机关以机关法人身份）、企事业组织、集体经济组织、社会团体、个人之间发生的社会关系，这类关系涉及面颇广。教育行政法律关系和教育民事法律关系是两类不同的法律关系。学校在这两类不同的法律关系中的法律地位是不一样的。在教育行政法律关系中，学校是作为行政管理相对人出现的。当然，这并不排除学校作为办学实体享有自己的权利和义务。在教育民事法律关系中,学校与其他主体处于平等地位。

除了这两种主要法律关系外,学校还与国家发生涉及国家对学校的财政拨款、国家对学校兴办产业给予税收优惠等经济法律关系,成为经济法律关系主体,具有经济法上的权利和义务。

二、学校的举办与学校法人

(一)学校举办的条件

《中华人民共和国教育法》第二十七条规定:"设立学校及其他教育机构,必须具备下列基本条件:(一)有组织机构和章程;(二)有合格的教师;(三)有符合规定标准的教学场所及设施、设备等;(四)有必备的办学资金和稳定的经费来源。"

1. 组织机构与章程

举办者申请设立学校,应当有权责分工明确的管理机构和人员,以保证机构的正常运转。同时,还必须有组织机构的章程,作为自律协调机构内部关系的依据。这是学校成为法人组织的必备条件。

2. 合格的教师

教师是学校办学的主体,在学校教育教学活动中担当着重要的角色。因此,拟设立的学校应具备一支数量结构合理、质量符合《中华人民共和国教师法》及国家其他有关规定的教师队伍。

3. 符合规定标准的教学场所及设施、设备等

各级各类学校的设立应具备国家制定的有关办学物质条件的具体标准,如校舍、场地、设备、教学仪器等,在申请设立学校时必须使所设学校的教学场所及设施、设备等达到相应的标准。

4. 必备的办学资金和稳定的经费来源

在申请设立学校时,必须有明确、稳定的教育经费来源说明。举办者要保证通过合法渠道筹措到设立学校所必需的最低启动金和运转资金,以保证学校设立后有稳定的经费来源。

以上四点是设立学校必须具备的一般实体条件。但并不意味着学校只在拟举办时和办学之初具备这些条件即可,而是同时要求在办学过程中能够维持这些条件并不断得到改善。

(二)学校举办的程序

《中华人民共和国教育法》第二十八条规定:"学校及其他教育机构的设立、变更和终止,应当按照国家有关规定办理审核、批准、注册或者备案手续。"即学校及其他教育机构的设立,除具备法律规定的一般实体要件外,还要符合程序性规定,才能取得合法地位。

我国对学校设立、变更和终止的管理根据机构性质的不同,分别实行审批制度和登记注册制度。其中,审批制度通常适用于各级各类正规学校。审批程序一般包括审核、批准、备案等环节。只有经过批准,获得批准书或办学许可证,拟办的学校才能取得合法地

位；同样，只有经过批准，学校才能变更或终止。根据目前我国实行的教育管理体制，中小学校的设立规划与审批主要由县、县级市、市辖区人民政府教育行政部门负责。

（三）学校的法人地位

《中华人民共和国教育法》第三十二条规定："学校及其他教育机构具备法人条件的，自批准设立或者登记注册之日起取得法人资格。"确立学校法人地位的意义在于确立学校在民事法律行为中的法律地位。

学校具备了法人资格，有利于保障学校享有的民事权利。任何组织和个人都不应侵犯学校的民事权利，学校主管部门也不应非法干涉，学校应享有较充分的办学自主权。

学校具备了法人资格，有利于学校以独立法人的身份参与一些民事活动，使其民事权利能力和民事行为能力得以运用。当然，学校作为一个法人参与民事活动，并不只享有民事权利，学校也应依法承担一切因自己的违法行为而引发的民事责任。

依据相关法律或法人组织章程规定，代表法人行使职权的负责人，是法人的法定代表人。学校的法定代表人一般为学校的校长，学校的法定代表人对外代表学校参与民事活动，享有民事权利并承担民事义务。

第三节　学校的权利与义务

一、学校的权利

学校的权利是指其在教育活动中依法享有的权利，即学校在教育活动中能够作出或不作出一定行为，并要求相对人相应作出或不作出一定行为的许可和保障。

《中华人民共和国教育法》第二十九条规定，学校及其他教育机构行使下列权利："（一）按照章程自主管理；（二）组织实施教育教学活动；（三）招收学生或者其他受教育者；（四）对受教育者进行学籍管理，实施奖励或者处分；（五）对受教育者颁发相应的学业证书；（六）聘任教师及其他职工，实施奖励或者处分；（七）管理、使用本单位的设施和经费；（八）拒绝任何组织和个人对教育教学活动的非法干涉；（九）法律、法规规定的其他权利。"国家保护学校及其他教育机构的合法权益不受侵犯。

（一）按照章程自主管理

章程是指学校为保证正常运行，对内部管理进行规范而制定的基本制度，是实行依法治校，提高学校管理水平和效率的重要保证。学校依法制定章程，确立其办学宗旨、管理体制及各项重大原则，制定具体的管理规章和发展规划，自主地作出管理决策，并建立、完善自己的管理系统，组织实施管理活动，这是建立现代学校管理体制的重要前提。主管部门或举办者对学校的符合其章程规定的管理行为无权干涉。

《中华人民共和国教育法》规定学校享有这样的权利,是基于学校作为法人在依法批准设立时,必须具有符合国家规定的组织章程。法人本身是一个组织机构,组织机构的运转活动必须有自身内部的管理章程,这是设立学校及其他教育机构所必须具备的四个基本条件中的第一个。学校一经依法设立,即意味着具备得以设立的全部条件,也就是说其章程得到确认,因此,学校按照被确认的章程,管理自身内部的活动即成为学校及其他教育机构所行使的法定权利。依据各级各类学校的任务不同,章程的内容各有不同,但其共同点应主要包括:办学宗旨、教育教学活动管理规则、校内管理体制、财务管理制度、安全保卫制度、民主管理与监督制度、修改章程的程序等。

学校章程的制定应注意以下几点:
(1) 要与现行的法律法规相一致;
(2) 代表改革与发展的方向,并为学校的各项教育教学、管理工作提供保证;
(3) 建立与章程相配套的各项规章制度,形成一整套学校管理的规范性文件;
(4) 制定的规章制度用语应准确、规范,不应使执行者和遵守者产生歧义。

此外,在制定章程时还要遵循必要的程序,一般应包括以下几项:
(1) 由校长主持该项工作,并应组成由各方代表参加的学校章程起草小组,必要时可请教育法方面的专家、学者做顾问;
(2) 经充分讨论后,由教职工大会通过;
(3) 报请教育行政主管部门依法审核。

(二) 组织实施教育教学活动

组织实施教育教学活动是学校的一项最基本的权利。学校之所以成立,就是要实施教育教学活动。这项权利的内容主要有:学校有权根据自己的办学宗旨和任务,依据国家教育行政主管部门有关教学计划、课程、专业设置等方面的规定,自行决定和实施自己的教学计划,决定具体课程、专业设置,决定选用何种教材,决定具体课时和教学进度,组织教学评比、集体备课,对学生进行统一考核、考试等。

这项权利是学校作为以培养人、教育人为宗旨的法人,被《中华人民共和国教育法》确定的从事教育教学活动的权利能力;其他领域不是依《中华人民共和国教育法》成立的法人,均不具有从事教育教学活动的权利。

(三) 招收学生或其他受教育者

学校有权依据国家招生方面的法律法规和主管部门的招生管理规定,根据自己的办学宗旨、培养目标、任务以及办学条件和能力,制定本机构具体的招生办法,发布招生广告,决定具体数量和人员,确定招生范围和来源。招生是一种属于教育教学活动的特殊活动。招生权是教育机构的基本权利。学校一旦被教育法确认为具有进行教育教学活动的权利能力的法人,那么作为其组织实施教育教学活动之一的招收学生的活动,就被认定为学校所具有的特殊的法定权利。同时,学校招收学生必须符合国家有关规定,其招生简章和广告内容必须真实、准确,严格按规定履行审核手续,不得制发虚假招生简章和广告。

(四) 对受教育者进行学籍管理，实施奖励或者处分

所谓学籍管理，主要是指学校针对受教育者的不同层次、类别，制定有关入学与报名注册、纪律与考勤、休学与复学、转学、退学等具体的管理办法，并对其实施具体的管理活动。奖励是指学校对于受教育者在德智体美劳方面的突出表现，给予精神的、物质的奖励，如颁发荣誉证书，给予奖学金等。处分是指学校对违反校纪校规的受教育者，给予的校内处分，包括警告、记过、留校察看、勒令退学、开除学籍等处分形式。

学校根据教育行政部门关于学籍管理的规定，制定具体的学籍管理办法。根据国家有关学生奖励、处分的规定，结合本校的实际，制定具体的奖励与处分办法；并可以根据这些管理办法，对受教育者进行具体的管理活动。但学校制定管理制度应符合相关的法律、法规的规定，且制定的对学生的处分不得重于现行法律、法规的规定。

学籍管理权是学校代表国家行使对受教育者教育活动的权利的重要组成部分，是普通公民和一般社会组织所不能行使的公共权力，是加强对受教育者的教育、管理职能，维护教学秩序，保证教育教学质量的需要。公民作为受教育者一旦进入学校及其他教育机构，其受教育的权利即依法实现，而这个权利的实现过程又是公民依法履行受教育义务的过程。所以，受教育者有义务接受其所在学校及其他教育机构的、法律确认的学籍管理和纪律要求。值得强调的是，学校在运用国家赋予的这一专项权力时，应严格遵守国家有关学籍管理的规定，不仅要遵守法律、法规所规定的实体性的管理规定，而且在对学生进行学籍管理时要注重程序，要将其处理决定进行告知，并应允许被处理者本人提出申诉、申辩和保留意见，并且对本人的申诉，学校有责任进行复查。但要注意，不能侵犯受教育者的受教育权等相关权利。

(五) 对受教育者颁发相应的学业证书

学校依据国家有关学业证书的管理规定，根据自己的办学宗旨、培养目标和教育教学任务要求，有权对经考核、成绩合格的受教育者，按其类别，颁发毕业证书、结业证书等学业证书。学业证书制度是我国的教育基本制度之一。学校作为从事教育教学活动的事业法人，法律授予了学校行使对受教育者颁发学业证书、学位证书的行政权力，这种权力是代表国家行使的在学位、学历证书方面的行政管理职权。

凡经国家批准设立的学校，就具有了《中华人民共和国教育法》所确认的按国家规定颁发学历证书或其他学业证书的权力。学校在行使这一权力时，应该严格依据法律、法规的规定维护学生的受教育权。

(六) 聘任教师及其他职工，实施奖励或者处分

学校根据国家有关教师和其他教职工管理的法规规定，从本校的办学条件、办学能力和实际编制情况出发，有权自主决定聘任、解聘有关教师和其他职工，可以制定本校的教师及其他职工聘任办法，签订和解除聘任合同，并可以对教师及其他员工实施包括奖励、处分在内的具体管理活动。教育机构在聘任、奖励、处分教师和其他职工时，应根据教师

和其他职工的职责要求,重点考虑本人的表现及业绩。此项权利是学校实施教育教学活动的保证,也是学校作为法人被法律所确认的权利之一。

(七) 管理、使用本单位的设施和经费

学校对其占有的场地、教室、宿舍、教学设备等设施,办学经费以及其他有关财产,享有财产管理权和使用权,必要时可对其占用的财产进行处置或获得一定的收益。同时,学校行使此项权利,也应遵守国家有关国有资产管理、教育经费投入及学校财务活动的管理规定,符合国家和社会公共利益,有利于学校发展和实现学校的办学宗旨,有利于合理利用教育资源,不得妨碍学校教育和管理活动的正常进行,不得侵害举办者、投资者等有关权利人的财产权利。

(八) 拒绝任何组织和个人对教育教学活动的非法干涉

学校有权"拒绝任何组织和个人对教育教学活动的非法干涉",即学校对来自行政机关(包括教育行政机关)、企业事业组织、社会团体、个人等任何方面的非法干涉教育教学活动的行为,有权拒绝和抵御。所谓"非法干涉",是指行为人违背法律、法规的有关规定,作出的不利于教育教学活动的行为。例如,强行占用教室,随意要求学校停课,以行政命令干涉具体的教学活动,要求学校向学生家长收费,等等。当前,社会对学校的乱摊派,以及某些教育行政部门中的业务机构对学校教学的随意检查、干预过多,这些都是侵犯学校实施教育教学自主权的行为,干扰了正常的教育教学秩序。对此,学校有权抵制,并应要求教育行政部门会同当地公安、司法、纪检、检察等部门,及时地予以查处。

(九) 法律、法规规定的其他权利

《中华人民共和国教育法》第二十九条规定的"法律、法规规定的其他权利",是指除前述八项权利外,现行法律、法规规定的其他权利;同时,还包括将来制定的法律、法规确立的有关权利。此项规定是对学校享有除前述八项权利外的其他合法权利的概括。作出此项规定,有利于将来制定有关教育的法律、法规,进一步完善学校的办学自主权。

二、学校的义务

学校的义务是指其在教育活动中必须履行的法律义务,即学校在教育活动中必须作出一定行为或不得作出一定行为的约束。它根据法律产生,并以国家强制力保障其履行。规定学校的义务,一是为保证学校实现育人宗旨、实施教育教学活动的需要,二是保障学校相对一方特别是学生受教育权利和教师的合法权益的需要。从深层次上说,它也是权利义务一致的体现。

《中华人民共和国教育法》第三十条规定,学校及其他教育机构应当履行下列义务:"(一)遵守法律、法规;(二)贯彻国家的教育方针,执行国家教育教学标准,保证教育教学质量;(三)维护受教育者、教师及其他职工的合法权益;(四)以适当方式为受教育者及其监护人了解受教育者的学业成绩及其他有关情况提供便利;(五)遵照国家有关规定收取费用并公开收费项目;(六)依法接受监督。"

(一)遵守法律、法规

这项义务是基于《中华人民共和国宪法》的有关规定确立的,是法律对一般法人的要求。《中华人民共和国宪法》第五条规定:"一切国家机关和武装力量、各政党和各社会团体、各企业事业组织都必须遵守宪法和法律。一切违反宪法和法律的行为,必须予以追究。任何组织或者个人都不得有超越宪法和法律的特权。"学校是培养人的社会组织,遵守法律、法规是其必须履行的基本义务。《中华人民共和国教育法》作出"遵守法律、法规"这项规定,并不是对《中华人民共和国宪法》有关内容的简单重复。它包括两层含义,既包括学校在一般意义上的守法,不得违反法律、法规,也包括教育法律、法规中为学校及其他教育机构确立的特定意义上的义务,这些义务与实施教育教学活动,实现其办学宗旨有密切联系。

(二)贯彻国家的教育方针,执行国家教育教学标准,保证教育教学质量

这项义务的内容是:(1)学校及其他教育机构在整个教育教学活动中,要坚持社会主义办学方向,贯彻国家的教育方针,走教育教学与生产劳动和社会实践相结合的办学道路,要使受教育者把学习科学文化与加强思想修养、学习书本知识与投身社会实践、实现自身价值与服务祖国人民、树立远大理想与进行艰苦奋斗统一起来。从德智体美劳方面全面教育、培养学生;(2)要执行国家教育教学标准,努力提高办学条件,加强育人环节,保证教育教学活动和培养学生的质量达到国家的教育教学质量要求,并不断提高教育教学质量。

所谓"国家教育教学标准",是指国家对各级各类教育机构的教育内容、教育教学质量及办学条件等规定必须达到的一般标准,它是国家评估和指导教育活动的基本依据,是一国教育水平的集中反映。国家教育教学标准通常由国家组织编订或者经国家审定批准,由各级各类教育机构具体实施。

确立此项义务,有利于保证学校教育的社会主义性质,促使学校努力培养德智体美劳全面发展的社会主义建设者和接班人,要把当前学校教育中出现的"片面追求升学率"、唯"智育"等不良倾向,扭转到以提高国民素质为根本宗旨,以培养学生的创新精神和实践能力为重点上来,全面推进素质教育。从法律意义上讲,《中华人民共和国教育法》施行后,不履行此项义务,出现上述违背国家教育方针的办学行为,或者不执行国家教育教学标准,已不再是单纯的教育思想和教育方针错误的问题,将被作为违法行为对待,学校及有关直接责任人员要承担相应的法律责任。

(三)维护受教育者、教师及其他职工的合法权益

这项义务的内容包括:(1)学校自身的行为不得侵犯受教育者、教师及其他职工的合法权益,如不得克扣、拖欠教职工工资,不得拒绝合乎入学标准的受教育者入学,尊重学生的受教育权,包括学籍权,学历、学位证书权,上课权等;(2)当教育机构以外的其他

社会组织和个人侵犯了本校学生、教师及职工合法权益时，学校应当以合法方式，积极协助有关单位查处违法行为的当事人，维护受害者的合法权益。这项义务的确立有助于形成一种学校爱护教师、学生，教师关心、爱护学校的良好教育教学关系，保持校园秩序乃至社会秩序的稳定，也有助于维护学生、教师的合法权益。对于学校侵犯教师、学生合法权益的，教师、学生有权依法提起申诉或诉讼。

（四）以适当方式为受教育者及其监护人了解受教育者的学业成绩及其他有关情况提供便利

这项义务的实质是学校保障受教育者及其监护人了解受教育者本人学业成绩和在校表现等的知情权，是加强学校教育与家庭教育的联系和沟通的需要，也是保证学生在学业方面受到公正评价的一种途径。所谓"适当方式"，是指学校通过设立"家长接待日""家长会议""教师家访"等合法的、正当的方式，保障家长及其他监护人、学生本人的知情权。但不得采取"考试成绩排队""公布学生档案"等非法的、侵犯学生合法权益的方式。所谓"监护人"，是指未成年人的父母，父母没有监护能力或者不能履行监护职责时，由未成年人的其他成年亲属或者所在基层组织担任监护人。所谓"提供便利"，一般包括两方面：一是学校不得拒绝受教育者及其监护人了解学业成绩、在校表现等情况的请求；二是学校应当提供便利条件，帮助受教育者及其监护人行使此项知情权。学校在履行此项义务时，要特别注意不得侵犯受教育者的隐私权、名誉权等合法权益。

（五）遵照国家有关规定收取费用并公开收费项目

这项义务是指学校应依据中央和地方各级政府及其有关部门的收费规定，从办学公益性质出发，按照成本分担原则，公平、合理地确定本校收取学费和杂费的标准（其中实施义务教育的学校是执行国家标准），并向家长、社会及时公布收费的项目。我国现行关于学校收费的法规、政策文件的基本精神是：国家举办的实施义务教育的学校，不得收取学费，但可酌情收取杂费；非义务教育的学校可以适当收取学费。中小学的收费项目和标准一般由省一级教育、物价主管部门根据本地实际具体确定；高等学校以及一部分部属、省属中等专业学校，一般由各中央主管部门或省一级教育、物价主管部门具体确定。《中华人民共和国教育法》确立此项义务，使国家现行有关学校及其他教育机构收费的一系列政策、规章具有法律效力。学校应向社会公开收费项目，包括收费的具体名称和标准，必要时还应公开所收费用的账目，以便于家长和广大人民群众给予监督。2010年7月23日，国家发展改革委、教育部发布《关于规范中小学服务性收费和代收费管理有关问题的通知》，严禁中小学以服务性收费、代收费名义乱收费。该通知严格界定了服务性收费和代收费范围：中小学服务性收费是指学校在完成正常的教学任务外，为在校学生提供由学生或学生家长自愿选择的服务而收取的费用；中小学代收费是指学校为方便学生在校学习和生活，在学生或学生家长自愿的前提下，为提供服务的单位代收代付的费用。该通知规定，中小学按要求安排的教育教学活动、教学管理范围内的事项，不得列入服务性收费和代收费事项。严禁将讲义资料、试卷、电子阅览、计算机上机、取暖、降温、饮水、校园安全保卫等作为服务性收费和代收费事项。农村地区义务教育阶段学校除按规定向学生收取作业本费、向自愿入伙的学生收取伙食费外，严禁收取其他任何费用。该通知还规定，中小学服务性收费和代收费项目、收费标准由省级教育主管部门按照学校组织学生活动和学生在校学习、生活的实际需要，综合考虑实际成本、当地经济发展水平和居民经济承受能力等因素提出意见，经省级价格主管部门审核，并报省级人民政府审定后执行。

在当前的教育实践中，部分学校和教师在法治意识和法治观念、法治思维方面存在明显不足。这导致在办学和管理过程中，一些学校未能严格遵循法律规定，甚至在出现违法行为时也未能及时纠正。与此同时，许多学校在面对纠纷时，往往未能有效利用法律途径进行妥善解决。此外，一些社会单位和家长在处理与学校的矛盾和纠纷时，采取了在学校内制造事端的方式来扩大影响，试图通过舆论压力迫使学校就范。在处理校园纠纷时，部分行政部门本着"息事宁人"的原则，倾向于采取非法律手段，甚至在私下里采用不合理的方法来解决矛盾。这种做法虽然在短期内可以平息事态，但从长远来看，却有损法治精神，不利于建立公平正义的校园环境。

（六）依法接受监督

这项义务是指学校对各级权力机关、行政机关依法进行的检查、监督以及社会各界依法进行的监督，应当积极予以配合，不得拒绝，更不得妨碍检查、监督工作的正常进行。这是学校作为行政管理相对人和独立法人应承担的法定义务。此项义务符合《中华人民共和国教育法》第八条规定的"教育活动必须符合国家和社会公共利益"的基本要求，有利于促进学校自觉地把教育教学和管理活动置于主管部门和社会的监督之下，全面贯彻国家的教育方针。

第四节　学校的管理

一、校长的法律地位

（一）相关法律的规定

《中华人民共和国教育法》第三十一条规定："学校及其他教育机构的举办者按照国家有关规定，确定其所举办的学校或者其他教育机构的管理体制。学校及其他教育机构的校长或者主要行政负责人必须由具有中华人民共和国国籍、在中国境内定居、并具备国家规定任职条件的公民担任，其任免按照国家有关规定办理。学校的教学及其他行政管理，由校长负责。学校及其他教育机构应当按照国家有关规定，通过以教师为主体的教职工代表大会等组织形式，保障教职工参与民主管理和监督。"

《中华人民共和国教育法》第三十二条规定："学校及其他教育机构具备法人条件的，

自批准设立或者登记注册之日起取得法人资格。"

《中华人民共和国义务教育法》第二十六条规定："学校实行校长负责制。校长应当符合国家规定的任职条件。校长由县级人民政府教育行政部门依法聘任。"

（二）校长是学校的法定代表人

校长是学校的法定代表人，全面负责学校的教育、教学、行政管理等各项工作。校长应具备国家规定的任职资格。其职权和职责是：

（1）贯彻执行国家的教育方针，执行教育法律法规和教育行政部门的指示、规定，遵循教育规律，提高教育质量；

（2）拟定发展规划，制定具体规章制度和年度工作计划并组织实施；

（3）组织开展教学活动、教育研究、师资队伍建设和项目合作与交流；

（4）拟订校内组织机构的设置方案，推荐副校长人选，按干部任免权限任免校内组织机构的负责人；

（5）依照法律和学校规定对教职员工和学生实施奖励或者处分；

（6）拟订和执行年度经费预算方案，保护和管理学校资产，维护学校合法权益；

（7）落实党支部的有关决议，提出需报请党支部或教代会审议的重要事项；

（8）审议职能部门提交的重要事项，处理教代会等有关行政工作议案；

（9）法律、法规规定的其他职权和职责。

二、校长的权利与义务

中小学校实行校长负责制。校长的职责、权利和义务在基层呈现一体化的特征。校长是学校法定代表人，对外代表学校，对内主持学校工作。校长依法履行职责，受法律保护。《中华人民共和国教育法》和《中华人民共和国义务教育法》当中没有关于校长权利的明确界定，这造成了校长权利的模糊性。纵览全国各地对公办中小学校长权利与义务的规定大同小异，都在国家法律许可的框架之内。

（一）中小学校长依法享有的权利

（1）履行校长职责应当具有的职权和工作条件。

（2）依照法律法规和教育政策，组织制定、实施学校发展规划和学校具体规章制度。

（3）主持召开校务会议，对学校教育教学和管理工作中的重要问题进行决策。

（4）依照国家有关规定聘任、考核、奖惩教职工，推荐或选聘副校长，确定学校内设机构和内设机构负责人人选，经教育局批准聘任教师。

（5）依照国家有关规定使用经费和管理校产。

（6）参加培训。

（7）对上级教育行政部门的工作提出意见和建议。

（8）行使国家和上级教育行政部门授予的其他职权。

（9）非因法定事由、未经法定程序，不被免职、辞退或者处分。

(二) 中小学校长必须履行的义务

(1) 遵守宪法、法律和法规。

(2) 依照国家法律法规和教育方针、政策，履行校长职责。

(3) 维护学校、教职工和学生的合法权益。

(4) 关心、尊重教职工，组织和支持教职工参加必要的学习、培训和进修，调动教职工工作的积极性和主动性。

(5) 严格执行财务制度，管好校产和财务。

(6) 努力学习，钻研业务，不断提高工作能力和水平。

(7) 充分发挥教职工代表大会在民主管理和民主监督，以及共青团、少先队等群众组织在办学育人中的积极作用。

(8) 建立与家长及社区的联系制度，发挥家长委员会、社区教育委员会等对学校工作的参谋、咨询与监督作用，促进学校教育、家庭教育、社区教育的密切合作，形成协调一致的育人环境。

(9) 接受法律监督、上级行政机关监督、专门监督机关监督和人民群众监督。

需要指出的是，法律赋予学校及其他教育机构的权利和义务是公办中小学校长权利与义务的基础。学校及其他教育机构没有的权利和义务，中小学校长也没有。换言之，法律赋予公办中小学校长权利与义务是有限的。《中华人民共和国教育法》第三十一条规定"学校的教学及其他行政管理，由校长负责"，那么，"教学及其他行政管理"之外的事项，校长未必负责。例如，《中华人民共和国教育法》第三十二条规定："学校及其他教育机构中的国有资产属于国家所有。学校及其他教育机构兴办的校办产业独立承担民事责任。"校长对学校的国有资产只有使用的权利和保护的义务，没有处置权。学校及其他教育机构兴办的校办产业独立承担民事责任，校长不承担校办产业的民事责任。此外，公办中小学校长权利与义务是受限的。《中华人民共和国教育法》第三十一条规定："学校及其他教育机构应当按照国家有关规定，通过以教师为主体的教职工代表大会等组织形式，保障教职工参与民主管理和监督。"这就表明：校长的工作要受群众监督。公办中小学校长是党员的要遵守党的纪律，公办中小学校长按公务员管理的要遵守公务员的纪律。

由上可以看出，公办中小学校长的权利与义务是复杂多样的。《中华人民共和国教育法》第三十二条规定："学校及其他教育机构具备法人条件的，自批准设立或者登记注册之日起取得法人资格。"作为法人代表，校长必须遵守法律对法人代表的约束，学校是基层单位，必须把党和国家的方针政策落到实处。例如，按照治安管理的要求抓好校园治安管理，按安全生产的要求管理好学校（特别是学生）安全工作，按《中华人民共和国食品安全法》的要求抓好食品安全工作，按《中华人民共和国教师法》的要求管理好教师，按《中华人民共和国劳动法》的要求做好劳动和社会保障工作，按教育行政部门的要求落实好教育教学工作，按资产管理办法管理好国有资产，等等。

三、依法治校的举措

（一）转变法治观念，提高依法治校的意识

依法治校的关键在于转变观念，以良好的法治意识、法治观念指导学校管理和教育教学活动。为此，全体教育工作者要牢固树立法治至上的法治意识，坚持依法治校，推进学校治理法治化的法治思维，把法治工作融合到学校的教育教学的管理之中，规范办学行为，切实提高学校领导和广大教职工依法治校的意识，坚持依法管理、依法育人，不断提高依法治校工作的整体水平与依法办事的能力。现在，一些学校和教师仍然缺少法治观念，甚至缺少法律常识，在办学过程中有法不依、违法不究。例如，个别社会单位和家长采取在学校闹事的办法来扩大影响，有的行政部门抱着息事宁人的态度，结果往往采取不依法办事的方式，私下甚至用完全不合法的方法解决矛盾纠纷。

（二）转变行政管理职能，切实做到依法行政

依法行政是依法治校的前提和保障。因此，各级教育行政部门要按照依法治教和依法治校的要求，切实转变不适应形势需要的行政管理方式，依据法律规定的职责、权限与程序对学校进行管理，切实维护学校的办学自主权；要按照行政审批制度改革的要求，精简审批项目，公开审批程序，提高办事效率；要探索综合执法机制和监督机制，依法监督办学活动，维护教育活动的正常秩序；要依法健全和规范申诉渠道，及时办理教师和学生申诉案件，建立面向社会的举报制度，及时发现和纠正学校的违法行为，特别是学校、教师侵犯学生合法权益的违法行为；积极配合有关部门开展校园及其周边环境的治理工作，依法保护学校的合法权益，为学校教育教学活动创造良好的环境。

（三）加强制度建设，依法加强管理

学校要依据法律法规制定和完善学校章程，经主管教育行政部门审核后，作为学校办学活动的重要依据。学校要根据法律和国家的有关规定，建立健全学校教育教学制度，保障国家教育方针的贯彻落实。学校要依法健全校内管理体制，依法健全校长负责制，完善校长决策程序，并发挥学校党组织的政治保障作用，提高学校重大决策的民主化程度，调动师生参与学校管理的积极性，形成科学民主管理的管理体制与运行机制，增强学校发展凝聚力，保障学校各项改革和事业可持续发展。学校要保证学校的发展规划、章程和各项管理制度、对外签订的民事合同等符合法律的规定；严格执行国家有关收费的规定，健全监督机制，依法管理好学校法人财产。对违反法律、法规规定的学校管理制度和规定，要及时修改或者废止。

（四）建立健全依法治校的机制体制

完善以依法治校为基础的学校各项管理制度和学校章程配套制度的运行机制，依法规范办学行为，依法实施教育教学活动，依法维护学校、教师和学生的合法权益，全面提高学校依法治校水平。

（1）加强领导和教师的普法规范化、制度化建设，提高学校普法的针对性、系统性和计划性，建立健全学校领导干部的学法用法制度，不断提高依法决策、依法管理、依法治校的能力和水平。

（2）建立完善教职工代表大会制度，实行校务公开，明确学校重大事务和涉及教职工切身利益事项的议事、决策与监督程序，充分发挥教职工代表大会在学校民主管理，民主监督中的重要作用，切实依法维护教职工和学生的合法权益。

（3）切实加强学生法治教育和安全管理，贯彻《学生伤害事故处理办法》和有关校园安全的法律、法规，完善各项安全防范措施，积极预防学生犯罪和学生校内伤害事故的发生。

（4）依法贯彻国家的教育方针，严格执行国家规定的教育教学标准，健全各项校内管理规范，依法规范教学、人事、财务、安全保卫、总务和学籍管理。

依法治校是一项长期、系统、全方位、立体式，有诸多因素、条件参与的复杂工程。例如，依法治校需要教育行政部门法治意识增强，形成依法行政的工作格局；需要学校建立依法决策、民主参与、自我管理、自主办学的工作机制和现代学校制度；需要各级各类学校校长、教师和受教育者的法律素质有明显提高；需要建立完善的权益救济渠道，教师和学生的合法权益依法得到保障，形成良好的学校育人环境；需要保证国家教育方针的贯彻落实，实现教育的公平，保证学校正确的办学方向，为教育改革与发展创建良好的法治环境，等等。尽管困难重重，但值得期待。相信，随着依法治校理念的不断深入与依法治校实践的不断探索，依法治校在适应新时代发展需求，推动学校管理制度化、规范化、法治化进程上一定会迈上新台阶。

案例研究

案例1

某校教师赵某参加了县教研室举办的为期一天的学术研讨会。但他事先未向学校请假，也没有和教同班课程的其他教师调课，导致他所任教的两个班各有一节化学课没有上。学校按赵某旷职处理，按照本校的有关规定，扣发赵某当日的工资和本月全勤奖，并在全校职工大会上提出批评。赵某依据《中华人民共和国教师法》第七条有关规定，教师享有"从事科学研究、学术交流、参加专业的学术团体，在学术活动中充分发表意见"的权利，认为自己参加的是县教研室举办的学术研讨会，学校对其进行处罚侵犯了其合法权利。赵某对学校作出的处理决定不服，向这所学校的主管部门提出了申诉，要求学校返还扣发的工资和奖金，并在全校职工大会上取消对其所做的批评。

【案例思考】

1. 学校作出的处分决定是否合法？依据是什么？
2. 本案给我们的启示是什么？

【案例分析】

当地教育行政部门对此进行了调查，教师赵某所述情况基本属实，但认为，教师既享有法律赋予的权利，也应当完成法律规定的义务。《中华人民共和国教师法》第八条规定，教师应当履行"贯彻国家的教育方针，遵守规章制度，执行学校的教学计划，履行教师聘约，完成教育教学工作任务"的义务。赵某只强调了权利的方面，而没有遵守学校的规章制度和执行教学计划，没有很好地完成教育教学工作任务。学校作出的决定符合权限和程序，使用法律法规正确，事实清楚。因此，当地教育行政部门决定：维持学校原处理结果。教师赵某在接到《教育行政处罚决定书》后，15日内未向有关部门提起行政复议和诉讼。法律法规赋予教师特定的权利，但其权利的行使应以履行相应的法定义务为前提，权利的享有与义务的履行是统一的，不能只强调享受权利而不去履行义务。

案例2

某日课间，学生们正在休息，三年级某班的两名男生甲、乙在楼道里追跑打闹，当经过两个楼梯间时，甲跑在前面，随手将楼门带上，以阻截乙的追打。可两人追跑的速度很快，就在甲关门的瞬间，乙也跑了过来，一时控制不住速度，径直撞了上去，导致玻璃门破碎，并且乙的左脸被划伤。事情发生后，老师及时联系了双方家长，乙的家长十分愤怒，准备起诉学校。

【案例思考】

1. 本案中，你认为学校有什么样的责任？依据是什么？
2. 学生伤害事故的责任承担的法律依据是什么？本案中的责任应如何承担？

【案例分析】

本案例发生的地点是校园，家长起诉的原因也在此，那么我们根据法律规定来分析此事，究竟学校有什么责任。《学校伤害事故处理办法》第五条规定："学校应当对在校学生进行必要的安全教育和自护自救教育；应当按照规定，建立健全安全制度，采取相应的管理措施，预防和消除教育教学环境中存在的安全隐患；当发生伤害事故时，应当及时采取措施救助受伤害学生。"第六条规定："学生应当遵守学校的规章制度和纪律；在不同的受教育阶段，应当根据自身的年龄、认知能力和法律行为能力，避免和消除相应的危险。"第八条规定："发生学生伤害事故，造成学生人身损害的，学校应当按照《中华人民共和国侵权责任法》（现为《中华人民共和国民法典》）及相关法律、法规的规定，承担相应的事故责任。"

因学校、学生或者其他相关当事人的过错造成的学生伤害事故，相关当事人应当根据其行为过错程度的比例及其与损害后果之间的因果关系承担相应的责任。若当事人的行为是损害后果发生的主要原因，则当事人应当承担主要责任；若当事人的行为是损害后果发生的非主要原因，则承担相应的责任。所以，乙的家长不应该把责任都推到学校身上，乙也有过错，对他造成直接伤害的是甲，应追究甲的主要责任。

本章小结

本章主要探讨了依法治校的一些主要问题。依法治校是依法治教的重要组成部分，是推进依法治国理念的必然要求，是深化教育事业改革与发展、推进教育法治建设的重要内容。依法治校就是要在依法理顺政府与学校的关系、落实学校办学自主权的基础上，实现学校管理与运行机制的制度化。本章重点阐述了学校的法律地位及其特点，学校举办的条件，学校的权利与义务，校长的法律地位、权利与义务，依法治校的举措，等等，为依法治校提供了基本的法律依据。

真题自测

【8.1】某公立小学符合办学条件，具备法人条件。该校取得法人资格应该始于（　　）。

A. 批准之日　　　B. 批准次日　　　C. 登记注册之日　　　D. 登记注册次日

【8.2】小学生李某多次违反学校管理制度，对于李某，学校可以采取的管教方式是（　　）。

A. 收容教养　　　B. 强制劝退　　　C. 开除学籍　　　D. 批评教育

【8.3】某高中教师孙某旷工给学校教学工作造成一定损失，依照《中华人民共和国教师法》，学校可依法（　　）。

A. 给予孙某行政处分　　　　　　B. 给予孙某行政处罚

C. 取消孙某教师资格　　　　　　D. 给予孙某罚款处理

【8.4】某初中根据学生分数开设了两个重点班，实行末位淘汰制，非重点班学生根据成绩可以补缺。该校的做法（　　）。

A. 合法，利于因材施教

B. 合法，利于激励学生

C. 不合法，义务教育学校不得分设重点班

D. 不合法，义务教育学校不得实行动态管理

【8.5】某小学让学生乐队停课参加某公司庆典，公司给予学校一定的经济回报。该校做法（　　）。

A. 正确，可以改善学校办学条件　　　B. 正确，学校拥有管理学生的权利

C. 不正确，侵犯了学生的受教育权　　　D. 不正确，侵犯了学生的人身权

【8.6】某校在期末考试后，将学生的考试成绩排名张榜公布，该校的做法（　　）。

A. 体现了学校的管理权　　　　　　B. 体现了学校的教育权

C. 体现了学生的受教育权　　　　　　D. 侵犯了学生的隐私权

推荐阅读

1. 张乐天. 教育政策法规的理论与实践 [M]. 4 版. 上海：华东师范大学出版社，2020.
2. 任海涛，等. 教育法学导论 [M]. 北京：法律出版社，2022.
3. 劳凯声. 教育法学 [M]. 北京：中国人民大学出版社，2023.

第九章 教师——依法执教

☞ 学完本章，应该做到：
- 理解教师法律的地位，并能进行评析。
- 理解教师的权利、义务的含义。
- 掌握教师的权利与义务的内容，熟悉教师权利的法律保护。
- 了解我国教师的管理制度，熟记教师的资格制度、职务制度、聘任制度、考核制度和培训制度等。

☞ 学习引导：

本章主要从教师的权利与义务、教师的管理制度两个方面来展开。前者的学习可以从对教师法律地位的理解来着手，进而掌握教师的权利与义务，明确教师权利的法律保护；后者的学习可以从管理制度的角度来理解在教师的管理中有哪些制度以及各种制度是如何运用的。

☞ **本章知识导图**

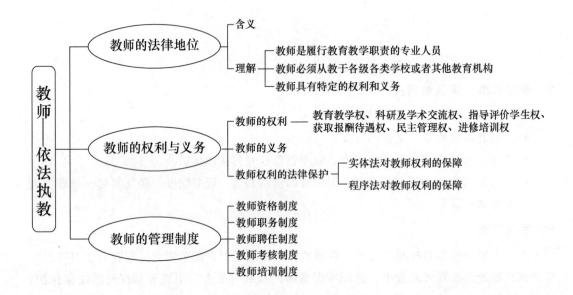

【引子】

《国家中长期教育改革和发展规划纲要（2010—2020年）》

第二十章 推进依法治教

（六十三）全面推进依法行政。各级政府要按照建设法治政府的要求，依法履行教育职责。探索教育行政执法体制机制改革，落实教育行政执法责任制，及时查处违反教育法律法规、侵害受教育者权益、扰乱教育秩序等行为，依法维护学校、学生、教师、校长和举办者的权益。完善教育信息公开制度，保障公众对教育的知情权、参与权和监督权。

（六十四）大力推进依法治校。学校要建立完善符合法律规定、体现自身特色的学校章程和制度，依法办学，从严治校，认真履行教育教学和管理职责。尊重教师权利，加强教师管理。保障学生的受教育权，对学生实施的奖励与处分要符合公平、公正原则。健全符合法治原则的教育救济制度。

开展普法教育。促进师生员工提高法律素质和公民意识，自觉知法守法，遵守公共生活秩序，做遵纪守法的楷模。

第一节 教师的法律地位

在"依法治国""建设社会主义法治国家"的时代背景下，了解相关的法律知识，增强法治意识，形成法治观念，是提升教师依法执教的基础与保证。依法执教就是指教师要依据法律法规履行教书育人的职责。其含义有二：一是教师的教育教学行为要在法律法规所允许的范围内进行，二是教师要善于利用法律手段来维护自身的合法权益。

依法执教的核心在于守法，这意味着教师必须严格遵守《中华人民共和国教育法》《中华人民共和国教师法》《中华人民共和国未成年人保护法》等相关法律法规。这些规定要求教师尊重并维护学生的合法权益及人格尊严，关心爱护所有学生，不歧视"后进生"。学生作为未成年人和受教育者，不可避免地会展现出种种缺点或问题。面对所谓的"问题学生"，教师应该更多地扮演辅导者的角色，帮助他们分析问题根源，制定改进措施，并建立民主、平等、和谐的师生关系。

教师应有充分的耐心，做好心理准备接受学生问题的反复出现，并愿意不断地帮助他们改正。众所周知，矫正缺点和养成良好习惯不是轻而易举的事，对青少年学生来说更是如此。如果教师采用高压政策，甚至体罚学生，这种做法不仅侵犯了学生的合法权益，还严重伤害了他们的心灵。例如，有的教师对上课时开小差的学生采取罚抄课文的措施；对于不遵守纪律的学生，采取罚站、逐出教室或是用言语挖苦的方法。这些做法往往会加剧师生之间的矛盾，加深学生与学校的对立情绪，这不仅是教育的失败，也是教师的不幸和学生的悲哀。

一、教师法律地位的含义

根据《中华人民共和国教师法》和《中华人民共和国教育法》的规定，"教师"是指履行教育教学职责的专业人员，承担教书育人、培养社会主义事业建设者和接班人、提高民族素质的使命。

二、对教师法律地位的理解

对于《中华人民共和国教师法》上"教师"的概念，我们应从以下三个方面来理解。

（一）教师是履行教育教学职责的专业人员

这是教师地位的本质特征，是教师概念的内涵。它有两个方面的含义：

1. 履行教育教学职责是教师的职业特征

只有直接承担教育教学工作的人，才具备教师的最基本的条件。学校中不直接从事教育教学工作，未履行教育教学职责的行政管理人员、校办产业公司人员、教学辅助人员（包括后勤服务人员等），就不能被认为是教师，而应分属教育职员或其他相应的专业技术职务系列。

2. 专业人员是教师的身份特征

同医生、律师一样，教师是一种从事专门职业活动的专业人员，即教师必须具备专门规定的从事教育教学活动的资格，符合特定的要求。这里的"专业人员"包括三层含义：一是教师要达到符合规定的相应学历；二是教师要具备相应的专业知识；三是教师要符合与其职业相称的其他有关规定，如语言表达能力、身体健康状态等。

（二）教师必须从教于各级各类学校或者其他教育机构

《中华人民共和国教师法》第二条规定："本法适用于在各级各类学校和其他教育机构中专门从事教育教学工作的教师。"这个适用范围是教师的形式特征，也是法律意义上教师概念的外延。所谓"各级各类学校"，是指实施学前教育、普通初等教育、普通中等教育、职业教育、普通高等教育以及特殊教育、成人教育的学校。所谓"其他教育机构"是特指的，包括少年宫以及地方教研室、电化教育馆等机构。"教师"包括公办学校教师，也包括公办学校中由集体支付工资、国家予以补助的民办教师，还包括由社会力量举办的学校的教师。

（三）教师具有特定的权利和义务

在法律上，教师具有两种身份：一方面他们是普通公民，另一方面他们是从事教育工作的专业人员。教师的权利和义务是基于特定的职业性质而产生和存在的。

教师具有如下特点。

1. 在教育教学活动中产生并由教育法律规范所设定

教师的基本权利和义务既不同于宪法赋予每个公民具有的政治权利和义务，也不同于教师作为普通公民所具有的民事权利和义务，而是一种职业特定的法律权利和法定义务。

2. 与教师职务和职责紧密相连

它具有两层含义：一是教师的权利和义务始于其取得教师资格并在学校或者其他教育机构任职，终于解聘。未取得教师资格而任职的，不具有此项基本权利和义务。同时，各级各类学校教师的权利和义务的内容，亦因其履行教育教学职责的具体情况而有所不同。二是教师的权利和义务是其履行教育教学职责的要求和基本保证。当教师以教育者的身份出现时，其与职责相关的权利和义务从某种意义上说是代表国家和社会利益，带有一定的"公务"性质，是不能随意放弃的。如果教师随意放弃指导学生的学习和发展、评定学生的品行和学习成绩的权利，实际上是没有履行教师的职责。

3. 教师的权利和义务与时俱进

各国关于教师的基本权利和义务的规定，通常与该国当时的社会经济发展水平、文化传统等因素紧密相关，并确保这些权利和义务能够得到相应的保障。随着社会的进步和变迁，教师的权利和义务也会面临新的需求和挑战。为了应对这些变化，相关法律法规也需要持续不断地得到制定或修订，以确保教师的权利和义务能够紧随时代步伐，实现与时俱进。

第二节 教师的权利与义务

教师作为一个特定的职业群体，在与国家、学校、学生的相互关系中，既享有一定的权利，也必须履行相应的义务。明确教师的权利与义务是依法治教所要解决的重要问题之一。其意义在于，一方面可以使教师明确所享有的法定权利及界限，更好地行使权利，自觉抵制各种侵害教师合法权益的现象；另一方面又可以使教师更加清晰地认识到自己必须履行的法定义务，增强教育教学的自觉性和责任感。

一、教师的权利

教师的社会地位主要是通过教师享有的权利来实现的。教师依法享有各种权利，是提升教育教学质量和促进教师成长与发展的重要保证。教师的各种权利应当受到法律的切实保护，依法保护教师的合法权利对于维护教师的职业尊严和社会声望、提高教育教学质量、实施科教兴国战略具有重要的现实意义。虽然《中华人民共和国教师法》《中华人民共和国教育法》颁布已有很多年了，但现实中侵犯教师的权利和利益的事件屡屡发生。因此，探讨教师的权利及其法律保护很有必要。

（一）含义

教师在法律上的权利分为两部分，一是教师作为一般公民所享有的权利，二是教师作为教育者的权利。作为普通公民，教师享有《中华人民共和国宪法》所规定的公民的基本权利，如公民的政治权利、宗教信仰自由、社会经济权利、受教育权利等。作为专业人员，教师在从事教育教学活动中有其特殊的权利。这是一种职业特定的法律权利。而这里所谈的"教师的权利"是针对教师的职业而言的。

教师的权利是指教师在教育教学活动中依法享有的权益，是国家对教师能够作出或不作出一定行为，以及要求他人相应作出或不作出一定行为的许可与保障。法律上的教师权利包括教师实施某种行为的权利以及要求义务人履行义务的权利。当教师的权利受到侵害时，有权诉诸法律，要求确认和保护其权利。

（二）内容

关于教师的权利，《中华人民共和国教育法》第三十三条规定："教师享有法律规定的权利，履行法律规定的义务，忠诚于人民的教育事业。"依据《中华人民共和国教师法》第七条规定，教师享有下列权利："（一）进行教育教学活动，开展教育教学改革和实验；（二）从事科学研究、学术交流，参加专业的学术团体，在学术活动中充分发表意见；（三）指导学生的学习和发展，评定学生的品行和学业成绩；（四）按时获取工资报酬，享受国家规定的福利待遇以及寒暑假期的带薪休假；（五）对学校教育教学、管理工作和教育行政部门的工作提出意见和建议，通过教职工代表大会或者其他形式，参与学校的民主管理；（六）参加进修或者其他方式的培训。"

1. 教育教学权

教育教学权是指教师进行教育教学活动、开展教育教学改革和实验的权利。这是教师的最基本权利。教师有权依据其所在学校的教学计划、教育工作量等具体要求，结合自身教学特点自主地组织课堂教学；有权依照教学大纲的要求确定其教学内容、进度，并不断完善教学内容；有权针对不同的教育教学对象，在教育教学的形式、方法、具体内容等方面进行改革和实验。任何人不得非法剥夺在聘教师行使这一基本权利。而不具备教师资格的人不得享有这项权利。虽取得教师资格，但尚未受聘或已被解聘的人员，此项权利的行使处于停顿状态，待被聘用时方能行使这一权利。学校及其他教育机构依法解聘教师，不属于侵犯教师权利的行为。

2. 科研及学术交流权

科研及学术交流权是指教师从事科学研究、学术交流，参加专业的学术团体，在学术活动中发表意见的权利。这是教师作为专业技术人员所享有的一项基本权利。教师在完成规定的教育教学任务的前提下，有权进行科学研究、技术开发、撰写学术论文、著书立说；有权参加有关的学术交流活动，参加依法成立的学术团体并在其中兼任工作；有权在学术研究中发表自己的学术观点，开展学术争鸣。教师在行使此项权利时，要注意处理好教学与科研的关系，使之相辅相成，更好地提高教育教学质量。

3. 指导评价学生权

指导评价学生权是指教师指导学生的学习和发展、评定学生的品行和学业成绩的权利。这是与教师在教育教学过程中的主导地位相适应的一项基本权利。教师有权根据教育规律和学生的身心发展特点，因材施教，有针对性地指导学生的学习，并在学生的升学、就业等方面给予指导；有权对学生的思想品德、学习、文体活动、劳动等方面给予客观、公正的评价；有权运用正确的指导思想和科学的方式、方法，使学生的个性和能力得到充分的发展。教师在行使管理学生权时，要注意加强对学生各方面的管理，将关心爱护学生与严格要求学生相结合，促进学生德智体美劳全面发展。

4. 获取报酬待遇权

获取报酬待遇权是指教师按时获取工资报酬，享受国家规定的福利待遇以及寒暑假期的带薪休假的权利。这是教师的基本物质保障权利。教师的工资报酬一般包括基础工资、职务工资、课时报酬、奖金、教龄津贴、班主任津贴及其他各种津贴在内的工资性收入。福利待遇主要包括教师的医疗、住房、退休等方面的各项待遇和优惠，以及寒暑假期的带薪休假。教师有权要求所在学校及其主管部门根据国家教育法律、教师聘任合同的规定按时足额地支付工资报酬，有权享受国家规定的福利待遇。要动员全社会力量，采取有效措施，依据法律的规定，切实保障教师这一基本权利的行使。

5. 民主管理权

民主管理权是指教师对学校教育教学、管理工作和教育行政部门的工作提出意见和建议，通过教职工代表大会或者其他形式，参与学校的民主管理的权利。这是教师参与教育管理的民主权利，是《中华人民共和国宪法》中所规定的"中华人民共和国公民对于任何国家机关和国家工作人员，有提出批评和建议的权利"的具体体现，有利于调动教师参政议政的自觉性和积极性，发挥教师的主人翁作用，加强对学校和教育行政部门工作的监督。教师有权通过教职工代表大会、工会等组织形式以及其他适当方式，参与学校民主管理，讨论学校改革、发展等方面的重大事项，保障自身的民主权利和切身利益，推进学校的民主建设。以教职工代表大会为例，教师的民主管理权体现在以下方面：听取校长的工作报告，讨论学校年度工作计划、发展规划、改革方案、教职工队伍建设等重大问题；讨论职工奖惩办法以及其他与教职工有关的基本规章制度；讨论其他有关教职工的一些福利事项；监督学校管理工作。教师在行使民主管理权时，应注意遵循民主集中制的原则，并充分发挥自己对学校、教育行政部门工作的监督作用。

6. 进修培训权

进修培训权是指教师参加进修或者其他方式的培训的权利。这是教师享有的继续教育的权利。现代社会和科技飞速发展，教师应及时更新自己的知识储备，不断提高自身素质。教师有权参加进修或其他多种形式的培训，以提高自己的思想政治觉悟和业务水平。教育行政部门、学校及其他教育机构，应采取多种形式，开辟多种渠道，努力为教师的进修培训创造有利条件,切实保障教师权利的实现。当然,教师的进修培训权的行使,要在完成本职工作的前提下有组织、有计划地进行,不得影响正常的教育教学工作。

二、教师的义务

（一）含义

教师的义务是指依照法律规定教师从事教育教学工作必须履行的责任,其表现为必须作出或不作出一定行为。如同教师的权利一样,教师的义务也分为两部分:一是教师作为公民应承担的义务,二是教师作为教育者应承担的义务。一方面教师作为公民应承担的一部分义务体现在教师的特定义务之中,另一方面教师特定义务中的一部分又是公民义务的具体化和职业化。

（二）内容

《中华人民共和国教师法》第八条规定,教师应当履行下列义务:"（一）遵守宪法、法律和职业道德,为人师表;（二）贯彻国家的教育方针,遵守规章制度,执行学校的教学计划,履行教师聘约,完成教育教学工作任务;（三）对学生进行宪法所确定的基本原则的教育和爱国主义、民族团结的教育,法制教育以及思想品德、文化、科学技术教育,组织、带领学生开展有益的社会活动;（四）关心、爱护全体学生,尊重学生人格,促进学生在品德、智力、体质等方面全面发展;（五）制止有害于学生的行为或者其他侵犯学生合法权益的行为,批评和抵制有害于学生健康成长的现象;（六）不断提高思想政治觉悟和教育教学业务水平。"

1. 遵守宪法、法律和职业道德,为人师表

宪法是国家、社会组织和公民活动的基本行为准则。任何组织和公民都必须遵守。教师要教书育人,就应严格地遵守宪法和法律,而且要在教育教学工作中,自觉培养学生的法治观念和民主精神。教师是一种专门化的职业,有着自身的职业道德准则,教师应当自觉遵守职业道德。教师是人类灵魂的工程师,担负着培养下一代的任务,他们在传授科学文化知识的同时,对学生的思想品德、个性形成有着重要影响,所以教师要注意言传身教,做到为人师表。

2. 贯彻国家的教育方针,遵守规章制度,执行学校的教学计划,履行教师聘约,完成教育教学工作任务

教师在教育教学活动中,应当全面贯彻国家关于教育必须为社会主义现代化建设服务、为人民服务,必须与生产劳动与社会实践相结合,培养德智体美劳全面发展的社会主义建设者和接班人的方针;自觉遵守教育行政部门和学校及其他教育机构制定的各项规章制度;认真执行学校依据国家规定的课程标准、教学要求等制订的具体教学计划;严格履行教师聘任合同中约定的教育教学职责,完成规定的教育教学任务,保证教育教学质量。

3. 对学生进行宪法所确定的基本原则的教育和爱国主义、民族团结的教育，法制教育以及思想品德、文化、科学技术教育，组织、带领学生开展有益的社会活动

这是对教师教育教学工作内容方面的全面规范。教师应结合自身教育教学业务特点，将政治思想品德教育贯穿于教育教学过程之中。对学生进行政治思想品德教育，不仅是政治思想品德课教师的职责，也是每一位教师的基本义务。教师应有意识地对学生进行理想教育、道德教育、科学教育、文化教育、法治教育、国家安全教育、健康教育、劳动教育，加强爱国主义、集体主义和中国特色社会主义的教育，培养爱祖国、爱人民、爱劳动、爱科学、爱社会主义的公德，抵制资本主义、封建主义和其他腐朽思想的侵蚀，引导学生树立和践行社会主义核心价值观。

4. 关心爱护全体学生，尊重学生人格，促进学生在品德、智力、体质等方面全面发展

人格尊严是宪法赋予公民的一项基本权利。由于学生在教育教学活动中居于受教育者的地位，其人格尊严往往容易受到侵犯。教师要关心爱护全体学生，对学生应一视同仁，不因民族、性别、残疾、学习成绩等因素歧视学生，尤其是对那些有缺点的学生，教师应给予特别关怀，要满腔热情地教育指导，绝不能采取简单粗暴的办法；不能侮辱、歧视学生，不能体罚或变相体罚学生，不能泄露学生的隐私；体罚学生，经教育不改的，或品行不良、侮辱学生，影响恶劣的，应依法承担相应的法律责任。

5. 制止有害于学生的行为或者其他侵犯学生合法权益的行为，批评和抵制有害于学生健康成长的现象

保护学生的合法权益和身心健康成长，是全社会的共同责任，而教师自然更负有此项义务。教师履行此项义务具有特定的范围，主要是在学校工作以及与教育教学工作相关的活动中，制止侵犯其所负责教育管理的学生合法权益的违法行为；批评和抵制社会上出现的有害于学生身心健康成长的不良现象。

6. 不断提高思想政治觉悟和教育教学业务水平

教育教学工作是一项专业性较强的工作，担负着提高民族素质的使命，这就要求教师具有较高的思想觉悟和业务水平。同时，这也是社会进步和科学技术发展对教师提出的要求。因此，教师应加强学习，调整知识结构，不断提高思想政治觉悟和教育教学业务水平，以适应教育教学的实际需要。

教师的基本权利、义务基于教育活动产生，由教育法律法规所设定，是一种职业特定的法律权利和职业特定的法律义务。它们之间是对立统一、相互依存的关系。没有无义务的权利，也没有无权利的义务。教师既是权利的享有者，又是义务的承担者。因此，每一位教师应正确行使自己的权利，严格履行自己的义务。

三、教师权利的法律保护

我国有关法律对教师应该享有的权利进行了具体的规定,同时为了使教师的权利得到落实,在法律保护方面也作了相关规定。

《中华人民共和国教师法》对教师的权利作了较为详细的规定,上述教师的权利作为教师法定的不可剥夺的权利,其实现不仅有赖于权利主体的积极作为,更需要义务主体尤其是政府积极创造条件为其提供法律上的保障。目前的法律保障主要是从以下两个方面实施的。

(一) 实体法对教师权利的保障

实体法是指以成文法或判例法等不同的法律形式明确教师的身份、权利、义务和法律责任。我国教师的许多权利是有法律保障的,除了《中华人民共和国教师法》外,《中华人民共和国教育法》也规定"教师享有法律规定的权利""国家保护教师的合法权益,改善教师的工作条件和生活条件,提高教师的社会地位""教师的工资报酬、福利待遇,依照法律、法规的规定办理""违反本法规定,侵犯教师的合法权益,造成损失、损害的,应当依法承担民事责任"。另外,还有许多根据《中华人民共和国教师法》的相关内容制定的教育行政法规。例如,《中小学教师继续教育规定》的制定是为了保障中小学教师的继续教育权利;《教师资格条例》的制定则是为了防止在教师资格认定和聘任过程中侵犯教师权利;等等。

(二) 程序法对教师权利的保障

如果仅有实体法而无程序法,那么实体法赋予教师的各项权利就无法实现,当其受到侵害时也无法得到法律救济。程序法必须密切结合实体法才能最终保障实体法所赋予教师的各项权利真正得到实现。程序保障包括教师权利受到损害时有关法律责任追究的规定和法律救济。教师的权利保障离不开责任追究,我国的相关法律已作了明确规定,例如,《中华人民共和国教育法》第八十三条规定:"违反本法规定,侵犯教师、受教育者、学校或其他教育机构的合法权益,造成损失、损害的,应当依法承担民事责任。"《中华人民共和国教师法》第三十五、三十六、三十八条有关规定,对侵犯教师权益、造成损害的要依法给予行政处分或追究刑事责任。我国的一般性法律,如《中华人民共和国刑法》《中华人民共和国民法典》《中华人民共和国民事诉讼法》《中华人民共和国刑事诉讼法》《中华人民共和国行政处罚法》中的一些条款也适用于教师的权利保障。在法律救济方面,《中华人民共和国教师法》第三十九条确立了教师申诉制度的法律地位,使其成为保障教师权利的一项重要措施。教师还可使用《中华人民共和国行政复议法》《中华人民共和国行政诉讼法》《中华人民共和国国家赔偿法》等救济性法律来获得法律救济。

第三节 教师的管理制度

一、教师资格制度

(一) 教师资格与教师资格制度

教师资格是国家对专门从事教育、教学工作人员的基本要求。《教师资格条例》第四条规定，教师资格分为：(1) 幼儿园教师资格；(2) 小学教师资格；(3) 初级中学教师和初级职业学校文化课、专业课教师资格；(4) 高级中学教师资格；(5) 中等专业学校、技工学校、职业高级中学文化课、专业课教师资格；(6) 中等专业学校、技工学校、职业高级中学实习指导教师资格；(7) 高等学校教师资格。成人教育的教师资格，按照成人教育的层次，依照上款规定确定类别。我国教师资格证书规定了各种教师资格适用于哪一层次的学校，并且可以向下融通。《教师资格条例》第五条规定："取得教师资格的公民，可以在本级及其以下等级的各类学校和其他教育机构担任教师；但是，取得中等职业学校实习指导教师资格的公民只能在中等专业学校、技工学校、职业高级中学或者初级职业学校担任实习指导教师。高级中学教师资格与中等职业学校教师资格相互通用。"

教师资格制度是国家对教师实行的一种特定的职业许可制度，是《中华人民共和国教师法》颁布以来配套法规中最为完备的法律体系。教师资格制度也是依法治教、依法管理教师队伍的重要保障，是社会文明进步、教育改革与发展进入新阶段的重要标志。它的实施旨在使教师职业专业化，从而也使教师任用走上科学化、规范化和法治化的轨道。

20 世纪 90 年代以来，我国相继出台了一系列不断提高教师素质的法律法规，逐步形成了教师资格制度的法律法规体系。1993 年颁布的《中华人民共和国教师法》，首次把教师定性为"教师是履行教育教学职责的专业人员"，并首次规定"国家实行教师资格制度"，以确保教师职业的专业性。1995 年，国务院根据《中华人民共和国教师法》颁布了《教师资格条例》；2000 年，教育部颁发了《〈教师资格条例〉实施办法》，标志着我国全面实施教师资格制度工作正式启动。2001 年 1 月起，国家首次开展全面实施教师资格认定工作，教师资格制度进入实际操作阶段。

进入 21 世纪以来，《国家中长期教育改革和发展规划纲要（2010—2020 年）》提出要"完善并严格实施教师准入制度，严把教师入口关。国家制定教师资格标准，提高教师任职学历标准和品行要求，建立教师资格证书定期登记制度"。为此，教育部相继制定了《中小学和幼儿园教师资格考试标准（试行）》《幼儿园教师专业标准（试行）》《小学教师专业标准（试行）》《中学教师专业标准（试行）》。从 2011 年秋季开始，国家进行了教师资格制度的改革，教育部首先以浙江、湖北两省为试点，开始实施教师资格全国统考，建立"国标，省考，县聘，校用"的教师准入和管理制度。按照 2013 年教育部颁发的《中小学教师资格考试暂行办法》《中小学教师资格定期注册暂行办法》，2015年起，教师资格考试纳入全国统考。教师资格考试是评价申请教师资格人员是否具备从事教师职业所必需的教育教学基本素质和能力的考试。参加教师资格考试合格是教师职业准入的前提条件。申请幼儿园、小学、初级中学、普通高级中学、中等职业学校教师和中等职业学校实习指导教师资格的人员须分别参加相应类别的教师资格考试。可以说，2011年开始试行的资格考试改革和定期注册制度改革不仅提高了教师准入门槛，破除了教师资格终身制，而且提升了教师队伍的质量和水平。这标志着我国教师职业专业化发展的又一新高度，具有里程碑式的历史意义。

（二）国家教师资格考试

1. 报考条件

（1）基本条件

① 具有中华人民共和国国籍；

② 遵守宪法和法律，热爱教育事业，具有良好的思想品德；

③ 符合申请认定教师资格的体检标准。

（2）学历条件

① 幼儿园教师资格：应当具备幼儿师范学校毕业及以上学历。非师范类毕业生通常需要具备大专毕业及以上学历。

② 小学教师资格：应当具备中等师范学校毕业及以上学历。非师范类毕业生同样需要具备大专毕业及以上学历。

③ 初级中学教师资格：应当具备高等师范专科学校或者其他大学专科毕业及以上学历。

④ 高级中学和中等职业学校教师资格：应当具备高等师范院校本科或者其他大学本科毕业及以上学历。

⑤ 中等职业学校实习指导教师资格：应当具备中等职业学校毕业及以上学历，并具有相当助理工程师及以上专业技术职务或者中级及以上工人技术等级。

另外，被撤销教师资格的，5年内不得报名参加考试；受到剥夺政治权利或故意犯罪受到有期徒刑以上刑事处罚的，不得报名参加考试；曾参加教师资格考试有作弊行为的，按照相关规定执行。具体的报考条件会因地区不同而存在一定差异。

2. 考试科目

《中小学教师资格考试暂行办法》中明确指出："中小学和幼儿园教师资格考试主要考查申请教师资格人员从事教师职业所必需的职业道德、专业知识与基本能力。"

幼儿园教师资格考试笔试科目为《综合素质》《保教知识与能力》2科；小学教师资格考试笔试科目为《综合素质》《教育教学知识与能力》2科；初级中学、普通高级中学教师和中等职业学校文化课教师资格考试笔试科目为《综合素质》《教育知识与能力》《学科知识与教学能力》3科；中等职业学校专业课教师和实习指导教师资格考试笔试科目为

《综合素质》《教育知识与能力》《专业知识与教学能力》3 科。中等职业学校教师的《专业知识与教学能力》科目测试,暂由各省(自治区、直辖市)自行命题和组织实施。

3. 考试形式

国家教师资格考试包括笔试和面试两部分。

(1)笔试。笔试主要考查申请人从事教师职业所应具备的教育理念、职业道德、法律法规知识、科学文化素养、阅读理解、语言表达、逻辑推理和信息处理等基本能力;教育教学、学生指导和班级管理的基本知识;拟任教学科领域的基本知识,教学设计实施评价的知识和方法,运用所学知识分析和解决教育教学实际问题的能力。

笔试主要采用计算机考试和纸笔考试两种方式进行。采用计算机考试和纸笔考试的范围和规模,根据各省(自治区、直辖市)实际情况和条件确定。

(2)面试。面试主要考查申请人的职业认知、心理素质、仪表仪态、言语表达、思维品质等教师基本素养和教学设计、教学实施、教学评价等教学基本技能。

面试采取结构化面试、情境模拟等方式,通过抽题、备课(活动设计)、回答规定问题、试讲(演示)、答辩(陈述)、评分等环节进行。

4. 考试题型

国家教师资格考试的试题题型多样化,强化能力考核。题型分为选择题和非选择题。其中,非选择题包括简答题、辨析题、论述题、材料分析题、写作题、活动设计题等。

5. 考试导向

《中小学教师资格考试暂行办法》规定,考试坚持育人导向、能力导向、实践导向和专业化导向,突出考查申请教师资格人员从事教师职业所必需的职业道德、专业知识与基本能力。这些导向和要求均与《幼儿园教师专业标准(试行)》《小学教师专业标准(试行)》《中学教师专业标准(试行)》所秉持的师德为先、学生为本、能力为重、终身学习这四大理念,以及其中对专业理念与师德、专业知识、专业能力这三大维度的具体内容(60 多项要求)一脉相承。

(三)教师资格证书管理

教师资格证书作为持证人具备国家认定的教师资格的法定凭证,由国务院教育行政部门统一印制。教师资格证书遗失或损毁影响使用的,由本人向原发证机关报告,申请补发。教师资格定期注册是对教师入职后从教资格的定期核查。中小学教师资格实行 5 年一周期的定期注册。定期注册不合格或逾期不注册的人员,不得从事教育教学工作。中小学教师资格定期注册的对象为公办普通中小学、中等职业学校和幼儿园在编在岗教师。国务院教育行政部门主管教师资格定期注册工作。县级以上地方教育行政部门负责本地教师资格定期注册的组织、管理、监督和实施。

二、教师职务制度

中小学教师职务制度是中小学教师队伍建设和管理的重要制度,它不仅关系到中小学人事制度、分配制度的改革，更直接关系到中小学教师的切身利益。

教师职务是指从事教师职业人员的专业技术职务，教师职务制度是关于教师任用的制度。这一制度涉及教师的聘用、职责、待遇、考核等多个环节。通过教师的职务评聘，可以明确教师的地位及其权利和义务。国家实行教师职务制度，其目的是充分调动和发挥教师为社会主义教育事业服务的积极性和创造性，激励教师不断提高政治思想觉悟、文化业务水平、学术教育水平和履行职责的能力，努力完成本职工作，促进人才合理流动。教师职务是各级各类学校依据教育和教学的需要而设置的教师工作岗位，有明确的职责；有高、中、初级职务的结构比例；有经相应的评审委员会认定的任职资格；由行政领导根据岗位设置和限额实行期限聘任；有一定的任期；领取相应的职务工资。

1986年，为了满足经济体制对人事分配制度的改革要求，中央决定改革职称评定方式，实行专业技术职务聘任制度，我国各级各类学校相继实行了教师职务制度。教师职务聘任的前提是具有一定资格标准的教师。《中华人民共和国教师法》第十六条规定："国家实行教师职务制度，具体办法由国务院规定。"第十七条规定："学校和其他教育机构应当逐步实行教师聘任制。教师的聘任应当遵循双方地位平等的原则，由学校和教师签订聘任合同，明确规定双方的权利、义务和责任。实行教师聘任制的步骤、办法由国务院教育行政部门规定。"这两条规定与对教师资格的规定共同被纳入《中华人民共和国教师法》第三章"资格和任用"中。这也表明了教师职务制度与教师资格制度的承继关系。

2015年，人力资源和社会保障部、教育部联合印发《关于深化中小学教师职称制度改革的指导意见》（以下简称《意见》），明确中小学教师职称制度改革在全国范围全面推开。《意见》指出，深化中小学教师职称制度是落实《中华人民共和国义务教育法》的重要任务，是推进职称制度分类改革的重要内容。改革将围绕健全制度体系，拓展职业发展通道，完善评价标准，创新评价机制，形成以能力和业绩为导向，以社会和业内认可为核心，覆盖各类中小学教师的评价机制，建立与事业单位岗位聘用制度相衔接的职称制度。《意见》强调，要健全制度体系，改革原中学和小学教师相互独立的职称（职务）制度体系，建立统一的中小学教师职务制度，分为初级职务、中级职务和高级职务，在新的中小学教师职称系列设置正高级职务。要完善评价标准，坚持育人为本、德育为先，注重师德素养，注重教育教学工作业绩，注重教育教学方法，注重教育教学一线实践经历，切实改变过分强调论文、学历的倾向，引导教师立德树人，爱岗敬业，积极进取，不断提高实施素质教育的能力和水平。具体评价标准条件要对农村教师适当倾斜。要创新评价机制，建立以同行专家评审为基础的业内评价机制，注重遴选高水平的教育教学专家和经验丰富的一线教师担任评委会成员，改革和创新评价办法，采取说课讲课、面试答辩、专家评议等多种方式，对中小学教师的业绩、能力进行有效评价。全面推行评审结果公示制度。要实现与事业单位岗位聘用制度的有效衔接，明确中小学教师职称评审在核定的岗位结构比例内进行，不再进行与岗位聘用相脱离的资格评审。中小学教师岗位若出现空缺，教师可以跨校评聘。在乡村学校任教3年以上，表现优秀并符合条件的教师，同等条件下优先评聘。要健全完善评聘监督机制，确保评聘程序公正规范，评聘过程公开透明。

新的中小学教师职称制度适用于普通中小学、职业中学、幼儿园、特殊教育学校及省、市、县教研室和校外教育机构。民办中小学教师可参照《意见》参加职称评审。

三、教师聘任制度

（一）教师聘任制的含义

教师聘任制是指在符合国家法律制度的情况下，聘任双方在平等自愿的前提下，由学校或者教育行政部门根据教育教学岗位的设置，聘请有教师资质或教学经验的人担任相应教师职务的一项教师任用制度。

《中华人民共和国教师法》第十七条规定："学校和其他教育机构应当逐步实行教师聘任制。"由学校或者其他教育机构与教师签订聘用合同的制度，只有签订了聘用合同，取得教师资格的公民才能够从事教育教学活动，相关教师的权利和义务才变为现实的权利和义务。推行教师聘任制对建立一支合格稳定的教师队伍，提高学校办学的自主性，调动广大教师教书育人的积极性，提高教师的社会地位和待遇，提高教育和教学质量以及推动学校内部管理体制改革，促进教师合理流动，增强教师队伍活力，具有重要意义。

《中华人民共和国教师法》第十七条还规定："教师的聘任应当遵循双方地位平等的原则，由学校和教师签订聘任合同，明确规定双方的权利、义务和责任。"这里应该强调的是，学校和教师双方必须意思表示一致，才能形成聘任合同关系。聘任合同以教师和学校在教育教学过程中的权利和义务为基本内容，教师按合同履行义务，学校按合同为教师提供教育教学、科学研究、进修等方面的条件，并支付工资。实行聘任制的学校要对受聘教师的业务水平、工作态度和成绩进行考核，作为提职、调薪、奖惩和能否续聘的依据。

（二）教师聘任制的优缺点

教师聘任制有以下优点：第一，教师聘任制可以提高教师的责任感，并淘汰不具备任教能力的庸才；第二，可以充分利用社会人力资源，减少人力资源的浪费；第三，打破传统教师任用制度，增进各地区教学经验的传播；第四，增加就业岗位。

教师聘任制的缺点主要是由于当前考核标准不健全，尤其在初中和高中，往往以升学率作为主要考核标准，对素质教育产生了一些不利的影响。

（三）教师聘任制的形式

1. 招聘

招聘，即用人单位面向社会公开、择优选择具有教师资格的应聘人员。

2. 续聘

续聘，即聘任期满后，聘任单位与教师继续签订聘任合同。

3. 解聘

解聘，即用人单位因某种原因不适宜继续聘任该教师，双方解除合同关系。

4. 辞聘

辞聘，即受聘教师主动请求用人单位解除聘任合同的行为。

四、教师考核制度

《中华人民共和国教师法》第二十二条规定："学校或者其他教育机构应当对教师的政治思想、业务水平、工作态度和工作成绩进行考核。教育行政部门对教师的考核工作进行指导、监督。"第二十三条规定："考核应当客观、公正、准确，充分听取教师本人、其他教师以及学生的意见。"第二十四条规定："教师考核结果是受聘任教、晋升工资、实施奖惩的依据。"

五、教师培训制度

我国中小学教师培训制度是伴随其培养制度的不断完善和中小学师资水平的逐步提高应运而生的。

自20世纪90年代以来，我国中小学教师培训制度建设开始走上规范化和法治化轨道。1991年12月，国家教育委员会印发了《关于开展小学教师继续教育的意见》，在总结十一届三中全会以来中小学教师培训工作的基础上，提出了在有计划地提高小学教师学历层次的同时，要大力开展小学教师继续教育，有步骤地将中小学教师培训工作重点从学历达标转移到开展继续教育上来。通过新教师见习期培训、教师职务培训和骨干教师培训等形式使每个教师的政治和业务素质不断提高，从中成长出一批教育教学骨干，有的逐步成为小学教育教学专家。1993年3月，中共中央、国务院颁布了《中国教育改革和发展纲要》，明确指出"振兴民族的希望在教育，振兴教育的希望在教师"，要求"进一步加强师资培养培训工作"。这一纲领性文件为中小学教师培训制度的建设指明了方向，奠定了基础。

1994年1月1日开始施行的《中华人民共和国教师法》确立了教师的资格、聘任、培养、培训、考核等一整套法律制度。《中华人民共和国教师法》第七条规定，教师享有"参加进修或者其他方式的培训"的权利；第十八条规定，"各级教师进修学校承担培训中小学教师的任务"；第十九条规定，"各级人民政府教育行政部门、学校主管部门和学校应当制定教师培训规划，对教师进行多种形式的思想政治、业务培训"。

1995年施行的《中华人民共和国教育法》是我国教育发展的根本大法，它明确规定了建立和完善终身教育体系。这是中国第一次以法的形式对终身教育作了规定，使社会各界对教师培训的重要性达成了共识，也使在职教师将传统的"一次性教育"观念变成"终身教育"的思想，为建立和完善体现终身教育思想的教师培训制度奠定了法治基础。

1999年6月,中共中央、国务院发布了《关于深化教育改革全面推进素质教育的决定》(以下简称《决定》),《决定》提出:"把提高教师实施素质教育的能力和水平作为师资培养、培训的重点。……2010年前后,具备条件的地区力争使小学和初中阶段教育的专任教师的学历分别提升到专科和本科层次","开展以培训全体教师为目标、骨干教师为重点的继续教育,使中小学教师的整体素质明显提高"。

为贯彻《决定》精神,根据《中华人民共和国教育法》和《中华人民共和国教师法》,1999年9月教育部发布了《中小学教师继续教育规定》(以下简称《规定》)。《规定》明确指出:"中小学教师继续教育,是指对取得教师资格的中小学在职教师为提高思想政治和业务素质进行培训。""参加继续教育是中小学教师的权利和义务。""各级人民政府教育行政部门管理中小学教师继续教育工作,应采取措施,依法保障中小学教师继续教育工作的实施。"《规定》还对中小学教师继续教育的内容与类别、组织管理、条件保障、考核与奖惩作了具体规定。

2011年1月,教育部发布了《关于大力加强中小学教师培训工作的意见》,该文件对于教师培训的总体目标、培训课时、培训模式方法、制度、服务体系、保障等方面作了明确的规定,提出当前和今后一个时期中小学教师培训工作的总体目标是:以实施"国培计划"为抓手,推动各地通过多种有效途径,有目的、有计划地对全体中小学教师进行分类、分层、分岗培训。采取研修培训、学术交流、项目资助等方式,促进中小学名师和教育家的培养,全面提升中小学教师队伍的整体素质和专业化水平。以农村教师为重点,有计划地组织实施中小学教师全员培训。全员培训要按照基础教育改革发展的要求,遵循教师成长规律,着力抓好新任教师岗前培训、在职教师岗位培训和骨干教师研修提高。

为了深化中小学教师培训改革,整体提升教师队伍综合素养,建设高素质专业化创新型教师队伍,教育部于2020年7月印发了《中小学教师培训课程指导标准(师德修养)》《中小学教师培训课程指导标准(班级管理)》《中小学教师培训课程指导标准(专业发展)》,进一步规范和指导各地分类、分科、分层实施五年一周期的教师全员培训工作。

案例1

某市一所中学向初三年级400名学生违规收取补课费5.24万元。这所学校的教师张某认为学校的做法不符合相关规定,因而向上级部门举报。因为举报学校乱收费,学校校长作出对张某停课的决定。

【案例思考】

这所学校的做法侵犯了张某的哪些权利?

【案例分析】

《中华人民共和国教师法》第七条规定，教师享有"对学校教育教学、管理工作和教育行政部门的工作提出意见和建议，通过教职工代表大会或者其他的形式，参与学校的民主管理"的权利。教师张某举报学校违规收取补课费的情况如果属实，那么张某是在行使其合法权利，应受到法律的保护，其工作也应依法恢复。对于该中学校长的报复性做法，应依据《中华人民共和国教师法》的第三十六条规定"对依法提出申诉、控告、检举的教师进行打击报复的，由其所在单位或者上级机关责令改正；情节严重的，可以根据具体情况给予行政处分。国家工作人员对教师打击报复构成犯罪的，依照刑法有关规定追究刑事责任"对其进行处理。

案例 2

张某系某高中教师，在教育战线上奋斗了二十余载。他对工作认真负责，刻苦钻研业务，努力提高自己的教学科研水平，先后在教育报刊上发表论文若干篇，探讨教学方法的改进。其中某篇论文主张要根据学生的性格特点、学习基础等因材施教，教学工作要有针对性，而不能不顾对象，千人一面，生搬硬套，那样只会把工作搞砸，误人子弟。此文发表后，受到教育界同人的一致好评，被评为教学论文二等奖。张某本人不仅刻苦钻研理论，更重要的是他能把自己的科研成果付诸实践，他利用自己的心得体会，在班上因材施教，"对症下药"。张某以自己的言传身教在学生中树立了崇高的威信。由于张某在工作中取得了巨大的成绩，2005年他被评为县"模范教师"，获得县教育局颁发的荣誉证书和奖金500元。2005年年底，县教育局某位领导找到张某，想让他的侄子进入张某任教的毕业班，但由于该领导侄子的成绩较差，张某按照学校的规定委婉地拒绝了该领导的要求。时隔不久，县教育局突然收回张某获得的"模范教师"称号和所得奖金，理由是张某的论文华而不实，没有实际效果；张某的教学模式老化，学生有较大的意见，张某不配获得"模范教师"称号。张某得知此事后大为吃惊，立即找县教育局交涉，要求县教育局承认自己的教学科研能力，保护自己辛苦得到的荣誉称号。但县教育局不予理睬。张某所在学校议论纷纷，人们传说张某出了问题，要不怎么会被剥夺"模范教师"称号？张某为此精神恍惚，精神压力很大，以致住院月余，花去医疗费5 000余元。张某向县人民法院提起诉讼，称县教育局非法剥夺自己的荣誉称号，给自己造成了精神损害和经济损失，要求人民法院判令县教育局返还荣誉证书及奖金，并在原有范围内消除影响，并赔偿经济损失和精神抚慰金。

【案例思考】

请依据所学相关知识，分析县教育局侵犯了张某的什么权利。

【案例分析】

县人民法院经审理认为：张某对工作认真负责，刻苦钻研，勇于探索，在长期的实践中摸索出一套成功的方法，用它来促进教学水平的提高，效果十分显著。这已经被实践所证实。张某所撰写的教育方面的论文，受到广大教师的好评，具有一定的科研价值，对实践有较好的指导作用。他提出的因材施教、有针对性地教育学生的观点，发展了前人的理论，具有很强的操作性和实用性，并已在实践中得到广泛应用、重视，证明是可行的。县教育局所说的"张某撰写的论文华而不实，没有实际效果；张某的教学模式老化，学生有较大的意见"的观点是站不住脚的。县教育局未经认真调查，只凭领导个人好恶（本案中所提到的领导在剥夺张某荣誉的称号过程中起了决定性作用），未依法定程序便收回张某的"模范教师"荣誉称号及所得奖金，构成对张某荣誉权的侵害，应当承担侵权的民事责任。判令：县教育局返还张某"模范教师"的荣誉证书及奖金500元；在原有范围内为张某消除影响，恢复名誉，并赔偿经济损失和精神抚慰金等。

教师依据法律规定享有进行教育教学活动、开展教学改革和实验的权利，这是国家赋予教师职业的特定权利，任何人都无权干涉或阻挠。本案中县教育局的某领导打击报复教师张某的行为，侵犯了教师享有的合法权益，县教育局对此应承担相应的法律责任。

本章小结

本章主要讨论了有关教师依法执教的一些主要问题。第一，要理解教师的法律地位。教师的法律地位主要是通过教师的权利与义务等集中体现出来的，《中华人民共和国教师法》从法律上明确规定了"教师是履行教育教学职责的专业人员"。第二，要了解教师的权利与义务。教师的权利除了其作为公民所享有的一切权利外，还有其作为教师所享有的权利，如教育教学权、科研及学术交流权、指导评价学生权、获取报酬待遇权、民主管理权、进修培训权等。教师的义务包括遵纪守法的义务，教育教学的义务，对学生进行思想教育的义务，尊重、爱护学生的义务，保护学生合法权益的义务，提高自身综合素质的义务等。第三，要了解我国目前教师管理的相关制度，如教师资格制度、教师职务制度、教师聘任制度、教师考核制度、教师培训制度。这些制度有利于保护教师的权益。

真题自测

【9.1】某教师积极参加学校工会活动，并对学校的改革发展建言献策。该教师行使的权利是（　　）。

A. 教育教学权　　B. 控告检举权　　C. 民主管理权　　D. 培训进修权

【9.2】某教师对学校管理提出改进意见，被校长打击报复，校长所侵犯的教师权利是（　　）。

A. 学术研究权　　B. 教育教学权　　C. 指导评价权　　D. 民主管理权

【9.3】某中学规定，凡主动参加所在地区教研室组织的校实验活动的教师，在职称晋升、评优评选中予以优先考虑。该学校的做法（　　）。

A. 合法，有利于教师科学研究权的落实和保障

B. 合法，有利于教师教学自由权的落实和保障

C. 不合法，侵犯了其他教师享受平等待遇的权利

D. 不合法，违反了教师考核评价的客观公正原则

【9.4】上课时，程老师发现后排的一名学生在偷偷吃零食，刚开始程老师没有理会，但这名学生吃了很长时间也没停下。程老师忍无可忍，便快速走到这名学生跟前，抢过零食扔出窗外。程老师的做法（　　）。

A. 恰当，体现教师的严格要求　　　　B. 恰当，符合学校的管理规定

C. 不恰当，不应简单粗暴处理问题　　D. 不恰当，不应干预学生个人行为

【9.5】某中学规定，教师因休产假不能工作的，其工资由学校扣除用作其他代课教师的代课费用。该中学的做法（　　）。

A. 不合法，侵犯了教师享受国家规定的福利待遇的权利

B. 不合法，代课教师的工资应由学校自筹经费予以保障

C. 合法，学校享有对教师实施奖励或处分的权利

D. 合法，学校享有按照章程进行自主管理的权利

【9.6】依据《中华人民共和国教育法》，学校及其他教育机构中的管理人员应当实行（　　）。

A. 教学组织人员职务制度　　　　B. 管理职员制度

C. 专业技术职务聘任制度　　　　D. 教育职员制度

【9.7】下列选项中，不属于可以解聘教师的法定事由的是（　　）。

A. 体罚学生，屡教不改的　　　　B. 侮辱学生，影响恶劣的

C. 连续两年教学业绩排在末位的　　D. 故意不完成教育教学任务造成损失的

推荐阅读

1. 佟丽华. 教师法治教育手册[M]. 北京：中国法制出版社，2022.

2. 管华. 教育法学原论[M]. 北京：首都师范大学出版社，2023.

3. 中国法制出版社. 教育法律政策全书：含法律、法规、司法解释及典型案例（2023版）[M]. 北京：中国法制出版社，2023.

第十章 学生——权益保护

☞ 学完本章,应该做到:
- 理解学生的法律地位的含义。
- 了解学校与学生的法律关系。
- 理解学生的权利与义务。
- 知晓未成年学生权益的保护。

☞ 学习引导:

本章先从学生的法律地位这一内容进行展开,通过了解学生法律主体地位的演变与确立、学校与学生的法律关系,进而理解学生的权利与义务,并掌握未成年学生的权益保护的相关内容。

☞ **本章知识导图**

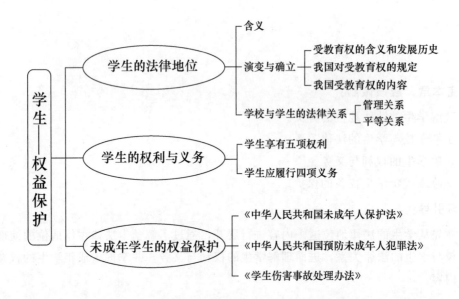

【引子】

民建青海省委委员祁乐平在多年的心理研究工作中发现,家庭教育的不当、学校心理教育的缺失、社会关注度不高是引起未成年人心理问题的主要方面。为此,他建议,优化学校心理健康教育机制,完善家庭心理健康教育,强化政府职责,引导社会力量参与。

未成年人处在人生观、价值观形成的重要时期,加强未成年人特别是在校中小学生法治教育工作,预防未成年人违法犯罪,依法保障未成年人合法权益刻不容缓。

为此,省政协常委张玉娥建议,教育主管部门应重视未成年人法治教育,按照未成年人成长特点和规律制定法制教育规划;加强师资队伍建设,建立完善培训等机制,进一步明确学校、家庭、社会教育的内容和要求,创新法治教育方式方法;把未成年人法治教育纳入教育部门、司法行政部门目标考核之中,重视未成年人法治教育效果评估工作。

"未成年人关爱服务体系建设的'最后一公里'没有彻底打通。"省政协常委、省残联巡视员肖建军建议,应加快建立农村留守儿童关爱保护工作体系,整合社会资源,建立困境儿童的福利保障体系,加强基层未成年人救助保护工作力量。

省政协委员田钶雷建议,着力构建学校教育、家庭教育、社会教育三位一体的教育共同体,实施净化工程,严厉打击危害未成年人身心健康的违法犯罪活动,实施文化精品战略,为未成年人提供更多更好的文化产品和文化服务,培育形式多样的"青少年社会服务团体",提升未成年人工作的社会化水平。[①]

第一节 学生的法律地位

学生是学校教育教学活动的重要主体之一。依法保护学生的合法权益是学校的基本职责。

一、学生的法律地位的含义

学生是教育法律关系中的重要主体。学生的受教育活动是学校教育教学的中心,没有学生,学校、教育机构、教师及相关的行政机关就失去了其存在的价值。可以说,学生的法律地位问题及其所享有的权利和义务是教育法律领域的重要研究对象。

法律意义上的学生,一般是指在各级各类学校及其他教育机构中登记注册并有其记录学业档案的受教育者。学生作为公民,享有国家宪法、法律法规等规定的权利,同时,也要承担相应的义务。但学生因其年龄、身份等方面的因素,又是社会关系中一个特殊的群体,与此相应地,享有特殊的权利和应履行相应的义务,例如,按有关规定获得奖学金、

---

① 选自张晓英. 关注未成年人保护 关爱未成年人健康成长 [N]. 青海日报,2017-11-14(5). (有删改)

贷学金、助学金，有使用学校教育教学设施仪器、图书资料等方面的权利，等等。

二、学生的法律地位的演变与确立

从深层次意义上说，学生的法律地位集中表现在受教育权的享有，它是学生具体权利与义务的基础。因此，为了能更深刻地理解学生的法律地位，有必要对学生的受教育权进行概要阐述。

（一）受教育权的含义和发展历史

受教育权是指公民接受教育的权利，即公民从国家那里获得均等的受教育条件和机会的权利，也是法律上公民的基本权利之一。最早把受教育权作为权利写进宪法的是1791年大革命时期的法国。资产阶级出于反对封建专制、发展资本主义经济的需要，把受教育权规定在宪法当中。但当时生产力的发展及学校的规模都不足以使每个儿童实现普遍、平等的受教育权利，国家也无力承担普及教育的责任，因而受教育权在当时具有个人权利的特点。20世纪初，随着社会经济的发展及无产阶级反剥削、反压迫斗争的不断高涨，受教育权与其他权利一起被写进各国的宪法，成为法定的不容剥夺的公民权利。伴随受教育权转化为普遍公民权利，国家要承担相应义务，保证教育的普及和教育机会的均等。第二次世界大战后，民族民主解放运动兴起，大批新兴独立国家建立，进一步促进受教育权的发展。发展教育不仅需要个人、社会与国家的共同努力，也需要国际社会的干预、合作与援助。在此背景下，1989年11月20日，联合国第44届大会一致通过《儿童权利公约》。该公约对"儿童"的界定是指18周岁以下的任何人，并规定了儿童出生后具有姓名权、国籍权、生存权、受教育权、获得发展及参与权、不受剥削和虐待等各种权利。该公约还规定了保护儿童的基本原则：①儿童最佳利益原则，是指任何事情凡是涉及儿童，必须以儿童利益为重；尊重儿童的生存和发展权利，以儿童的健康生存和发展为重；②尊重儿童的观点与意见的原则，是指任何涉及儿童的事情，应当听取儿童的意见；③无歧视原则，即不受种族、肤色、性别、语言、宗教信仰、政治主张等影响。我国政府于1990年8月29日正式签署了《儿童权利公约》，成为该公约第105个签字国。

（二）我国对受教育权的规定

受教育权是《中华人民共和国宪法》规定的权利，公民享有受教育的权利与义务是指公民在国家提供的各类学校和机构中学习文化科学知识的权利，有在一定条件下依法接受相应形式教育的义务。《中华人民共和国宪法》如此规定公民有受教育的权利与义务，是基于如下因素：公民接受教育是整个科学文化发展的基础，公民接受教育是进行物质文明和精神文明建设的前提条件。要提高科学文化的发展水平、促进科学技术的进步，必须大力发展教育事业，使人人都有受教育的机会。因此，一方面国家有义务创办各种教育机构和文化设施，以保证公民享有受教育的权利；另一方面，公民也有义务通过各种形式的教育，去提高文化和业务水平，以适应国家现代化建设的需要。为了保证公民受教育权利的实现，改变我国教育事业比较落后的状况，《中华人民共和国宪法》第十九条规定："国家举办各种学校，普及初等义务教育，发展中等教育、职业教育和高等教育，并且发展学前教育。"为了使《中华人民共和国宪法》规定的各种权利在社会生活中落到实处，《中华人民共和国教育法》第九条规定："公民不分民族、种族、性别、职业、财产状况、宗教信仰等，依法享有平等的受教育机会。"第三十七条规定："受教育者在入学、升学、就业等方面依法享有平等权利。学校和有关行政部门应当按照国家有关规定，保障女子在入学、升学、就业、授予学位、派出留学等方面享有同男子平等的权利。"第三十八条规定："国家、社会对符合入学条件、家庭经济困难的儿童、少年、青年，提供各种形式的资助。"第三十九条规定："国家、社会、学校及其他教育机构应当根据残疾人身心特性和需要实施教育，并为其提供帮助和便利。"

此外，还对国家、社会、家庭、学校及其他教育机构应当为有违法犯罪行为的未成年人接受教育创造条件等方面作出了规定，并从企业及个人的可持续发展，以及建立国家终身教育体系方面分别规定了国家机关、企业事业组织和其他社会组织，应当为本单位职工的学习和培训提供条件和便利。国家鼓励学校及其他教育机构、社会组织采取措施，为公民接受终身教育创造条件。在《中华人民共和国义务教育法》中，对保障义务学校的建立和适龄儿童的就学权利等作了法律上的具体规定。

（三）我国受教育权的内容

《中华人民共和国教育法》第四十三条明确规定了受教育者享有下列权利："（一）参加教育教学计划安排的各种活动，使用教育教学设施、设备、图书资料；（二）按照国家有关规定获得奖学金、贷学金、助学金；（三）在学业成绩和品行上获得公正评价，完成规定的学业后获得相应的学业证书、学位证书；（四）对学校给予的处分不服向有关部门提出申诉，对学校、教师侵犯其人身权、财产权等合法权益，提出申诉或者依法提起诉讼；（五）法律、法规规定的其他权利。"在受教育者享有的五项权利中，前四种权利是法定的受教育权利内容。这四种权利中，前三种是一种收益权，核心词语是"获得""使用"；第四种权利是要求权，含有"主张""要求"之意。

公民的受教育权指涉两种不同的权利：一是受教育的主张自由权，二是受教育的福利权。当我们认定公民有主张自由权时，我们即承认公民应自由地去接受教育，他人有不干涉或不妨碍其接受教育的义务，同时公民还可以提出某些要求或主张。可见，受教育权可分解为以下三个方面的内容。

（1）受教育的自由权。"自由"意味着"选择"。对于义务教育阶段的儿童而言，接受义务教育的权利附随着义务，是不能放弃的。凡适龄儿童都必须接受教育，即儿童没有"是否接受教育的自由选择权"，但有选择什么样的教育的自由权。对非义务教育阶段的公民而言，是否接受教育以及接受何种程度和形式的教育则是其权利。

（2）受教育的请求权，是从权利主体的"主张""要求"的角度，要求权利相对方履行相应的给付义务。公民有权要求受到公平的、适合其发展的教育。

（3）受教育的福利权。受教育的福利权是从权利主体要求的"结果"的意义上，侧重于权利主体从相对方所履行的"义务"中实际获得的帮助、服务或其他利益的权利。受教育的福利权着重在"请求"的"有效性"上，受教育者在接受教育的过程中是否从权利相对方那里实际获得物质利益或其他服务，对于受教育权利的实现是非常重要的。①

三、学校与学生的法律关系

如上所述，学生是教育法律关系的重要主体。没有学生，也就没有学校。就学校与学生的法律关系而言，一般包括以下两个方面。

（一）学校与学生之间的管理关系

这种法律关系一方面是基于学校的宗旨和任务，即贯彻国家的教育方针，执行国家教育教学标准，保证教育教学质量，维护受教育者的合法权益。要实现这一教育目标，学校必须享有一定的管理权限，其中包括对学生的各项管理，并且这种管理带有一定的强制性。例如，学生一旦取得学籍，就必须无条件地遵守学校单方面制定的规章制度；为了保证学校正常的教学和生活秩序，在学籍管理、学生成绩和档案管理、学生行为规范与操作管理、学位与学历管理等工作中，学校有权根据入学、注册、成绩考核与考勤记载、升级与留级、开除学籍、退学的有关规定对学生进行管理；学生对学校的抽象管理行为无申诉权和诉讼权，只能绝对服从；等等。

需要指出的是，学校与学生之间的管理关系是与学校法律地位紧密相连的。学校作为事业单位法人，带有强烈的公务法人的性质，它与学生之间的关系也无疑具有行政法律关系性质，因此，学校的办学行为必然要受到行政监督。例如，学校对学生的纪律处分、退学或不发毕业证学位证等决定，若对于这些决定不服，学生可以通过行政诉讼等途径维护自己的权利。

（二）学校与学生之间的平等关系

学校应致力于创造一个平等和民主的教育环境，这是现代教育改革的重要趋势之一。这种平等关系不仅应体现在教育观念、行为和教学活动中，也应反映在相关的法律法规中。例如，学校应树立正确的教育价值观，尊重学生的个性，将学生的个性发展与全面发展相结合；尊重学生的人格尊严，严禁体罚；学生有权要求学校在学业成绩和品行上进行公正评价，并在完成规定学业后获得相应的学业证书和学位证书；若对学校的处分持有异议，学生有权向有关部门提出申诉。此外，若学校侵犯了学生的人身权或财产权等合法权益，学生有权提出申诉或依法提起诉讼。

在教育法律关系中，学生是教育教学活动的最活跃和最广泛的主体。他们不仅享有特定的权利，还需履行特定的义务，这使得学生区别于其他教育法律主体。长期以来，包括学校在内的社会各界对学生的受教育权利和义务认识较为淡薄，尤其是未能将学生视为完全的公民，未能明确学生与其他公民享有同等的权利，包括姓名权、身份权、肖像权、名誉权、荣誉权、受教育权和财产权等。这导致了对学生权利的尊重和保护不足，甚至在某

---

① 尹力. 教育法学 [M]. 2版. 北京：人民教育出版社，2015：79-81.

些情况下,还出现了严重的后果。许多学生也缺乏对其受教育权利和义务的意识,不能有效行使其在教育领域的权利,履行相应的义务。为此,《中华人民共和国教育法》明确规定了受教育者的权利与义务,充分体现了受教育者与其他教育法律主体在法律地位上的平等。

第二节 学生的权利与义务

在教育法律关系中,学生区别于其他教育主体,享有特定的权利,履行特定的义务。

一、学生的法定权利

学生的权利是指学生在教育活动中享有的由《中华人民共和国教育法》赋予的权利。依学生就读学校的类别和学生年龄的不同,学生的具体权利亦有所差别。《中华人民共和国教育法》第四十三条规定,受教育者享有下列权利:"(一)参加教育教学计划安排的各种活动,使用教育教学设施、设备、图书资料;(二)按照国家有关规定获得奖学金、贷学金、助学金;(三)在学业成绩和品行上获得公正评价,完成规定的学业后获得相应的学业证书、学位证书;(四)对学校给予的处分不服向有关部门提出申诉,对学校、教师侵犯其人身权、财产权等合法权益,提出申诉或者依法提起诉讼;(五)法律、法规规定的其他权利。"

(一)参加教育教学计划安排的各种活动,使用教育教学设施、设备、图书资料

这是保障学生学习权利的前提和基础,也是学生学习权利的具体表现。学生有权"参加教育教学计划安排的各种活动"是指教育机构的教育教学计划对本机构的学生应该是公开的,学生有权按照教学计划的安排,参加相应的活动,如本年级本班教师的授课活动,围绕着课堂教学所安排的课外活动等。学生既然有权参加教育教学计划所安排的各种活动,自然享有使用教育教学设施、设备、图书资料的权利,如使用教室和课桌椅、实验室、查询和借阅图书资料等。

(二)按照国家有关规定获得奖学金、贷学金或助学金

奖学金和贷学金主要适用于普通高等学校和中等专业学校的学生,体现了国家对特殊群体的学生的辅助。助学金主要适用于义务教育阶段的学生。《中华人民共和国教育法》第三十八条规定:"国家、社会对符合入学条件、家庭经济困难的儿童、少年、青年,提供各种形式的资助。"

（三）在学业成绩和品行上获得公正评价，完成规定的学业后获得相应的学业证书、学位证书

学业成绩的评价是教育机构对学生在受教育的某一段时期的学习情况和知识结构、知识水平的概括，包括课程考试成绩记录、平时学习情况和总评等。品行评价包括对政治觉悟、道德品质、劳动态度等的评价。学生有权要求获得学业成绩评价和品行评价，而且有权要求评价的公正性。例如，每学期、每学年直至毕业时，在例行表格和总评上，或因正当需要，学生都有权要求学校、所在院、系或教师出示学业成绩和品行评价，并对各种失真的评价有权通过正当途径要求予以更正。从本质上看，学业证书、学位证书是对学生某一段受教育时期的学业成绩、学术水平和品行的最终评定。学生除了思想品德等方面合格外，学完或提前学完教育教学计划规定的全部课程，考试、考核合格或修学分，在该教育阶段结束时均有获得相应学业证书的权利。

（四）对学校给予的处分不服向有关部门提出申诉，对学校、教师侵犯其人身权、财产权等合法权益，提出申诉或者依法提起诉讼

这是公民申诉权和诉讼权在学生身上的具体体现。根据《中华人民共和国民事诉讼法》的规定，学生对学校或者教师侵犯其合法权益所提起的诉讼，可分为以下几种情况：

(1) 受教育者对学校侵犯其合法财产权利可提起诉讼。

(2) 受教育者对学校侵犯其人身权利可提起诉讼。例如，受教育者对学校在校园管理过程中处理不当而侵害了其名誉权，有权提起诉讼。

(3) 受教育者对教师侵犯其人身权利可提起诉讼。值得指出的是，教师对学生的侵权行为，在法律上被认为是一种职务行为，即教师按学校安排从事日常的教学活动，是代表学校从事教学活动的职务行为。因此，教师在履行教育教学职务活动中，发生侵权行为，学校作为侵权的法人主体，因其未尽到管理职责而应对教师的职务行为承担民事责任。

(4) 受教育者对学校或教师侵犯其知识产权可提起诉讼。如，教师剽窃学生的著作权、发现权、发明权或其他科技成果权，学校强行将学生的知识产权收归学校等。除诉讼权外，受教育者对学校、学校工作人员、教师侵犯其合法权利，可向有关申诉机构提起申诉；对学校给予的处分不服，认为所受的处分过重或不该受处分，也可提起申诉。

（五）法律、法规规定的其他权利

这是指《中华人民共和国教育法》以外的其他法律、法规规定的权利。在这里包括《中华人民共和国宪法》《中华人民共和国民法典》《中华人民共和国未成年人保护法》《中华人民共和国义务教育法》《中华人民共和国教师法》等法律法规，主要包括如下几项权利。

1. 姓名权

公民的姓名权是指公民依法决定、使用和改变自己姓名的权利，是公民作为民事主体不可缺少的一项重要权利。姓名权的内容包括自我命名权、使用权、姓名变更权，以及禁止他人侵犯自己姓名权的权利。公民的姓名权受法律保护，他人不得侵犯，任何滥用、假

冒、干涉他人姓名的行为都是违法的。姓名权作为人身权的一种，与权利人的人格、名誉、尊严紧密相关，在侵权人假冒他人姓名进行非法行为时，往往给受害者造成精神上、财产上的损害。

2. 荣誉权

荣誉是一种正式的积极的社会评价，是社会对民事主体的一种奖励，它是指社会组织依据一定的程序，对在某方面有突出表现或贡献的特定民事主体所给予的证明评价。荣誉的内容带有专门性，荣誉授予、撤销、剥夺的形式必须遵循一定的程序，荣誉所包含的利益，既包括物质利益，又包括精神利益。

3. 隐私权

隐私权作为一种民事权利，是人格权的一种。相关法律对隐私权的保护主要如下。《中华人民共和国宪法》第四十条规定："中华人民共和国公民的通信自由和通信秘密受法律保护。除因国家安全或者追查刑事犯罪的需要，由公安机关或者检察机关依照法律规定的程序对通信进行检查外，任何组织或者个人不得以任何理由侵犯公民的通信自由和通信秘密。"《中华人民共和国刑法》第二百五十二条规定："隐匿、毁弃或者非法开拆他人信件，侵犯公民通信自由权利，情节严重的，处一年以下有期徒刑或者拘役。"《中华人民共和国民法典》第一千零三十二条规定："自然人享有隐私权。任何组织或者个人不得以刺探、侵扰、泄露、公开等方式侵害他人的隐私权。"《中华人民共和国未成年人保护法》第六十三条相关规定："任何组织和个人不得隐匿、毁弃、非法删除未成年人的信件、日记、电子邮件或者其他网络通讯内容。"

4. 健康权

健康权是公民人身权的重要内容之一，健康权是绝对权，权利主体外的任何人都负有不得侵害其健康权的法定义务。健康权的内容一般包括健康维护权（包括精神健康权）、健康损害救济请求权、劳动能力权等。其中健康维护权是公民维护自身生命，提高生活质量，实现人生价值的条件和基础。学生作为公民理应主张获得良好的学习、生活环境的维护权，不受到人身和精神上的损害。健康损害救济请求权，是任何人不得侵害他人的健康权，任何人的健康权也不受他人的非法侵害。当权利主体的健康权受到损害时，他就可以要求司法保护，并依法获得相应的赔偿。公民的劳动能力是公民保护自身的肌体完善的基础，与健康程度息息相关，尤其学生正处在发育阶段，对其身心健康的损害，会带来严重的后果。

二、学生的法定义务

学生的法定义务是指学生依照《中华人民共和国教育法》及其他有关法律法规，参加教育活动时必须履行的义务，表现为学生在教育活动中必须作出一定行为或不得作出一定行为。依学生就读学校的类别和学生年龄的不同，学生的具体义务各有差别。《中华人民共和国教育法》第四十四条规定，受教育者应当履行下列义务："（一）遵守法律、法规；

(二)遵守学生行为规范,尊敬师长,养成良好的思想品德和行为习惯;(三)努力学习,完成规定的学习任务;(四)遵守所在学校或者其他教育机构的管理制度。"

(一) 学生有遵守法律、法规的义务

这是对受教育者作为社会公民最基本的规范,也是成为"四有"(有理想信念、有道德情操、有扎实学识、有仁爱之心)教师的最起码的要求。学生遵守法律、法规是社会秩序和谐发展的基础。

(二) 学生有遵守学生行为规范,尊敬师长,养成良好的思想品德和行为习惯的义务

"学生行为规范"特指教育部发布的《小学生日常行为规范(修订)》《中学生日常行为规范(修订)》《中学生守则》。这三个规章集中体现了国家对学生在政治、思想、品德方面的基本要求。

(三) 学生有努力学习,完成规定的学习任务的义务

学生进入学校就意味着承担了接受教育的义务。对义务教育阶段的学生来说,这种义务是强制性的;对非义务教育阶段的学生来说,这是依自愿入学在享受教育权利同时应承担的义务。任何一个教育阶段的学习任务都包括两种:一种是结果性的,即某一教育阶段教学计划规定的受教育者在该教育阶段结束时应完成的学习任务;另一种是过程性的,即受教育者为完成某一教育阶段总的学习任务而要完成的日常的、大量的、具体的学习任务。这两种性质的学习任务是相辅相成的,受教育者应按时完成。

(四) 学生有遵守其所在学校或者其他教育机构的管理制度的义务

此义务主要包括以下几方面:(1)遵守其所在学校或者其他教育机构的思想政治教育管理制度。(2)遵守其所在学校或者其他教育机构的教学管理制度。(3)遵守其所在学校或者其他教育机构的学籍管理制度。它包括入学注册,成绩考核,对升级、留级、转学、复学、休学、退学的处理,考勤记录,纪律教育,奖励处分,以及对学生毕业资格的审查等管理规定。(4)遵守其所在学校或者其他教育机构的体育管理、卫生管理、图书仪器管理、校园管理等方面的制度。

第三节 未成年学生的权益保护

依据《中华人民共和国未成年人保护法》的规定,未满18周岁的公民都是未成年人。保护未成年人的合法权益,是一项庞大而又复杂的社会系统工程。从保护的主体上看,既包括国家机关、各级政府部门,又包括学校、家庭、各社会团体、企业事业单位以及公民。在这里,学校、家庭、社会是保护未成年人的重要主体。

我国现行的关于儿童权益保护的法律法规主要有《中华人民共和国未成年人保护法》

《中华人民共和国预防未成年人犯罪法》《学生伤害事故处理办法》《禁止使用童工规定》等。下面介绍前三部法律法规的基本内容。

一、《中华人民共和国未成年人保护法》

《中华人民共和国未成年人保护法》（以下简称《未成年人保护法》）已由中华人民共和国第十三届全国人民代表大会常务委员会第二十二次会议于2020年10月17日修订通过，自2021年6月1日起施行。《未成年人保护法》分总则、家庭保护、学校保护、社会保护、网络保护、政府保护、司法保护、法律责任、附则共九章一百三十二条。其中，有关教育的重要规定如下。

（一）未成年人保护的原则

保护未成年人，应当坚持最有利于未成年人的原则。处理涉及未成年人事项，应当符合下列要求：（1）给予未成年人特殊、优先保护；（2）尊重未成年人人格尊严；（3）保护未成年人隐私权和个人信息；（4）适应未成年人身心健康发展的规律和特点；（5）听取未成年人的意见；（6）保护与教育相结合。

（二）未成年人的家庭保护

《未成年人保护法》规定，未成年人的父母或者其他监护人应当履行下列监护职责：（1）为未成年人提供生活、健康、安全等方面的保障；（2）关注未成年人的生理、心理状况和情感需求；（3）教育和引导未成年人遵纪守法、勤俭节约，养成良好的思想品德和行为习惯；（4）对未成年人进行安全教育，提高未成年人的自我保护意识和能力；（5）尊重未成年人受教育的权利，保障适龄未成年人依法接受并完成义务教育；（6）保障未成年人休息、娱乐和体育锻炼的时间，引导未成年人进行有益身心健康的活动；（7）妥善管理和保护未成年人的财产；（8）依法代理未成年人实施民事法律行为；（9）预防和制止未成年人的不良行为和违法犯罪行为，并进行合理管教；（10）其他应当履行的监护职责。

未成年人的父母或者其他监护人不得实施下列行为：（1）虐待、遗弃、非法送养未成年人或者对未成年人实施家庭暴力；（2）放任、教唆或者利用未成年人实施违法犯罪行为；（3）放任、唆使未成年人参与邪教、迷信活动或者接受恐怖主义、分裂主义、极端主义等侵害；（4）放任、唆使未成年人吸烟（含电子烟，下同）、饮酒、赌博、流浪乞讨或者欺凌他人；（5）放任或者迫使应当接受义务教育的未成年人失学、辍学；（6）放任未成年人沉迷网络，接触危害或者可能影响其身心健康的图书、报刊、电影、广播电视节目、音像制品、电子出版物和网络信息等；（7）放任未成年人进入营业性娱乐场所、酒吧、互联网上网服务营业场所等不适宜未成年人活动的场所；（8）允许或者迫使未成年人从事国家规定以外的劳动；（9）允许、迫使未成年人结婚或者为未成年人订立婚约；（10）违法处分、侵吞未成年人的财产或者利用未成年人牟取不正当利益；（11）其他侵犯未成年人身心健康、财产权益或者不依法履行未成年人保护义务的行为。

（三）未成年人的学校保护

（1）学校的教职员工应当尊重未成年人人格尊严，不得对未成年人实施体罚、变相体罚或者其他侮辱人格尊严的行为。

（2）学校应当保障未成年学生受教育的权利，不得违反国家规定开除、变相开除未成年学生。学校应当对尚未完成义务教育的辍学未成年学生进行登记并劝返复学；劝返无效的，应当及时向教育行政部门书面报告。

（3）学校应当关心、爱护未成年学生，不得因家庭、身体、心理、学习能力等情况歧视学生。对家庭困难、身心有障碍的学生，应当提供关爱；对行为异常、学习有困难的学生，应当耐心帮助。学校应当配合政府有关部门建立留守未成年学生、困境未成年学生的信息档案，开展关爱帮扶工作。

（4）学校应当与未成年学生的父母或者其他监护人互相配合，合理安排未成年学生的学习时间，保障其休息、娱乐和体育锻炼的时间。学校不得占用国家法定节假日、休息日及寒暑假期，组织义务教育阶段的未成年学生集体补课，加重其学习负担。

（5）学校应当建立安全管理制度，对未成年人进行安全教育，完善安保设施、配备安保人员，保障未成年人在校期间的人身和财产安全。学校不得在危及未成年人人身安全、身心健康的校舍和其他设施、场所中进行教育教学活动。

（6）使用校车的学校应当建立健全校车安全管理制度，配备安全管理人员，定期对校车进行安全检查，对校车驾驶人进行安全教育，并向未成年人讲解校车安全乘坐知识，培养未成年人校车安全事故应急处理技能。

（7）学校应当根据需要，制订应对自然灾害、事故灾难、公共卫生事件等突发事件和意外伤害的预案，配备相应设施并定期进行必要的演练。未成年人在校内或者本校组织的校外活动中发生人身伤害事故的，学校应当立即救护，妥善处理，及时通知未成年人的父母或者其他监护人，并向有关部门报告。

（8）学校不得安排未成年人参加商业性活动，不得向未成年人及其父母或者其他监护人推销或者要求其购买指定的商品和服务。学校不得与校外培训机构合作为未成年人提供有偿课程辅导。

（9）学校应当建立学生欺凌防控工作制度，对教职员工、学生等开展防治学生欺凌的教育和培训。学校对学生欺凌行为应当立即制止，通知实施欺凌和被欺凌未成年学生的父母或者其他监护人参与欺凌行为的认定和处理；对相关未成年学生及时给予心理辅导、教育和引导；对相关未成年学生的父母或者其他监护人给予必要的家庭教育指导。对实施欺凌的未成年学生，学校应当根据欺凌行为的性质和程度，依法加强管教。对严重的欺凌行为，学校不得隐瞒，应当及时向公安机关、教育行政部门报告，并配合相关部门依法处理。

（四）未成年人的社会保护

（1）禁止制作、复制、出版、发布、传播含有宣扬淫秽、色情、暴力、邪教、迷信、赌博、引诱自杀、恐怖主义、分裂主义、极端主义等危害未成年人身心健康内容的图书、报刊、电影、广播电视节目、舞台艺术作品、音像制品、电子出版物和网络信息等。

（2）禁止制作、复制、发布、传播或者持有有关未成年人的淫秽色情物品和网络信息。

（3）任何组织或者个人不得刊登、播放、张贴或者散发含有危害未成年人身心健康内容的广告；不得在学校播放、张贴或者散发商业广告；不得利用校服、教材等发布或者变相发布商业广告。

（4）禁止拐卖、绑架、虐待、非法收养未成年人，禁止对未成年人实施性侵害、性骚扰。禁止胁迫、引诱、教唆未成年人参加黑社会性质组织或者从事违法犯罪活动。禁止胁迫、诱骗、利用未成年人乞讨。

（5）未成年人集中活动的公共场所应当符合国家或者行业安全标准，并采取相应安全保护措施。对可能存在安全风险的设施，应当定期进行维护，在显著位置设置安全警示标志并标明适龄范围和注意事项；必要时应当安排专门人员看管。

（6）学校周边不得设置营业性娱乐场所、酒吧、互联网上网服务营业场所等不适宜未成年人活动的场所。营业性歌舞娱乐场所、酒吧、互联网上网服务营业场所等不适宜未成年人活动场所的经营者，不得允许未成年人进入；游艺娱乐场所设置的电子游戏设备，除国家法定节假日外，不得向未成年人提供。

（7）学校周边不得设置烟、酒、彩票销售网点。禁止向未成年人销售烟、酒、彩票或者兑付彩票奖金。任何人不得在学校和其他未成年人集中活动的公共场所吸烟、饮酒。

（8）禁止向未成年人提供、销售管制刀具或者其他可能致人严重伤害的器具等物品。

（9）任何组织或者个人不得招用未满十六周岁未成年人，国家另有规定的除外。营业性娱乐场所、酒吧、互联网上网服务营业场所等不适宜未成年人活动的场所不得招用已满十六周岁的未成年人。任何组织或者个人不得组织未成年人进行危害其身心健康的表演等活动。

（10）任何组织或者个人不得隐匿、毁弃、非法删除未成年人的信件、日记、电子邮件或者其他网络通讯内容。除下列情形外，任何组织或者个人不得开拆、查阅未成年人的信件、日记、电子邮件或者其他网络通讯内容：① 无民事行为能力未成年人的父母或者其他监护人代未成年人开拆、查阅；② 因国家安全或者追查刑事犯罪依法进行检查；③ 紧急情况下为了保护未成年人本人的人身安全。

（五）未成年人的网络保护

（1）国家、社会、学校和家庭应当加强未成年人网络素养宣传教育，培养和提高未成年人的网络素养，增强未成年人科学、文明、安全、合理使用网络的意识和能力，保障未成年人在网络空间的合法权益。

（2）网信部门及其他有关部门应当加强对未成年人网络保护工作的监督检查，依法惩处利用网络从事危害未成年人身心健康的活动，为未成年人提供安全、健康的网络环境。

（3）新闻出版、教育、卫生健康、文化和旅游、网信等部门应当定期开展预防未成年人沉迷网络的宣传教育，监督网络产品和服务提供者履行预防未成年人沉迷网络的义务，指导家庭、学校、社会组织互相配合，采取科学、合理的方式对未成年人沉迷网络进行预防和干预。任何组织或者个人不得以侵害未成年人身心健康的方式对未成年人沉迷网络进行干预。

（4）学校、社区、图书馆、文化馆、青少年宫等场所为未成年人提供的互联网上网服务设施，应当安装未成年人网络保护软件或者采取其他安全保护技术措施。智能终端产品的制造者、销售者应当在产品上安装未成年人网络保护软件，或者以显著方式告知用户未成年人网络保护软件的安装渠道和方法。

（5）学校应当合理使用网络开展教学活动。未经学校允许，未成年学生不得将手机等智能终端产品带入课堂，带入学校的应当统一管理。学校发现未成年学生沉迷网络的，应当及时告知其父母或者其他监护人，共同对未成年学生进行教育和引导，帮助其恢复正常的学习生活。

（6）未成年人的父母或者其他监护人应当提高网络素养，规范自身使用网络的行为，加强对未成年人使用网络行为的引导和监督。未成年人的父母或者其他监护人应当通过在智能终端产品上安装未成年人网络保护软件、选择适合未成年人的服务模式和管理功能等方式，避免未成年人接触危害或者可能影响其身心健康的网络信息，合理安排未成年人使用网络的时间，有效预防未成年人沉迷网络。

（7）任何组织或者个人发现网络产品、服务含有危害未成年人身心健康的信息，有权向网络产品和服务提供者或者网信、公安等部门投诉、举报。

（六）未成年人的政府保护

（1）各级人民政府应当保障未成年人受教育的权利，并采取措施保障留守未成年人、困境未成年人、残疾未成年人接受义务教育。对尚未完成义务教育的辍学未成年学生，教育行政部门应当责令父母或者其他监护人将其送入学校接受义务教育。

（2）各级人民政府应当保障具有接受普通教育能力、能适应校园生活的残疾未成年人就近在普通学校接受教育；保障不具有接受普通教育能力的残疾未成年人在特殊教育学校接受学前教育、义务教育和职业教育。各级人民政府应当保障特殊教育学校的办学、办园条件，鼓励和支持社会力量举办特殊教育学校。

（3）地方人民政府及其有关部门应当保障校园安全，监督、指导学校等单位落实校园安全责任，建立突发事件的报告、处置和协调机制。

（4）公安机关和其他有关部门应当依法维护校园周边的治安和交通秩序，设置监控设备和交通安全设施，预防和制止侵害未成年人的违法犯罪行为。

（5）地方人民政府应当建立和改善适合未成年人的活动场所和设施，支持公益性未成年人活动场所和设施的建设和运行，鼓励社会力量兴办适合未成年人的活动场所和设施，并加强管理。地方人民政府应当采取措施，防止任何组织或者个人侵占、破坏学校的场地、房屋和设施。

(6) 具有下列情形之一的，民政部门应当依法对未成年人进行临时监护：① 未成年人流浪乞讨或者身份不明，暂时查找不到父母或者其他监护人；② 监护人下落不明且无其他人可以担任监护人；③ 监护人因自身客观原因或者因发生自然灾害、事故灾难、公共卫生事件等突发事件不能履行监护职责，导致未成年人监护缺失；④ 监护人拒绝或者怠于履行监护职责，导致未成年人处于无人照料的状态；⑤ 监护人教唆、利用未成年人实施违法犯罪行为，未成年人需要被带离安置；⑥ 未成年人遭受监护人严重伤害或者面临人身安全威胁，需要被紧急安置；⑦ 法律规定的其他情形。

（七）未成年人的司法保护

（1）公安机关、人民检察院、人民法院和司法行政部门应当依法履行职责，保障未成年人合法权益。

（2）公安机关、人民检察院、人民法院、司法行政部门以及其他组织和个人不得披露有关案件中未成年人的姓名、影像、住所、就读学校以及其他可能识别出其身份的信息，但查找失踪、被拐卖未成年人等情形除外。

（3）公安机关、人民检察院、人民法院应当与其他有关政府部门、人民团体、社会组织互相配合，对遭受性侵害或者暴力伤害的未成年被害人及其家庭实施必要的心理干预、经济救助、法律援助、转学安置等保护措施。

（4）对违法犯罪的未成年人，实行教育、感化、挽救的方针，坚持教育为主、惩罚为辅的原则。对违法犯罪的未成年人依法处罚后，在升学、就业等方面不得歧视。

（5）公安机关、人民检察院、人民法院和司法行政部门发现有关单位未尽到未成年人教育、管理、救助、看护等保护职责的，应当向该单位提出建议。被建议单位应当在一个月内作出书面回复。

（八）法律责任

（1）未成年人的父母或者其他监护人不依法履行监护职责或者侵犯未成年人合法权益的，由其居住地的居民委员会、村民委员会予以劝诫、制止；情节严重的，居民委员会、村民委员会应当及时向公安机关报告。公安机关接到报告或者公安机关、人民检察院、人民法院在办理案件过程中发现未成年人的父母或者其他监护人存在上述情形的，应当予以训诫，并可以责令其接受家庭教育指导。

（2）学校等机构及其教职员工违反《未成年人保护法》第二十七、二十八、三十九条规定的，由公安、教育、卫生健康、市场监督管理等部门按照职责分工责令改正；拒不改正或者情节严重的，对直接负责的主管人员和其他直接责任人员依法给予处分。

（3）违反《未成年人保护法》第五十九条第二款规定，在学校、幼儿园和其他未成年人集中活动的公共场所吸烟、饮酒的，由卫生健康、教育、市场监督管理等部门按照职责分工责令改正，给予警告，可以并处五百元以下罚款；场所管理者未及时制止的，由卫生健康、教育、市场监督管理等部门按照职责分工给予警告，并处一万元以下罚款。

（4）密切接触未成年人的单位违反《未成年人保护法》第六十二条规定，未履行查询义务，或者招用、继续聘用具有相关违法犯罪记录人员的，由教育、人力资源和社会保障、市场监督管理等部门按照职责分工责令限期改正，给予警告，并处五万元以下罚款；拒不改正或者造成严重后果的，责令停业整顿或者吊销营业执照、吊销相关许可证，并处五万元以上五十万元以下罚款，对直接负责的主管人员和其他直接责任人员依法给予处分。

（5）违反《未成年人保护法》规定，侵犯未成年人合法权益，造成人身、财产或者其他损害的，依法承担民事责任。违反本法规定，构成违反治安管理行为的，依法给予治安管理处罚；构成犯罪的，依法追究刑事责任。

二、《中华人民共和国预防未成年人犯罪法》

《中华人民共和国预防未成年人犯罪法》（以下简称《预防未成年人犯罪法》）于1999年6月28日第九届全国人民代表大会常务委员会第十次会议通过，根据2012年10月26日第十一届全国人民代表大会常务委员会第二十九次会议《关于修改〈中华人民共和国预防未成年人犯罪法〉的决定》修正，2020年12月26日第十三届全国人民代表大会常务委员会第二十四次会议修订。其有关教育的主要内容和重要规定如下。

（一）预防未成年人犯罪的教育

国家、社会、学校和家庭应当对未成年人加强社会主义核心价值观教育，开展预防犯罪教育，增强未成年人的法治观念，使未成年人树立遵纪守法和防范违法犯罪的意识，提高自我管控能力。

未成年人的父母或者其他监护人对未成年人的预防犯罪教育负有直接责任，应当依法履行监护职责，树立优良家风，培养未成年人良好品行；发现未成年人心理或者行为异常的，应当及时了解情况并进行教育、引导和劝诫，不得拒绝或者怠于履行监护职责。

教育行政部门、学校应当将预防犯罪教育纳入学校教学计划，指导教职员工结合未成年人的特点，采取多种方式对未成年学生进行有针对性的预防犯罪教育。

学校应当聘任从事法治教育的专职或者兼职教师，并可以从司法和执法机关、法学教育和法律服务机构等单位聘请法治副校长、校外法治辅导员。

教育行政部门应当会同有关部门建立学生欺凌防控制度。学校应当加强日常安全管理，完善学生欺凌发现和处置的工作流程，严格排查并及时消除可能导致学生欺凌行为的各种隐患。

学校应当将预防犯罪教育计划告知未成年学生的父母或者其他监护人。未成年学生的父母或者其他监护人应当配合学校对未成年学生进行有针对性的预防犯罪教育。

（二）对未成年人不良行为的预防

不良行为是指未成年人实施的不利于其健康成长的下列行为：（1）吸烟、饮酒；（2）多次旷课、逃学；（3）无故夜不归宿、离家出走；（4）沉迷网络；（5）与社会上具有不良习性的人交往，组织或者参加实施不良行为的团伙；（6）进入法律法规规定未成年人不宜进入的场所；(7) 参与赌博、变相赌博，或者参加封建迷信、邪教等活动；(8) 阅览、观看或者收听宣扬淫秽、色情、暴力、恐怖、极端等内容的读物、音像制品或者网络信息等；(9) 其他不利于未成年人身心健康成长的不良行为。

未成年人的父母或者其他监护人发现未成年人有不良行为的，应当及时制止并加强管教。公安机关、居民委员会、村民委员会发现本辖区内未成年人有不良行为的，应当及时制止，并督促其父母或者其他监护人依法履行监护职责。

学校对有不良行为的未成年学生，应当加强管理教育，不得歧视；对拒不改正或者情节严重的，学校可以根据情况予以处分或者采取以下管理教育措施：(1) 予以训导；(2) 要求遵守特定的行为规范；(3) 要求参加特定的专题教育；(4) 要求参加校内服务活动；(5) 要求接受社会工作者或者其他专业人员的心理辅导和行为干预；(6) 其他适当的管理教育措施。

学校和家庭应当加强沟通，建立家校合作机制。学校决定对未成年学生采取管理教育措施的，应当及时告知其父母或者其他监护人；未成年学生的父母或者其他监护人应当支持、配合学校进行管理教育。

(三) 对未成年人严重不良行为的矫治

严重不良行为是指未成年人实施的有刑法规定、因不满法定刑事责任年龄不予刑事处罚的行为，以及严重危害社会的下列行为：(1) 结伙斗殴，追逐、拦截他人，强拿硬要或者任意损毁、占用公私财物等寻衅滋事行为；(2) 非法携带枪支、弹药或者弩、匕首等国家规定的管制器具；(3) 殴打、辱骂、恐吓，或者故意伤害他人身体；(4) 盗窃、哄抢、抢夺或者故意损毁公私财物；(5) 传播淫秽的读物、音像制品或者信息等；(6) 卖淫、嫖娼，或者进行淫秽表演；(7) 吸食、注射毒品，或者向他人提供毒品；(8) 参与赌博赌资较大；(9) 其他严重危害社会的行为。

未成年人的父母或者其他监护人、学校、居民委员会、村民委员会发现有人教唆、胁迫、引诱未成年人实施严重不良行为的，应当立即向公安机关报告。公安机关接到报告或者发现有上述情形的，应当及时依法查处；对人身安全受到威胁的未成年人，应当立即采取有效保护措施。

对有严重不良行为的未成年人，公安机关可以根据具体情况，采取以下矫治教育措施：(1) 予以训诫；(2) 责令赔礼道歉、赔偿损失；(3) 责令具结悔过；(4) 责令定期报告活动情况；(5) 责令遵守特定的行为规范，不得实施特定行为、接触特定人员或者进入特定场所；(6) 责令接受心理辅导、行为矫治；(7) 责令参加社会服务活动；(8) 责令接受社会观护，由社会组织、有关机构在适当场所对未成年人进行教育、监督和管束；(9) 其他适当的矫治教育措施。

公安机关在对未成年人进行矫治教育时，可以根据需要邀请学校、居民委员会、村民委员会以及社会工作服务机构等社会组织参与。未成年人的父母或者其他监护人应当积极配合矫治教育措施的实施，不得妨碍阻挠或者放任不管。

对有严重不良行为的未成年人，未成年人的父母或者其他监护人、所在学校无力管教或者管教无效的,可以向教育行政部门提出申请,经专门教育指导委员会评估同意后,由教育行政部门决定送入专门学校接受专门教育。

三、《学生伤害事故处理办法》

《学生伤害事故处理办法》自 2002 年 9 月 1 日起施行,根据 2010 年 12 月 13 日《教育部关于修改和废止部分规章的决定》修改。其主要内容如下。

(一)适用范围

在学校实施的教育教学活动或者学校组织的校外活动中,以及在学校负有管理责任的校舍、场地、其他教育教学设施、生活设施内发生的,造成在校学生人身损害后果的事故的处理,适用本办法。

(二)学生伤害事故的处理原则、预防职责和要求

(1) 处理原则。学生伤害事故应当遵循依法、客观公正、合理适当的原则,及时、妥善地处理。

(2) 预防职责和要求。学校的举办者应当提供符合安全标准的校舍、场地、其他教育教学设施和生活设施。教育行政部门应当加强学校安全工作,指导学校落实预防学生伤害事故的措施,指导、协助学校妥善处理学生伤害事故,维护学校正常的教育教学秩序。学校应当对在校学生进行必要的安全教育和自护自救教育;应当按照规定,建立健全安全制度,采取相应的管理措施,预防和消除教育教学环境中存在的安全隐患;当发生伤害事故时,应当及时采取措施救助受伤害学生。学校对学生进行安全教育、管理和保护,应当针对学生年龄、认知能力和法律行为能力的不同,采用相应的内容和预防措施。学生应当遵守学校的规章制度和纪律;在不同的受教育阶段,应当根据自身的年龄、认知能力和法律行为能力,避免和消除相应的危险。未成年学生的父母或者其他监护人(以下简称"监护人")应当依法履行监护职责,配合学校对学生进行安全教育、管理和保护工作。

(三)学生伤害事故与责任

学校应当依法承担相应责任的学生伤害事故情形共有以下 12 种。

(1) 学校的校舍、场地、其他公共设施,以及学校提供给学生使用的学具、教育教学和生活设施、设备不符合国家规定的标准,或者有明显不安全因素的;

(2) 学校的安全保卫、消防、设施设备管理等安全管理制度有明显疏漏,或者管理混乱,存在重大安全隐患,而未及时采取措施的;

(3) 学校向学生提供的药品、食品、饮用水等不符合国家或者行业的有关标准、要求的;

(4) 学校组织学生参加教育教学活动或者校外活动,未对学生进行相应的安全教育,并未在可预见的范围内采取必要的安全措施的;

(5) 学校知道教师或者其他工作人员患有不适宜担任教育教学工作的疾病,但未采取必要措施的;

(6) 学校违反有关规定,组织或者安排未成年学生从事不宜未成年人参加的劳动、体

育运动或者其他活动的;

（7）学生有特异体质或者特定疾病,不宜参加某种教育教学活动,学校知道或者应当知道,但未予以必要的注意的;

（8）学生在校期间突发疾病或者受到伤害,学校发现,但未根据实际情况及时采取相应措施,导致不良后果加重的;

（9）学校教师或者其他工作人员体罚或者变相体罚学生,或者在履行职责过程中违反工作要求、操作规程、职业道德或者其他有关规定的;

（10）学校教师或者其他工作人员在负有组织、管理未成年学生的职责期间,发现学生行为具有危险性,但未进行必要的管理、告诫或者制止的;

（11）对未成年学生擅自离校等与学生人身安全直接相关的信息,学校发现或者知道,但未及时告知未成年学生的监护人,导致未成年学生因脱离监护人的保护而发生伤害的;

（12）学校有未依法履行职责的其他情形。

学生或者未成年学生监护人由于过错,造成学生伤害事故,应当依法承担相应责任的情形有以下5种:

（1）学生违反法律法规的规定,违反社会公共行为准则、学校的规章制度或者纪律,实施按其年龄和认知能力应当知道具有危险或者可能危及他人的行为的;

（2）学生行为具有危险性,学校、教师已经告诫、纠正,但学生不听劝阻、拒不改正的;

（3）学生或者其监护人知道学生有特异体质,或者患有特定疾病,但未告知学校的;

（4）未成年学生的身体状况、行为、情绪等有异常情况,监护人知道或者已被学校告知,但未履行相应监护职责的;

（5）学生或者未成年学生监护人有其他过错的。

学校安排学生参加活动,因提供场地、设备、交通工具、食品及其他消费与服务的经营者,或者学校以外的活动组织者的过错造成的学生伤害事故,有过错的当事人应当依法承担相应的责任。

（四）学生伤害事故的特殊情形及责任

下列情形下发生的造成学生人身损害后果的事故,学校行为并无不当的,不承担事故责任;事故责任应当按有关法律法规或者其他有关规定认定:

（1）在学生自行上学、放学、返校、离校途中发生的;

（2）在学生自行外出或者擅自离校期间发生的;

（3）在放学后、节假日或者假期等学校工作时间以外,学生自行滞留学校或者自行到校发生的;

（4）其他在学校管理职责范围外发生的。

因学校教师或者其他工作人员与其职务无关的个人行为,或者因学生、教师及其他个人故意实施的违法犯罪行为,造成学生人身损害的,由致害人依法承担相应的责任。

（五）学校免责的前提条件与具体事项

在学生伤害事故中,学校免责(即无法律责任)的前提条件是学校已履行了相应职

责,行为并无不当。学校免责的具体情形是:

(1) 地震、雷击、台风、洪水等不可抗的自然因素造成的;

(2) 来自学校外部的突发性、偶发性侵害造成的;

(3) 学生有特异体质、特定疾病或者异常心理状态,学校不知道或者难于知道的;

(4) 学生自杀、自伤的;

(5) 在对抗性或者具有风险性的体育竞赛活动中发生意外伤害的;

(6) 其他意外因素造成的。

(六) 学生伤害事故的处理程序

发生学生伤害事故,学校应当及时救助受伤害学生,并应当及时告知未成年学生的监护人;有条件的,应当采取紧急救援等方式救助。发生学生伤害事故,情形严重的,学校应当及时向主管教育行政部门及有关部门报告;属于重大伤亡事故的,教育行政部门应当按照有关规定及时向同级人民政府和上一级教育行政部门报告。学校的主管教育行政部门应学校要求或者认为必要,可以指导、协助学校进行事故的处理工作,尽快恢复学校正常的教育教学秩序。

发生学生伤害事故,学校与受伤害学生或者学生家长可以通过协商方式解决;双方自愿,可以书面请求主管教育行政部门进行调解。成年学生或者未成年学生的监护人也可以依法直接提起诉讼。教育行政部门收到调解申请,认为必要的,可以指定专门人员进行调解,并应当在受理申请之日起 60 日内完成调解。经教育行政部门调解,双方就事故处理达成一致意见的,应当在调解人员的见证下签订调解协议,结束调解。在调解期限内,双方不能达成一致意见,或者调解过程中一方提起诉讼,人民法院已经受理的,应当终止调解。调解结束或者终止,教育行政部门应当书面通知当事人。对经调解达成的协议,一方当事人不履行或者反悔的,双方可以依法提起诉讼。事故处理结束,学校应当将事故处理结果书面报告主管的教育行政部门。重大伤亡事故的处理结果,学校主管的教育行政部门应当向同级人民政府和上一级教育行政部门报告。

(七) 学生伤害事故的损害赔偿

对发生学生伤害事故负有责任的组织或者个人,应当按照法律法规的有关规定,承担相应的损害赔偿责任。学生伤害事故赔偿的范围与标准,按照有关行政法规、地方性法规或者最高人民法院司法解释中的有关规定确定。学校对学生伤害事故负有责任的,根据责任大小,适当予以经济赔偿,但不承担解决户口、住房、就业等与救助受伤害学生、赔偿相应经济损失无直接关系的其他事项。学校无责任的,如果有条件,可以根据实际情况,本着自愿和可能的原则,对受伤害学生给予适当的帮助。

因学校教师或者其他工作人员在履行职务中的故意或者重大过失造成的学生伤害事故,学校予以赔偿后,可以向有关责任人员追偿。未成年学生对学生伤害事故负有责任的,由其监护人依法承担相应的赔偿责任。学生的行为侵害学校教师及其他工作人员以及其他组织、个人的合法权益,造成损失的,成年学生或者未成年学生的监护人应当依法予以赔偿。

根据双方达成的协议、经调解形成的协议或者人民法院的生效判决,应当由学校负担的赔偿金,学校应当负责筹措;学校无力完全筹措的,由学校的主管部门或者举办者协助筹措。县级以上人民政府教育行政部门或者学校举办者有条件的,可以通过设立学生伤害赔偿准备金等多种形式,依法筹措伤害赔偿金。

（八）学生伤害事故责任者的处理

(1) 发生学生伤害事故,学校负有责任且情节严重的,教育行政部门应当根据有关规定,对学校的直接负责的主管人员和其他直接责任人员,分别给予相应的行政处分;有关责任人的行为触犯刑律的,应当移送司法机关依法追究刑事责任。

(2) 学校管理混乱,存在重大安全隐患的,主管的教育行政部门或者其他有关部门应当责令其限期整顿;对情节严重或者拒不改正的,应当依据法律法规的有关规定,给予相应的行政处罚。

(3) 教育行政部门未履行相应职责,对学生伤害事故的发生负有责任的,由有关部门对直接负责的主管人员和其他直接责任人员分别给予相应的行政处分;有关责任人的行为触犯刑律的,应当移送司法机关依法追究刑事责任。

(4) 违反学校纪律,对造成学生伤害事故负有责任的学生,学校可以给予相应的处分;触犯刑律的,由司法机关依法追究刑事责任。

(5) 受伤害学生的监护人、亲属或者其他有关人员,在事故处理过程中无理取闹,扰乱学校正常教育教学秩序,或者侵犯学校、学校教师或者其他工作人员的合法权益的,学校应当报告公安机关依法处理;造成损失的,可以依法要求赔偿。

案例研究

案例1

小罗为某校五年级的学生,今年11岁,不爱学习,而且经常调皮捣蛋,班主任很无奈。"要不要让小罗继续在校读书"问题在全班进行投票表决,给小罗带来很大的精神压力,他选择了辍学。小罗的父母觉得他继续读书也没什么前途,就送他到一家酒店打工。小罗在打工期间,结识了一些社会不良青年,学会了喝酒、赌博、小偷小摸,受到了酒店经理的警告。某天晚上,他居然入户盗窃,因数额较大,触犯了刑法。在逮捕归案时,民警未开警车,便衣着装,不扩大知情面,并对小罗进行了不公开审问。

【案例思考】

(1) 本案中哪些人的行为违反了《未成年人保护法》的哪些规定?

(2) 小罗的变化给了我们哪些启示?

【案例分析】

(1) 小罗和他的父母违反了《未成年人保护法》第十六条,未成年人的父母或者其他监护人应当履行的监护职责中的"尊重未成年人受教育的权利,保障适龄未成年人依法接受并完成义务教育"的规定;小罗的班主任违反了《未成年人保护法》第二十九条"学校应当关心、爱护未成年学生,不得因家庭、身体、心理、学习能力等情况歧视学生。对家庭困难、身心有障碍的学生,应当提供关爱;对行为异常、学习有困难的学生,应当耐心帮助"的规定;酒店经理违反了《未成年人保护法》第六十一条"任何组织或者个人不得招用未满十六周岁未成年人,国家另有规定的除外"的规定。

(2) 一般违法与犯罪之间并没有不可逾越的鸿沟,一个人如果未养成知法、守法的好习惯,缺乏对法律的敬畏感,有错不改,任其发展,那就会走上违法犯罪的道路。中小学生一定要提升法律观念,增强法律意识,提高明辨是非的能力。

案例 2

去年暑假,北京某中学学生王某的母亲邱女士发现女儿近来电话比较频繁,还有个男孩常在她家楼下徘徊,便找到女儿的班主任苏某反映情况,没想到这却将女儿带入了痛苦的深渊。

当班主任苏某发现王某与班里的一名男生关系比较密切后,便在课堂上、教研室里多次翻看王某的书包、日记以及给其他同学的信件,还不许同学和她说话。原本性格活泼的王某渐渐地变得沉默寡言。王某在日记里写道:"苏老师经常侮辱我,逼我转学。我一想起这些就害怕,夜里常做噩梦……"由于无法承受完全被孤立的痛苦,王某于去年10月4日离家出走。4天后,当邱女士接到女儿电话,在南京找到她时,王某哭着请求妈妈搬出北京。而在王某出走后,学校和班主任却对此事漠不关心。

回家以后,王某的心情一直很压抑,后来被诊断患上了抑郁症。邱女士特为女儿联系了一所新学校,但因原校提供的学籍卡被涂改过,转学手续迟迟没有办妥。对此,邱女士一家人认为这是学校在故意刁难他们,间接剥夺了王某的受教育权。为此,去年12月1日,王某将班主任苏某和学校告上了法庭,诉讼的请求很简单,只要求老师的一声道歉。

【案例思考】

(1) 本案中所涉及的法律关系主体有哪些?

(2) 当事人违反了什么法律?应当承担什么责任?

(3) 本案对我们有哪些启示?

【案例分析】

(1) 本案所涉及的法律关系主体有:学生王某、她的母亲邱女士、班主任苏某和学校。

(2) 本案是一起侵犯未成年学生隐私权案。《中华人民共和国教师法》第八条规定,教师应该"关心、爱护全体学生,尊重学生人格"。《未成年人保护法》第六十三条规定:"任何组织或者个人不得隐匿、毁弃、非法删除未成年人的信件、日记、电子邮件或者其他网络通讯内容。"《中小学教师职业道德规范》规定，教师应该"关心爱护全体学生，尊重学生人格，平等公正对待学生"。而教师苏某却采取了翻看王某书包、日记，并让其他同学疏远王某等歧视性行为，未能尽到教师应尽的义务，严重侵害了王某的人格尊严，侵犯了王某的隐私权。苏某的上述行为和王某的离家出走、精神抑郁的事实之间有因果关系，造成了一定的损害，应承担相应的行政和民事法律责任，应向王某作口头赔礼道歉，并给予一定的精神抚慰金。学校应对苏某进行批评教育，并责成其向王某作口头赔礼道歉和给予一定的精神补偿。

(3) 本案对我们的启示有：①对青春期学生早恋或感情萌动问题，学校、教师和家长应及时了解学生在这个特殊时期的生理、心理特点，并加以正确引导，应关心爱护每一个学生，不得侵犯学生的人格和隐私。②学校应加强对教师的师德教育，规范教师的行为，增强他们的法治意识，使其在履行教育职责的同时要尊重学生的隐私权，要有对学生人权的保护意识，及时发现并纠正教师的错误做法和过激行为。③学生应正确处理青春期感情萌动和与异性交往问题，加强自我约束，遵守校规，努力学习，认真完成规定的学习任务。与此同时，学生还应不断提高自身的心理素质，加强自我保护，学会正确运用法律手段维护自身的合法权益。

本章小结

本章主要讨论了学生的法律地位、学生的权利与义务、未成年学生的权益保护的一些主要问题。学生作为公民，享有法律赋予的受教育权利。学生在教育活动中享有法律、法规规定的法定的权利，也应履行特定的义务。《未成年人保护法》从未成年人的家庭保护、学校保护、社会保护、网络保护、政府保护、司法保护等方面对未成年人的保护进行了明确规定。《预防未成年人犯罪法》有关教育的主要内容和重要规定有预防未成年人犯罪的教育、对未成年人不良行为的教育、对未成年人严重不良行为的矫治。《学生伤害事故处理办法》明确规定了学生伤害事故的处理原则、预防职责和要求、事故情形与责任、特殊情形及责任、学校免责的前提条件与具体事项、处理程序、损害赔偿、责任者的处理等问题。

真题自测

【10.1】初二学生小华染上了不良行为习惯，学校可以对他依法采取的措施是（　　）。
A. 勒令退学　　　B. 开除学籍　　　C. 批评教育　　　D. 单独禁闭

【10.2】下列关于教师与学生之间法律关系的说法，不正确的是（　　）。
A. 教育与被教育的关系　　　　　　B. 管理与被管理的关系
C. 保护与被保护的关系　　　　　　D. 控制与被控制的关系

【10.3】中学生邹某上课时玩手机游戏，班主任王老师发现后，当场删除了邹某的游戏账号和他购买的游戏装备，并告诫邹某不要在上课时玩游戏。课后，王老师将手机返还

给了邹某。王老师的做法（　　）。

　　A. 合法，教师有权批评和管教学生　　B. 不合法，侵犯了邹某的财产权
　　C. 合法，教师有权没收学生的手机　　D. 不合法，侵犯了邹某的隐私权

【10.4】依据《中华人民共和国义务教育法》的规定，妨碍义务教育实施，造成重大社会影响的，负有领导责任的人民政府或人民政府教育行政部门的负责人（　　）。

　　A. 应当引咎辞职　　　　　　　　　B. 应被就地免职
　　C. 应承担刑事责任　　　　　　　　D. 应受行政训诫

【10.5】小红怀疑同伴小刚偷了她新买的油画棒，并报告了老师，该老师便要搜查小刚的衣服口袋，小刚拒绝被搜。该老师的做法（　　）。

　　A. 错误，应当充分尊重信任小刚　　B. 错误，应搜查所有幼儿的口袋
　　C. 错误，应避免当众对小刚搜查　　D. 错误，应该通知家长之后再搜

【10.6】小学生李某多次违反学校管理制度，对于李某，学校可以采取的管教方式是（　　）。

　　A. 收容教养　　B. 强制劝退　　C. 开除学籍　　D. 批评教育

【10.7】开烟酒店的张某经常向小学生出售香烟，张某的行为（　　）。

　　A. 合法，学生可以自愿购买
　　B. 合法，商家有自主经营权
　　C. 不合法，家长没委托小学生购买香烟
　　D. 不合法，张某不能向小学生出售香烟

【10.8】学生刘某因家庭经济困难无法按规定完成义务教育。依据《中华人民共和国未成年人保护法》，对于刘某的受教育权，具有保障责任的是（　　）。

　　A. 刘某的监护人　　　　　　　　　B. 当地教育机构
　　C. 儿童福利机构　　　　　　　　　D. 当地人民政府

【10.9】成人杨某对5岁的小明说：敢砸玻璃就是英雄。小明听后拿起石头砸破了小刚家的玻璃。对小刚家的损失应承担责任的是（　　）。

　　A. 小明　　B. 杨某　　C. 小明的监护人　　D. 杨某与小明的监护人

【10.10】国有企业员工李某经常在家酗酒后打骂孩子。对于李某的行为，下列表述中正确的是（　　）。

　　A. 可由李某所在单位给予处分　　　B. 可由李某居住地的居民委员会予以劝诫
　　C. 可由当地人民政府给予行政处罚　D. 可由当地人民政府给予劝诫

【10.11】为了预防未成年人犯罪，学校应当（　　）。

　　A. 让司法机关代劳　　　　　　　　B. 让居委会、村委直接负责
　　C. 让政府部门开展　　　　　　　　D. 聘任从事法治教育的专职或兼职的教师

【10.12】正在读小学六年级的小刚经常旷课。依据《中华人民共和国预防未成年人犯罪法》的相关规定，学校应当（　　）。

　　A. 及时与监护人联系　　　　　　　B. 尊重小刚的选择

C. 及时通报警方　　　　　　　　D. 予以开除处理

【10.13】下列不是《中华人民共和国预防未成年人犯罪法》所称"严重不良行为"的是（　　）。

A. 纠集他人结伙滋事，扰乱治安　　B. 进行淫乱或者色情、卖淫活动

C. 吸食、注射毒品　　　　　　　　D. 杀人放火

【10.14】校运动会上，胡某等几位同学随裁判老师进入铅球投掷区丈量结果。在他们尚未撤离投掷区时，参赛同学赵某投出的铅球砸中了胡某，致其肩部受伤。对胡某所受伤害应承担主要赔偿责任的主体是（　　）。

A. 学校　　　　　　　　　　　　B. 裁判老师

C. 赵某的法定监护人　　　　　　D. 赵某的法定监护人和裁判老师

【10.15】校外人员孔某趁学校门卫疏忽之际，骑摩托车闯入校园，将学生刘某撞伤。对刘某所受伤害，应当承担主要责任的是（　　）。

A. 门卫　　　　B. 孔某　　　　C. 学校　　　　D. 刘某的监护人

【10.16】学生小张在暑假期间擅自翻越学校围墙，导致右腿摔伤。对于小张所受伤害，下列选项中正确的是（　　）。

A. 学校存在过错，应当承担赔偿责任　　B. 学校没有过错，但要承担赔偿责任

C. 学校没有过错，无须承担赔偿责任　　D. 学校存在过错，但可免除赔偿责任

【10.17】小学生杨某放学途中，在人行道上被电动车撞伤，对杨某所受伤害，应承担赔偿责任的是（　　）。

A. 学校　　　　B. 车主　　　　C. 杨某的监护人　　D. 学校和车主

【10.18】五年级学生小强因被父母责骂，心情低落，老师发现后对其进行了安慰，但小强在课间还是自伤了。下列说法正确的是（　　）。

A. 学生是在学校受伤的，学校应当承担责任

B. 学校对学生负有监护义务，应当承担责任

C. 学生行为属于自伤行为，学校不应承担责任

D. 学生受伤发生在课间，学校不应承担责任

推荐阅读

1. 段冰．王曦．高路．教育法律法规概论［M］．南京：南京大学出版社，2022．

2. 申素平．教育法学［M］．北京：中国人民大学出版社，2024．

3. 任海涛，等．教育法学分论［M］．上海：上海人民出版社，2024．